Decifra-me ou te devoro
o Brasil e a dominação financeira

CONSELHO EDITORIAL
Ana Paula Torres Megiani
Eunice Ostrensky
Haroldo Ceravolo Sereza
Joana Monteleone
Maria Luiza Ferreira de Oliveira
Ruy Braga

Roberto Grün

Decifra-me ou te devoro
o Brasil e a dominação financeira

Copyright © 2015 Roberto Grün

Grafia atualizada segundo o Acordo Ortográfico da Língua Portuguesa de 1990, que entrou em vigor no Brasil em 2009.

Edição: Haroldo Ceravolo Sereza
Editora assistente: Camila Hama
Assistente acadêmica: Bruna Marques
Projeto gráfico e diagramação: Gabriel Patez Silva
Capa: Cristina Terada Tamada
Assistente de produção: Gabriel Siqueira
Revisão: Ana Lígia Martins
Imagem da capa: sxc.hu

CIP-BRASIL. CATALOGAÇÃO-NA-FONTE
SINDICATO NACIONAL DOS EDITORES DE LIVROS, RJ

G935D

Grün, Roberto
DECIFRA-ME OU TE DEVORO : O BRASIL E A DOMINAÇÃO FINANCEIRA
Roberto Grün. - 1. ed.
São Paulo: Alameda, 2015
346p. : il. ; 21 cm

Inclui bibliografia e índice
ISBN 978-85-7939-329-7

1. Finanças. 2. Economia. I.Título.

15-28652   CDD: 332
                                  CDU: 336

ALAMEDA CASA EDITORIAL
Rua Conselheiro Ramalho, 694 – Bela Vista
CEP 01325-000 – São Paulo – SP
Tel. (11) 3012-2400
www.alamedaeditorial.com.br

Índice

Prefácio	7
Introdução	11
A dureza da realidade simbólica e suas consequências na história econômica brasileira	19
A governança corporativa: "Mãe" das inovações financeiras	57
A Dinâmica cultural da dominação financeira	137
A Crise financeira como indutor e revelador das transformações no espaço financeiro	207
Conclusão	281
Bibliografia	299
Agradecimentos	345

Prefácio

Durante décadas a sociologia e os mercados financeiros tiveram vidas separadas e sem contato direto. Fazer sociologia das elites de nossas sociedades sempre foi uma tarefa difícil e normalmente evitada. Especialmente das elites econômicas, que costumam estar muito distante socialmente dos pesquisadores. Mas se o peso dos mercados financeiros nos destinos das sociedades sempre foi importante, nas últimas décadas se tornou incontornável.

É impossível imaginar uma teoria crítica da sociedade que não tente explicar o funcionamento dessa entidade. Mas parte da sua eficácia simbólica reside no fato mesmo de intimidar e afastar os críticos, que se assustam diante da tarefa de desvendar seus mistérios.

Recentemente desenvolveu-se internacionalmente uma corrente de estudos sociais sobre as finanças (Social Studies of Finance – SSF). Inspirada na corrente homóloga da antropologia da ciência, os "Social Studies of Science – SSS, essa linha tem seu ponto forte na etnografia dos componentes dos mercados financeiros. Ela trouxe diversos avanços importantes para a compreensão da nossa esfinge, mas ainda não desenvolveu a capacidade de totalizar seus resultados numa compreensão mais geral do funcionamento dos mercados financeiros para além de seus componentes isolados.

A ideia implícita que a totalidade são os "mercados", essa entidade nebulosa talvez impeça o avanço rumo a uma compreensão sistêmica do funcionamento da esfera financeira. Aqui, deixo mais do que insinuado que precisamos de um conceito sociológico robusto que induza a busca de uma visão ao mesmo tempo totalizante e operacional para a análise compreensiva.

Proponho que a noção de campo financeiro, que irei desvelar ao longo do livro, nos possibilita essa capacidade analítica. O campo não é o mercado financeiro. Na verdade, ele engloba esse universo dos agentes que se ocupam prioritariamente das atividades financeiras mas vai mais além, pois atores com outras origens e propósitos diferentes também influenciam o que se passa nos "mercados".

A situação brasileira dos últimos anos, em que temos um espaço financeiro bem desenvolvido convivendo com um governo vindo da esquerda do espectro político vencendo quatro eleições presidenciais seguidas, mostra essa heteronomia de maneira particularmente nítida. A análise detida da situação brasileira se impõe assim não só como uma tarefa política evidentemente importante, mas também como uma contribuição potencialmente importante para o conhecimento sociológico internacional das finanças. Aqui aparecem nuances heteronômicas que provavelmente também existem em outras latitudes, mas de maneira menos clara.

Esse período petista também é o da eclosão de uma crise financeira internacional de proporções inéditas desde 1929. As ações e reações envolvendo agentes políticos do governo e o pessoal financeiro no momento de aperto no qual pareceu que o mercado financeiro iria se "liquefazer", seguido do inesperado robustecimento da dominação financeira no imediato pós-crise mostraram uma muito interessante disputa entre narrativas alternativas sobre o que é a crise e como tratá-la. Dessa sequência de eventos acabamos percebendo que nesse campo financeiro os indivíduos e grupos agem como intelectuais. Emerge daí a necessidade de uma análise dos embates culturais que fazem prevalecer uma narrativa sobre outras e também se torna evidente a necessidade incontornável de uma abordagem sociológica para dar conta da crise financeira e também do espaço no qual ela se desenvolve. Se correta a análise que proponho, os destinos do Brasil serão em grande parte decididos nessa refrega. Numa realidade social de leitura controversa, um dos grupos impõe sua visão da sociedade. As ações inspiradas nessa família ideológica na esfera da economia e da política terminam por dar vida efetiva à visão de mundo correspondente ao corporificá-la em instituições sociais que tornam permanentes suas sensibilidades e preferências.

Introdução

Uma sociologia das finanças contemporânea precisa explicar o predomínio dos pontos de vista oriundos dos chamados mercados sobre os arrazoados produzidos em outras esferas da sociedade. As três últimas décadas nos acostumaram que necessidades urgentes na educação, saúde, transportes, cultura e outras demandas sociais podem ser adiados em nome do equilíbrio orçamentário medido pelos parâmetros ditados pelos mercados. Argumentos construídos a partir de razões aparentemente sólidas, apontando para a necessidade desses gastos ou mesmo para o custo muito maior dos adiamentos diante do que custariam boas respostas no presente são sumariamente descartados e aqueles que ousam desafiar a sabedoria convencional dos nossos tempos são etiquetados como fora do tempo e do mundo. Esses seres anacrônicos viraram os dinossauros que merecem o ostracismo dos parques jurássicos da atualidade.

Os últimos 20 anos nos acostumaram a utilizar a expressão "mercados" como uma entidade autônoma, incontrolável a partir de qualquer agente social ou grupamento, dotada de força e lógica próprias. Nesse passo inicial reside uma dificuldade pouco clara para os automatismos cognitivos que costumam guiar a apreensão cotidiana dos mercados. A sociedade olha para os mercados seja para glorificá-los como a expressão última da racionalidade contemporânea, seja para execrá-los como o suprassumo da voracidade e do egoísmo existentes no momento. Nas duas versões os mercados são vistos como uma entidade fechada, praticamente autônoma, na qual outros interesses e pontos de vista não podem ou não devem interferir. No primeiro caso porque introduziriam ineficiências que se propagariam por toda a sociedade e no segundo simplesmente porque se considera que o poder da entidade supera qualquer possibilidade de contestação.

A ideia central do livro é desenvolver uma análise da esfera financeira na qual fique evidente o papel de diversas séries de agentes e configurações nos quais os financistas e os mercados pelos quais eles trafegam irão se mostrar menos autônomos e portanto sujeitos a jogos sociais mais amplos do que parece intuitivamente. Correlativamente, a ilusão de autonomia irá aparecer justamente como um ardil da razão social que produz a dominação financeira. Essa digressão tem vários propósitos e consequências, tanto intelectuais quanto diretamente políticas. Na esfera "interna" das ideias, tentarei afirmar a necessidade imperiosa de uma abordagem sociológica dos mercados financeiros para a compreensão dessa construção social a qual, hipostasiada, parece desafiar os poderes do intelecto. Mais do que simplesmente indicando que seus atores são terrenos e desenvolvem agendas explicáveis, pretendemos aqui afirmar a existência central de constrangimentos especificamente culturais e identitários que definem os comportamentos concretos, bem como o espaço dos possíveis e dos prováveis para a dinâmica da esfera financeira da nossa sociedade.

O esforço intelectual deságua diretamente sobre a pauta propriamente política ao indicar a centralidade da luta cultural para explicar a lógica e os desfechos das disputas que se travam nos espaços sociais que convencionamos chamar de mercados. Mais do que isso, queremos chamar a atenção para a necessidade de uma observação cartográfica mais circunstanciada, na qual os mercados irão aparecer não mais como pequenas ilhas isoladas que decidem o destino dos grandes continentes sem que os mesmos possam contrarrestar essa influência, mas sim como parte mesmo desses continentes.

Talvez o maior ardil da atualidade seja justamente a ilusão, socialmente compartilhada, de que os mercados financeiros sejam entidades autônomas dotadas de um poder tão forte que tornaria as sociedades incapazes de regulá-los e fazê-los servirem-nas ao invés de eles mesmos se servirem das outras esferas e imporem seus interesses e pontos de vista sobre a economia, a política, a cultura e demais áreas da sociabilidade contemporânea. A análise sociológica tentará mostrar como se forma e se desenvolve essa ilusão. Nesse caminho, as pegadas irão indicar conexões centrais não intuitivas que mostrarão o papel decisivo de agentes oriundos e situados em espaços que não consideramos normalmente como sendo os das finanças e, assim fazendo, iremos afirmar o caráter heteronômico do espaço financeiro.

Os recursos intelectuais mobilizados nesse livro estão centrados na utilização da sociologia de Bourdieu, em especial sua análise dos campos sociais para a compreensão e montagem das cartografias necessárias para fazer desvelar a estrutura e dinâmica dos espaços que investigamos. A sociologia "da crítica" associada a Boltanski é artefato intelectual indispensável para a compreensão e objetivação dos debates econômicos, políticos e, em última instância, as questões sociais que analisamos e cuja lógica pretendemos descobrir. Nessa mesma chave, utilizaremos assistematicamente algumas pistas fornecidas pela filosofia analítica, antropologia e ciências cognitivas contemporâneas, sugeridas da leitura não profissional de autores como Nelson Goodman, Hilary Putnam, Ian Hacking, Georges Lakoff, Mary Douglas, Jack Goody e outros. E muitos dos desenvolvimentos aqui presentes foram sugeridos por leituras, também leigas, de historiadores e antropólogos como William Reddy, Roger Chartier, Robert Darnton, Clifford Geertz, Marshall Sahlins e outros, que têm sido rubricados como pertencendo à corrente do "materialismo cultural". O mergulho na tradição brasileira é apoiado em autores centrais como Florestan Fernandes e Raymundo Faoro, os quais, de alguma forma, investigaram o que mais tarde passou a ser chamado de "o campo do poder na sociedade brasileira" e, assim fazendo, desbravaram e facilitaram o trajeto por espaços da sociedade brasileira até então bastante inóspitos para nossa Ciência Social.

O plano do livro

O primeiro capítulo faz uma discussão preliminar sobre o que chamo de "dureza da realidade simbólica", para alicerçar a afirmação contraintuitiva de que é a partir dela que iremos construir a lógica da explicação do espaço financeiro. Começamos com o uso alusivo dos autores acima citados para desembocar numa tentativa de construção de uma cronologia significativa e periodização das histórias econômica e política do Brasil recente que mostrem a ação e transformação das linhas de força que referendam a análise. Nela investiremos tanto um esforço de análise secundária a partir das bibliografias quanto retomaremos o fio de análises empíricas sobre as profissões gerenciais que realizamos principalmente nos últimos anos da década de 1990 e que se nutrem, principalmente, da frequentação cotidiana do espaço da formação e de aperfeiçoamento dos engenheiros de produção e demais profissionais que se acercam dessa especialidade.

O segundo capítulo, provavelmente o decisivo, pretende mostrar como a governança corporativa, que aqui chamo de "mãe das inovações financeiras", se tornou um espaço simbólico e profissional de encontro e de reconhecimento mútuo. Em torno desse construto diversos grupos de agentes, antes distantes no espaço social e mesmo antagonistas no espaço político, irão interagir e produzir conjuntamente novas institucionalidades, não só legais, mas principalmente cognitivas e políticas. Dessa interação inesperada se produzirá um novo modo de dominação na sociedade brasileira, instrumentado pelas ferramentas financeiras oriundas dessas novas convenções cognitivas e sacramentado pelas legitimidades cruzadas investidas no processo, que alguns grupos adquiriram previamente nas esferas cívica, política e ambiental e outros na esfera propriamente econômica.

Afirma-se então um construto metodológico central que chamo de "campo financeiro", que baliza toda a análise e que mostra contornos e dinâmicas contraintuitivos. Isso porque de um lado ele abarca não só os habituais atores financeiros e econômicos, mas também conjuntos de indivíduos situados ou oriundos de espaços anteriormente críticos e que consideravam mesmo a atividade financeira como o suprassumo da exploração do homem pelo homem. E tal reunião inesperada irá produzir frutos evidentes não só na esfera política como também na econômica, pois diversos desenvolvimentos de novos produtos financeiros estarão irremediavelmente marcados por essa heteronomia. Dessa forma pretendo provar que o campo financeiro, como qualquer outro espaço da mesma natureza construído teoricamente a partir das sugestões de Bourdieu, é uma máquina cognitiva que produz principalmente um sentido cultural específico para as práticas que ele engendra. Dado esse passo decisivo, poderemos então afirmar o enunciado contraintuitivo central, dizendo que os financistas são ricos porque são legítimos e não o contrário, como pensaríamos automaticamente guiados pela intuição cotidiana.

O terceiro capítulo lida especificamente com o universo simbólico produzido pela dominação financeira e utiliza os escândalos políticos deflagrados nos governos petistas para mapear o novo espaço simbólico surgido dessa peculiar dominação financeira que se desenvolveu na sociedade brasileira contemporânea. Sugiro que os escândalos do início do século XXI são produzidos pela fricção cultural que se desenvolve na construção progressiva e contraintuitiva da dominação financeira brasileira, instrumentada por um governo oriundo da esquerda do nosso espectro político. Dessa forma, pretendemos desenvolver um raciocínio no qual os escândalos se tornam elementos constitutivos da ordem econômica e cultural produzida pela dominação financeira. Nessa linha, os escândalos não só deixam de serem eventos fortuitos e anômalos como também devem ser imaginados como ocorrências futuras fortemente prováveis e produzidas "naturalmente" pela configuração cuja lógica procuramos descrever e dar sentido.

O quarto capítulo põe a construção à prova a partir da análise da reação desse espaço peculiar da contemporaneidade que é o campo financeiro brasileiro à crise financeira internacional que foi declarada em 2008. A hipótese é que esse campo financeiro peculiar foi responsável pelas respostas, também elas em grande parte na contramão da tendência internacional, que assistimos do governo federal brasileiro e dos atores que dele dependem. Pretendo aqui demonstrar que as respostas governamentais à crise, bem como as reações dos diversos segmentos da banca privada a essas ações contrárias ao bom senso destilado pela cultura financeira internacional são emanações e podem ser explicadas por essa configuração social brasileira que chamo, paradoxalmente, de "financeirização de esquerda". E utilizo essa rubrica para sublinhar seu caráter inesperado e contraintuitivo, no qual foi engendrada e, principalmente, sustentada ao longo do tempo uma ação econômica contracíclica, dita "keynesiana" por alguns analistas.

A conclusão afirma os pontos principais da análise e também remete para algumas pautas de pesquisa que dela decorrem. Aqui discuto a possível generalização internacional dos pontos que parecem específicos da situação brasileira, sugerindo portanto pistas que poderão ser percorridas por aqueles que se convencerem da propriedade de minha análise. Uma vez que considero que o campo financeiro é um decalque bastante razoável do campo do poder, torna-se imperioso avaliar as consequências das linhas de força estudadas para a configuração dos mundos político e econômico do Brasil contemporâneo e as expectativas da sua evolução para os próximos anos. É assim que arrisco algumas digressões prospectivas que podem ser deduzidas da análise. Piso então num terreno ainda mais movediço do que o centro do livro, mas creio que esse passo é uma consequência indispensável da análise. Ao leitor de julgar a sua pertinência. Ao tempo de avaliar a sua acurácia.

Capítulo I

A dureza da realidade simbólica e suas consequências na história econômica brasileira

Talvez o maior dos ardis que sustenta a ordem social capitalista contemporânea seja aquele que faz seus críticos manterem uma postura intelectual mais típica do século XIX, que confere à realidade simbólica apenas o caráter de epifenômeno que esconde a realidade material. Essa chave que confere preferência ontológica ao que seus seguidores chamam de mundo material, considerado "real" e, correlativamente, chama de "superficial" a estrutura simbólica da sociedade. Nesse raciocínio, que é o intuitivo nos estudos sobre a economia, fica implícito que a estrutura simbólica é mais maleável do que a material e que os grandes problemas da sociedade residem na última.

Desenvolveremos aqui uma abordagem em muitos sentidos contrária à intuitiva e para isso faremos uso de analogias históricas que tornam o raciocínio anti-intuitivo mais claro e aceitável (pelo menos assim desejamos). A situação cultural favorável aos prejulgados financeiros foi sendo constituída através de diversas disputas simbólicas sucessivas que podem ser reconstituídas como uma cronologia análoga a diversas propostas por historiadores que participam das preocupações do chamado "materialismo cultural" (Reddy 1984). Nessa operação os arbitrários culturais que foram surgindo e se sucedendo aparecem como resultados concretos das disputas sociais perdem a naturalidade e ganham inteligibilidade sociológica.

Podemos examinar o surgimento e robustecimento das novas convenções econômicas inspirando-nos no estudo de situações análogas, como aquela que surgiu quando as instituições do "Ancien Régime" foram substituídas pelas novidades que acabaram instituídas pelo efeito dos vagalhões sucessivos produzidos pela Revolução Francesa. W. Reddy[1] fornece-nos pistas, trabalhando a partir de dois dicionários de comércio de tecidos de sucesso, que expressavam o consenso entre os negociantes nos momentos respectivos de suas aparições: o primeiro é anterior à revolução (1723) e o segundo é de 1839. O autor descreve as diferenças que aparecem na forma de apreciação "evidentes", que o negociante bem estabelecido deveria empregar para avaliar os tecidos que comercializava. No primeiro caso, numa época em que a produção daquela mercadoria estava totalmente submetida ao sistema de guildas, toda a "expertise" residia em avaliar a qualidade e a procedência do produto. Nesse registro, discussões sobre os métodos de fabricação não faziam o menor sentido, já que essas eram questões ou segredos internos da respectiva guilda (tecidos não produzidos por guildas eram tão ilegítimos e considerados sem qualidade que não apareciam no livro e não se concebia que

---

[1] W. Reddy: "The structure of a cultural crisis: Thinking about cloth in France before and after the Revolution", in A. Appadurai (ed.): *"The Social Life of Things: commodities in cultural perspective"*, University of California Press, 1986, p. 261-284.

um comerciante bem estabelecido trabalharia com eles). O dicionário da época (Savary) refletia essa convenção.

Em 1839, o mundo tinha mudado drasticamente: o dicionário surgido do estabelecimento da nova convenção cognitiva enfatizava os métodos de produção e as matérias-primas necessárias para sua produção correta. Mais do que esse resultado bem conhecido, Reddy relata os titubeios dos interessados no intervalo entre os indícios do fim da validade dos ensinamentos do primeiro dicionário e a aparição do segundo. Diante dos movimentos governamentais que indicavam o fim das guildas, os comerciantes temerosos do imenso salto no escuro que o mundo estava prestes a realizar, advertiam os governos para o previsível estado de anarquia econômica e social que iria acontecer: os trabalhadores, livres da disciplina imposta pela relação mestre/aprendiz estariam disponíveis para seguir seus baixos instintos e cair em tentação. Pior ainda, já que ninguém poderia garantir a qualidade dos produtos, seria instaurado o reino da falsificação de produtos. O comércio tenderia a se desorganizar pela falta de garantia de qualidade, e com ele a nação como um todo.

Para fazer face às inquietações dos patrícios urbanos, a argumentação padronizada se baseava nos princípios da Declaração dos Direitos do Homem: se os homens são iguais, não se pode atribuir privilégios a ninguém, nem os estatutários, nem os econômicos. Por mais interessantes e justos que os princípios pudessem parecer, eles eram muito abstratos para prevenir as falsificações econômicas e aliviar o sentimento de insegurança dos indivíduos. Entretanto, eles estavam ali para ficar. Querendo ou não, o mundo cultural em que a atividade econômica do "Ancien Régime" estava enraizada estava superado e nem nada nem ninguém poderia trazê-lo de volta. As virtudes regulatórias do livre-mercado ainda não eram conhecidas, apenas tornou-se inconcebível a vida social com a manutenção dos antigos privilégios.

A sequência de fatos que instaurou a dominação financeira é uma situação análoga? No caso histórico examinado por Reddy, sabemos o desfecho. Falar para o nosso caso da "inevitabilidade da prevalência do neoliberalismo e da globalização" seria entregarmo-nos à forma mais tradicional do sociologismo barato: o fatalismo do provável. Mas, se a análise de Reddy foi facilitada pela certeza do resultado histórico consolidado, para a nossa, trocamos o conhecimento prévio do resultado pela possibilidade de examinar as operações simbólicas cotidianas que contribuem para a realização da mudança da convenção cognitiva, que parece, como no caso examinado pelo autor, igualmente abstrata, mas nem por isso menos atuante.

A teoria no espaço brasileiro

Para dar conta do clima cultural que favoreceu a concepção financeira de sociedade proponho uma cronologia explicativa que desemboca na formação dos circuitos de poder no Brasil dos anos 1990. Trata-se de uma demonstração que começa nesse capítulo no que ela tem de mais geral e prosseguirá até o próximo segmento. Lá exporei a ideia de que a instalação da ideia de governança corporativa e a sua tropicalização no Brasil contemporâneo é o eixo central que dá sentido para a configuração que chamamos de dominação financeira. Ela nutre-se de um conjunto de oposições simbólicas, manejadas por diversos setores das elites nacionais, que interagem desde pelo menos os anos 1950. As suas resultantes momentâneas produzem as agendas que tornam algumas discussões possíveis – e outras não – e consequentemente predeterminam o sentido das ações públicas e privadas legítimas ao tornar marginais as possibilidades de ocorrência de atos e falas incompreensíveis ou irrecebíveis no enquadramento cognitivo de cada momento.

Um mapeamento de superfície dessa dinâmica cultural que rege o espaço dos possíveis e prováveis na esfera econômica pode ser construído a partir da cronologia abaixo:

1) Situamos um momento [T (0)] em torno do período Juscelino Kubitschek, que teve como principais marcos no maior nível de generalidade, a construção de Brasília e a formulação e implantação de uma política industrial ativa, principalmente com a instalação da indústria automobilística no Brasil, fomentada pela construção de uma aparelhagem de fomento centrada no Banco Nacional de Desenvolvimento Econômico em 1956. Esses fatos foram simbolicamente coroados pela primeira conquista do Campeonato Mundial de Futebol na Suécia em 1958. Esse período foi registrado positivamente na nossa história como marco do dinamismo de que somos capazes e, no seu ocaso, lembrado também, de maneira menos expressiva como um ponto de inflexão negativa no que diz respeito aos problemas da inflação e da corrupção.[2]

2) Um segundo momento cognitivo [T (1)] pode ser vislumbrado a partir do golpe de Estado de 1964, que instaura o PAEG (Plano de Ação Econômica Governamental) como plano econômico mestre, destinado a "recolocar a economia nos trilhos", reduzindo a inflação, proclamando e justificando o novo regime como o retorno da seriedade e da compostura no trato da coisa pública. Não mais os excessos inconsequentes dos tolos sonhadores, que eram aproveitados pelos corruptos para o enriquecimento ilícito, mas os rigores da contabilidade em todas as esferas da sociabilidade – gastou, tem de pagar; pecou, tem de expiar. A ordem foi restaurada com grande apoio das classes médias e das elites tradicionais, mas com prejuízo

---

2   Evidentemente, poderíamos remontar até o Império e encontrar ciclos análogos de alternância entre momentos de euforia econômica e suas recíprocas restauradoras da moralidade. Ver, por exemplo, num registro dos clássicos da História do Brasil: Faoro, R. *Os donos do poder: formação do patronato político brasileiro*. Vol. 2, Rio de Janeiro: Editora Globo, 1991, p. 37 e seq. (Por sua vez, referindo-se a Joaquim Nabuco (filho): "Um estadista no Império").

do progresso.[3] É difícil aqui deixar de pensar na economia como uma ciência que carrega um ranço teológico, como se fosse filha do pecado original, que estamos condenados a pagar para todo o sempre, e guardiã de uma moralidade estrita que não podemos desafiar, senão a partir de justificativas cuidadosamente elaboradas e mesmo assim, rapidamente desmontadas a partir do aparecimento de qualquer adversidade.[4] O PAEG levou a uma quebradeira econômica, que em si pode ter sido uma das responsáveis pela turbulência que associamos aos acontecimentos políticos de 1968.

3) A recuperação econômica do início dos anos 1970 fez-nos entrar no momento [T (2)]. Nós nos reencontramos com o futuro, no Brasil grande dos Planos Nacionais de Desenvolvimento e da Copa do Mundo de 1970. O planejamento governamental dos tecnocratas ligados ao governo militar montava um Brasil industrializado que estava destinado a se tornar uma grande potência, baseada no tripé descrito por (Evans, 1979): Empresa pública / Empresa nacional de grande porte / Empresa multinacional. Reparemos na construção semântica da época: a taxonomia proposta por intelectuais como Luiz Carlos Bresser Pereira e Carlos Estevam Martins foi acatada, e então passamos a ter tecnocratas do futuro, que nas construções dos autores acima, constituíam-se em uma nova espécie de

---

3   É razoável procurar no ímpeto termidoriano do período uma tentativa de restauração das hierarquias sociais perturbadas pela intensa mobilidade estrutural do momento anterior. Um aspecto dessa pista pode ser especificado nas tensões que explodem na relação entre capitalistas autóctones e seus êmulos e concorrentes de origem migrante mais próxima, constituindo o par de demônios ["político ingênuo ou corrupto + capitalista 'estrangeiro' aproveitador ou corruptor"], que, na mitologia econômica da época, poderia ser exemplificado no par [Goulart-Gasparian]. Evidentemente, aspectos dessas tensões já foram explorados pelos diversos analistas do período populista e da sua crise, ainda que com outros ferramentais e propósitos.

4   Ver os comentários de THOMPSON, E. P. *Costumes em comum: Estudos sobre a cultura popular tradicional*. São Paulo: Cia das Letras, 1998.
A partir da análise dos usos da Economia Política nascente pelos agentes governamentais ingleses do século XIX, em especial, p. 218.

atores, em tudo opostos aos burocratas do passado (MARTINS, 1973; PEREIRA, 1974; MARTINS, 1976 e 1977). No registro da política econômica propriamente dita, a generalização do uso da correção monetária construiu um novo quadro de equivalências que permitiu o convívio da sociedade com a inflação e assim parecia que tínhamos encontrado um atalho rumo ao desenvolvimento sem ter de pagar o preço dos desequilíbrios macroeconômicos.

Mas, em diversos níveis, a sociedade se revoltou contra o dirigismo estatal. De um lado, os empresários privados e a então nova camada de administradores profissionais se puseram contra o que enxergavam ser a hipertrofia do setor estatal, que, entre outros malefícios, produziria a inflação e o desequilíbrio das contas externas. Em outro quadrante, as classes médias e as novas lideranças sindicais levantaram-se contra o autoritarismo associado aos militares e à tecnocracia que a eles se ligava. O resultado foi uma ação conjugada contra o modelo de Estado da época, que teve o seu primeiro grito de guerra mais geral no episódio jornalístico da denúncia das "mordomias" – o conjunto de reportagens publicadas no jornal *O Estado de São Paulo* a partir de agosto de 1976 e assinadas por Kotcho (01/08/1976) e reforçadas por Mesquita (01/08/1983); Martins, 1973; Pereira, 1974; Martins, 1976; Martins, 1977. Caro, ineficiente e funcionando primeiramente para seus ocupantes: tanto à direita quanto à esquerda, pintava-se o Estado como opaco e usurpador da espontaneidade,[5] das riquezas e das esferas de autonomia (do resto) da sociedade. Estávamos assim começando a nos aprontar para mais uma rodada de "austeridade" e

---

5 Reparemos na armadilha polissêmica: "espontaneidade" significou primeiramente a positivação do livre desenvolvimento das organizações populares que se formavam ou se fortaleciam no ocaso da ditadura. Ganhando legitimidade, o conceito acaba carregando no seu halo outros significados como o da necessidade de deixar o mercado funcionar livremente e consequentemente, por exemplo, deslegitimar a ação governamental no controle de preços ou na promoção do desenvolvimento através das reservas de mercado e barreiras alfandegárias.

a nova batalha cultural passava a se travar em torno da definição do conteúdo da austeridade, e consequentemente, a definição do universo dos usurpadores. A procura pela expiação dos excessos do novo surto desenvolvimentista levou-nos assim, novamente, ao outro extremo. E atravessamos a década de 1990 rezando uma nova versão do catecismo da austeridade, atitude necessária para expiar os pecados da última pretensão desenvolvimentista. Equilíbrio fiscal! Fim da gastança pública! Respeito à realidade macroeconômica! Privatização! E os pecadores estavam bem tipificados: empresas estatais; os funcionários públicos, os políticos; o absurdo previdenciário e funcionários em geral, inclusive os do setor privado. Reparemos que nesse momento a oposição tecnocratas x burocratas se desfez em detrimento de um novo par: empreendedor x burocrata, e o estigma ampliou-se drasticamente. Num primeiro momento, ele atingiu o universo do serviço público, mas continuou o seu caminho, adentrando o espaço das empresas privadas, apontando o caráter "burocrático" de uma infinidade de gerentes; apontando que as dificuldades sofridas pelas empresas deviam-se à falta de adaptação aos novos tempos dos chamados "gerentes médios" e propondo como linha de tratamento/regeneração a "reengenharia", concebida como a panaceia universal que poderia restaurar a capacidade de ação das empresas, e operacionalizada como um gigantesco projeto legitimado de demissões de pessoal (Grün, 1996) (Heckscher, 1995). Empregado, público ou privado, todos eram vistos como burocratas, até prova em contrário. Ação de boa qualidade era a atividade do empreendedor, todas as outras, recebiam a significação de meras rotinas (Grün, 1999). Estávamos já mergulhados no nosso momento [T(3)] que se prolongou até o início do novo século. E nem mesmo as vitórias nas Copas do Mundo de 1994 e 2002 restauraram o nosso otimismo. Nem a de 2002, em especial, que afinal foi uma conquista inequívoca, conseguida sem prorrogações nem "lances duvidosos", foi capaz de deflagrar qualquer processo de otimismo. Ao que tudo indica, em época de purificação ritual não podemos nos permitir nem mesmo comemorar as grandes conquistas futebolísticas.

No final da década, estávamos cansados de expiar os pecados sem alcançar a redenção. Afinal, constatamos que os ritos de contrição aos quais nos acostumamos no passado recente, ao invés da salvação anunciada, produziram apenas o fantasma do desemprego, e o credo vigente revelou-se incapaz de exorcizá-lo. O desemprego associou-se à violência e, sobretudo, aumentou de novo a nossa sensibilidade para os problemas sociais. Parecia que o nosso momento [T(3)] começava a enfraquecer-se. A mudança da sensibilidade e da agenda pública que lhe é decorrente ficaram evidentes nos resultados das eleições de 2002. Afinal, uma característica daquele recente período eleitoral foi justamente a pouca ressonância eleitoral dos alarmes acionados pelas nossas vestais da austeridade, apesar do intenso movimento especulativo deflagrado nos mercados financeiros, d'onde ecoava claramente a mensagem que devemos pagar pela ousadia de imaginar uma conduta da economia diferente daquela apregoada pela austeridade convencional. Entretanto, a política econômica do novo governo parece ter surpreendido àqueles que imaginavam estarmos adentrando em um novo período (Grün, 2004). Para que o pêndulo realmente mudasse de direção, foi preciso a enorme sacudida dos escândalos que começaram em 2004 e que tinha no horizonte um possível impedimento de Lula. E para entender os graus de liberdade e de autonomia das finanças na sociedade é sempre bom termos presente que o mundo financeiro contemporâneo se alimenta e retroalimenta um Estado fraco.

O quadro 1 abaixo sumariza a cronologia das oscilações cognitivas

T(0) →	T(1) →	T(2) →	T(3) →	T(4)
JK "50 anos em 5"	Restauração da moralidade	Brasil Grande	Rumo ao 1 Mundo (neoliberal?)	Reiteração da doxa, ou tentativa de inserção diferente no mundo das finanças globalizadas? (Grün 2004)
Brasília; Indústria Automobilística	PAEG	Trans-Amazônica; integração industrial	Plano Real	Superávit fiscal; juros altos – Austeridade
Prioridade expansão: Industrialização Planejada	Prioridade luta contra a inflação: Recessão	Prioridade expansão: PNDs	Prioridade luta contra a inflação: Estagnação	PPPs; micro-crédito; APLs; BNDES; juros baixos/consumo popular
Estado entidade positiva	Estado entidade negativa	Estado entidade positiva	Estado entidade negativa	Estado entidade positiva
Copa do Mundo 1958	Desclassificação 1966	Tri-campeonato Mundial	Vitórias "frias"	O bom do Brasil são os brasileiros?
Progresso	Purificação	Progresso	Purificação	Purificação com progresso?

Uma especificação importante para entender a dominação financeira é que a positividade do indivíduo isolado que aparece e se legitima em T(3) dá naturalidade à ideia de que as empresas devem ser supervisionadas por indivíduos externos a ela, não contaminados pelos interesses e culturas internos. Caso contrário, deixadas por elas mesmas, elas cairão em situação de baixa eficiência.

O supervisor externo é primeiramente o acionista que, zelando pelo seu investimento acaba obrigando a empresa a seguir o caminho da eficiência. Posteriormente o elenco de atores externos se amplia: aparecem os interessados nas relações da empresa com o meio social ou ambiental nos quais ela interage. E os próprios empregados da empresa passam a ser mais eficientes quando colocados num quadro de referências no qual eles passariam a se enxergar como seus acionistas, interessados nos resultados financeiros da empresa e menos preocupados com outras considerações. Conforme veremos em detalhe adiante, tal resultado é essencial para o desfazimento da comunidade de produtores e a construção da nova institucionalidade.

Podemos então registrar a disputa entre empresa capitalista e mercado financeiro pelo cetro de ator constitutivo estruturante da economia como a oposição explicativa que estrutura as oscilações simbólicas que pretendemos dar conta. Em T(1) e em T(2) a empresa reinou absoluta. Em T(3) ela perde a primazia e, através da ideia de governança corporativa, o "mercado" passa a ocupar a centralidade.

No mundo internacional das finanças o caminho até T(3) é pavimentado por conflitos internos que apressam a sucessão geracional. Por intermédio da economia financeira, a nova geração redefine a ideia de interesse geral que tradicionalmente é cultivada pelo mundo das finanças e transporta esse novo critério para a sociedade (Thompson, 1997; 1997b). Antes os banqueiros queriam ser legítimos porque se apresentavam como o elo entre os possuidores de recursos e aqueles que poderiam fazer bom uso dos capitais na produção de riquezas, criando assim um ciclo virtuoso de aceleração da atividade econômica, com benefícios para toda a nação e, principalmente, sem propor uma esfera de virtude afastada do mundo industrial.

O instrumento por excelência da ação bancária era o desconto de duplicatas – os títulos comerciais gerados por operações de venda a prazo – e quando os bancos passaram a concentrar-se na negociação de títulos governamentais, não por acaso seus porta-vozes sempre que podiam declaravam que aquela situação era anômala e que suas instituições, assim que pudessem, deveriam abandonar essa atividade – que lembra os usurários medievais – e voltar ao seu papel tradicional, o único verdadeiramente saudável, o de financiadores da atividade empresarial (Troster, 2004).

Mais recentemente, no espírito da economia financeira, está sendo propagada uma nova ideia sobre o fundamento da utilidade das finanças para o interesse geral. Elas são absolutamente necessárias para a sociedade, pois só através dos seus instrumentos somos capazes de manter uma vigilância eficiente sobre os atores econômicos, principalmente empresas e países, obrigando-os a adotar o comportamento racional. Essa vigilância se exerce por meio do recurso sistemático à "arbitragem" – a capacidade de os mercados financeiros perceberem o comportamento anômalo de qualquer agente (uma empresa que usa mal seu potencial, um governo que mantém sua moeda "artificialmente" valorizada ou desvalorizada ou mantém um regime inflacionário) – e punir esse ator irresponsável, atacando-o (MacKenzie, 2003). Por exemplo, preparando uma oferta hostil de compra, o *take-over*, sobre a empresa em questão ou um ataque à moeda do país "mal governado". Dessa maneira, a vigilância do mercado é vista como o principal instrumento que a sociedade tem para se manter eficiente. E, magicamente, os interesses financeiros privados dos operadores, que podem receber fortunas pelos atos de arbitragem realizados nos mercados, acabam se tornando uma virtude pública. Um corolário importante dessa visão é que governos e marcos institucionais que protegem as empresas contra ataques na bolsa de valores ou qualquer outra ação financeira, ou mesmo que protegem outros governos na esfera dos organismos multilaterais ou diretamente, longe de estarem sendo virtuosos, na verdade, estão conspirando contra o uso eficiente dos recursos disponíveis na sociedade e assim contra a nação como um todo. Isso sem falar, evidentemente, que tentam interferir no fundo de comércio dos novos agentes. Note-se que, nessa versão recente da economia financeira que tem na arbitragem sua ideia-chave, a racionalidade não é mais um pressuposto do comportamento dos agentes, como na versão tradicional da teoria neoclássica, mas uma *performance*, produzida pela virtuosidade dos mercados. Esse desenvolvimento corrige a fraqueza congênita da capacidade explicativa do modelo anterior, produzindo uma simulação do comportamento dos agentes muito mais sofisticada. Primeiro, porque a nova versão é dotada de interatividade – a racionalidade torna-se uma característica social, adquirida pelo aprendizado, tanto escolar quanto prático. Segundo, pela sua analogia mais forte com alguns princípios do convívio democrático, como o nosso voto obrigatório: da mesma forma que o brasileiro aprenderia a votar votando, ele tornar-se-ia um investidor capacitado operando no mercado.

Agora, os indivíduos não são simplesmente dotados de racionalidade econômica porque essa seria uma capacidade genética do ser humano, mas chegam a ela empurrados pela força da necessidade de corrigir os resultados dos seus comportamentos passados. A lógica interna dos enunciados ganha muita solidez, e, tendencialmente, o próprio conteúdo típico da profissão de economista muda seus contornos. A busca de oportunidades para realizar arbitragem torna-se o centro da atividade. Nesse quadro, as preocupações com a macroeconomia deixam de ser relevantes nelas mesmas e ganham importância nas suas consequências para a administração dos *portfólios* financeiros. A se julgar pela distribuição dos prêmios Nobel de economia em finais do século XX, a caução intelectual para esse desenvolvimento também se revela fortíssima (Lebaron, 2000). Estamos diante de uma versão da teoria econômica que ancora legitimamente o darwinismo social contemporâneo. Uma força cultural tão grande provavelmente só foi exercida pela teoria econômica de inspiração malthusiana no *Colonial Office* inglês do século XIX, cuja análise pode servir para melhor entendermos esse efeito cultural da teoria econômica (Thompson, 1993; Lebaron, 2003).

A sólida construção cultural explica e ordena o mundo em que vivemos, fornecendo explicações lógicas para nossas vicissitudes pessoais e coletivas. Uma boa maneira de avaliar sua força ou sua fraqueza é verificar o enquadramento prevalecente que faz dos problemas econômicos que consideramos mais prementes. Assim por exemplo, quando a razão financeira é forte, acreditamos que a persistência do desemprego, que poderia representar uma prova da ineficiência da visão financeira para dirigir nossos destinos, não é verdadeiramente um problema econômico. Ele existe porque o sistema político, uma esfera que ainda está longe de alcançar uma boa governança, se revela incapaz de tomar as medidas corretas no sentido de eliminar os entraves que permitam a livre arbitragem do mercado. O vilão a exorcizar é, portanto, a legislação trabalhista que, sob a aparência de proteger os trabalhadores, os condena a viver com uma procura medíocre para suas habilidades atuais e com fracos incentivos para dotarem-se de novos atributos que possam ser apreciados e apreçados. Individualmente, os exemplos de sucesso, como os dos próprios financistas, são o "mapa da mina". Perseguir o exemplo ou não fazê-lo é uma decisão individual, deixada ao livre-arbítrio de cada um de nós. Mas o custo por afastar-se do caminho "real" é imputado ao indivíduo. A culpa de um eventual fracasso é dele e não da sociedade, inclusive porque a nossa "pós-modernidade" nos dotou de uma panóplia de instrumentos para reconstruirmos nossas trajetórias pessoais e profissionais (Grün, 2003).

Assim, a visão de mundo construída em torno da ideia de arbitragem, que apoia a entronização do novo grupo no seio das elites brasileiras, parece difícil de se combater. Parafraseando Goodman (1988), ela constrói um mundo completo e, por isso, muitas vezes robusto. Na apropriação sociológica do tema por Bourdieu (1997: 221-222), a luta para influenciar a maneira como a sociedade pondera o valor de cada evidência na construção das versões prevalecentes de como devemos entender o mundo que nos cerca é a essência mesma da disputa política. Ou seja, a essência da política é o conflito que produz as categorias cognitivas que formam a nossa percepção do mundo social e assim conferem justiça, familiaridade ou estranheza aos eventos com que nos deparamos.

Uma história dos mundos empresariais do Brasil recente

Quando nos dirigimos para a esfera do trabalho e da empresa verificamos que o mundo foi sacudido por transformações estruturais que a mudaram drasticamente (Hirsch, 2006). Nos anos 1980 assistimos ao advento da então nova religião da qualidade, que nem bem apareceu, entusiasmou e ganhou seus conversos, já começou a ser questionada. Gerentes leais, os grandes prosélitos do novo credo, que pensavam ter alcançado posições indispensáveis começaram a ser dispensados. No auge da tendência, mesmo os setores de pesquisa, considerados como os ativos mais estratégicos das empresas foram desativados. E principalmente, linhas de autoridade firmemente estabelecidas, que deixavam claras as rotinas empresariais e estabilizavam as expectativas dos membros do mundo fabril foram questionadas na raíz. Da mesma maneira o foram relações cultivadas há muito tempo com as comunidades onde as empresas estavam estabelecidas. Em suma, a ideia de que o ambiente fabril deve apresentar alguma estabilidade – funcionar como uma espécie de comunidade onde estejam engajadas as vontades dos produtores e de todos aqueles que os apoiam direta ou indiretamente – para poder tornar-se produtivo, deixou de ser axiomática e são necessárias chacoalhadas periódicas para fazer o pessoal se mexer (Cameron, 1995). Na década de 1990 o mundo virou de ponta-cabeça para um enorme conjunto de engenheiros e técnicos envolvidos na onda de modernização industrial dos anos 1980, mas não só para eles...

Enquanto isso, eficiência passou a ser sinônimo sincrônico do aumento do valor líquido das ações. Como o longo prazo é de previsão difícil, maximize-se o que podemos pensar efetivamente: o retorno máximo no curto prazo. Afinal, no longo prazo já teremos trocado de papéis, estaremos todos mortos, ou, se otimistas, já teremos vendido essas ações e comprado outras. A empresa "restaurada" existe agora exclusivamente para contemplar os interesses de seus acionistas. Na linguagem do mercado, estamos diante da revolução dos *shareholders* (os acionistas e os debenturistas), que se faz em detrimento de todos os outros *stakeholders* (a comunidade que se forma dentro e em torno da fábrica). Para que esse objetivo se efetive, a melhor receita é agir no sentido de transformar as relações internas das organizações cada vez mais em relações de mercado. Sujeitos à disciplina característica das formas mercantis – se você não é capaz de entregar-me o produto que quero no preço, na qualidade e prazo estipulados, eu posso sempre comprá-lo de outro "fornecedor" e não deixo de lembrá-lo disso – os empregados da empresa darão sempre o máximo de si para...manterem-se no mercado.

Chamemos então modelo de empresa que faz parte da comunidade, que se enxerga e trata seus empregados como membros de uma grande família que tem preocupações constantes com todos os grupos com os quais vive em simbiose, de modelo 1. Por contraposição, chamemos de modelo 2 aquele apontado como o da empresa que tem como preocupação central e exclusiva os interesses de seus acionistas.

A contraposição era menos visível e fazia muito menos sentido em períodos anteriores: o arrazoado do primeiro parágrafo era considerado uma espécie de investimento necessário para que a empresa realizasse seus lucros. Uma boa administração fabril, tanto interna, quanto em relação às fronteiras, privilegiava os longos prazos, onde a competitividade das empresas no momento $T(1)$ era função dos investimentos bem direcionados em qualificação do pessoal, em qualidade, em tecnologia, em boas relações com o meio ambiente, no momento $T(0)$. Nesse tempo, o nosso modelo 2 não fazia sentido fora do universo jurídico, e assim mesmo, numa definição muito estreita do conceito legal de empresa. Realizada a transformação, a relação temporal $T(0)/T(1)$ quebrou-se, e as técnicas da boa administração da empresa obrigam seus responsáveis a privilegiar a liquidez, a empresa cujos ativos sejam o mais possível de negociarem rapidamente, o retorno máximo no curto prazo, tudo isso aparentemente deixando de lado os "fatores de competitividade" tradicionais, em prol da possibilidade de mudar de negócio rapidamente, aproveitando novas possibilidades de investimento, seja em outros ramos, seja no mercado financeiro.

O mundo empresarial "real" é muito mais complexo do que os modelos 1 e 2 acima e seus desdobramentos mnemônicos. Mas sua apresentação faz sentido por estarmos sob o imperativo de tratar as relações internas da empresa como um mercado, ponderar muito antes de realizar qualquer imobilização de capital em equipamentos ou em instalações inflexíveis (ainda que eficientes) e de medir a eficácia dos seus atos de "relações públicas" através de critérios mais "objetivos". Ainda que os responsáveis pelos empreendimentos industriais não sigam esse figurino de maneira estrita, eles são obrigados a justificar seus atos a partir dos seus princípios.

Quando examinamos as razões da prevalência do modelo 2 sobre as outras maneiras de enxergar e agir sobre as organizações, aparentemente equivalentes, percebemos que estamos diante de processos de construção daqueles pré-julgados intelectuais que abordamos acima, que acabam guiando as ações econômicas e organizacionais. E, ao procurarmos as razões do predomínio dessas construções, constatamos a ação de mecanismos culturais cujo escopo é bem mais amplo do que as arenas econômicas organizacionais que pesquisamos. Por isso, é central e adequado analisar aquela lógica cultural mais ampla que circunscreve o espaço das possibilidades de mudanças organizacionais.

Pode ser útil pensar a coexistência nada pacífica dos modelos de empresa 1 e 2 a partir da ideia de guerra cultural. Utilizo a expressão sugestiva "guerra cultural" num sentido diferente daquele empregado inicialmente por Hunter (1991), ainda que possamos encontrar alguma convergência analítica e empírica. Segundo o autor, as opiniões da população norte-americana sobre a maior parte dos problemas a que aquele país tem se defrontado estariam divididas em dois clusters que separariam conservadores e liberais de maneira muito nítida e crescentemente intolerante.

Aqui, utilizo a expressão para explicar a atitude de defesa "militante" dos desdobramentos mnemônicos do modelo 1 acima pelos engenheiros e gerentes industriais entrevistados na segunda metade dos anos 1990 e a adesão aparentemente irrefletida de membros da comunidade intelectual à mesma família argumentativa. Do "outro lado da trincheira" se encontram os agentes inspirados pela razão financeira. Esses desconfiam que qualquer alusão a questões de longo prazo não passa de uma defesa mais ou menos aberta de um burocratismo inerente à empresa que não quer se deixar governar pela salutar disciplina do mercado. E a organização que se deixa levar por essas considerações se aproxima cada vez mais, perigosamente, do execrado padrão de gestão das agências estatais.

Entre teoria e prática: a relação contraintuitiva

A análise da disputa entre as forças simbólicas e econômicas que sustentam as duas visões de empresa nos coloca diante de uma situação sociologicamente muito interessante, na qual os acontecimentos na esfera econômica só podem ser entendidos como resultados das oscilações simbólicas que apontam os caminhos possíveis para a atualização de quaisquer organizações que existem na nossa sociedade. E essas razões se espraiam por todo o tecido social, mudando as referências que organizam as percepções das formas de associação possíveis em tantos outros campos, da filantropia clássica à ação governamental como um todo. E é interessante ressaltar que além de contribuir para o entendimento da atual cena fabril, o exercício nos coloca genericamente diante do fascinante problema da relação dos intelectuais e de seus produtos "abstratos" com a "dura vida material", mostrando-nos que teorias são mais do que "simples teorias"... Uma vez entradas na esfera pública as teorias "eruditas" acabam tornando-se "folk theories", funcionando como lentes cognitivas que dirigem a apreensão do mundo físico e imaterial.[6]

Numa mirada em perspectiva dos estudos sobre modernização empresarial é fácil lembrar o paradoxo dos anos 1980, quando

---

6   A relação entre teorias eruditas e "ação prática", em especial o custo de ignorá-la, é objeto da famosa frase final de Keynes na Teoria Geral Keynes, J. M. *The general theory of employment, interest and money*. Londres: Macmillan and Co., ltd, 1936.
    Zilbovicius nos fornece uma análise alentada da difusão do modelo japonês no Brasil Zilbovicius, M. *Modelos para a produção, produção de modelos: gênese, lógica e difusão do modelo japonês de organização da produção*. São Paulo: Fapesp/Annablume, 1999.
    Uma análise inspiradora nesse sentido pode ser encontrada no estudo de Boltanski sobre a difusão da pasteurização nos meios populares franceses. Ver, do autor: *As classes sociais e o corpo*. Ed. Graal, 198X. Sobre a generalidade desse problema sociológico e a diversidade dos tratamentos possíveis, ver P. DiMaggio: "Culture and Cognition", *Annual Review of Sociology*, 1997, p.263-287.

observávamos a difusão intensa do "discurso" da qualidade e confrontávamos esse mundo "verbal" a uma prática que não estava em sintonia com as intenções manifestas do pessoal envolvido na administração industrial. Tudo indicava estarmos diante de indícios de um "discurso modernizador vazio", que "mascarava" uma prática tradicional.[7] Entretanto, o início dos anos 1990 trouxe-nos a tão esperada difusão "real" da qualidade, num processo extremamente incremental. Por isso é necessário assinalar mais a complexidade da relação entre "discurso" e "prática", levando em consideração a interpenetração do que ingenuamente se considerou como duas esferas separadas. Isso não significa dizer que haverá necessariamente uma total revolução na maneira como as empresas serão administradas daqui para frente a partir do modelo 2. Apenas que também no mundo econômico a retórica é mais do que um simples detalhe que não influencia a ação. Antes, ela é o enquadramento cognitivo que modela as práticas, produzindo e circunscrevendo o número de alternativas possíveis para cada decisão empresarial.

Observei nos anos 1990 o furor messiânico com que gerentes entrevistados e alunos de educação continuada para engenheiros defendiam o modelo 1 de empresa e denunciavam as novidades que enunciava o modelo 2 a partir dos princípios de 1. "Denúncia" é aqui a palavra-chave. Boltanski[8] e associadas analisaram um conjunto de denúncias aparecidas nas seções de leitores de jornais franceses, mostrando como o ponto fulcral das argumentações dos missivistas era que os denunciados pretendiam justificar seus atos a partir do interesse público, enquanto os denunciantes acusavam-nos de disfarçar no interesse público atos que na verdade cumpriam agendas de interesse pessoal. Estava assim diante

---

7   O trabalho de Zilbovicius, acima citado, começa a jogar luz no caminho analítico anterior.

8   L. Boltanski *et al*. "La dénonciation". *Actes de la Recherche en Sciences Sociales*, nº 51, p. 3-40, 1984.

de critérios de civismo que estariam sendo conspurcados. A força do clamor deflagrado era proporcional à gravidade da violação dos princípios tácitos do convívio cívico, que eram revelados justamente pelas denúncias. No nosso caso, tudo se passa como se para nossos engenheiros o mundo construído em torno do modelo 1 fosse o único império da virtude possível, uma espécie de civismo industrial, que estaria sendo descaracterizado pelas ações "desindustrializantes" justificadas pelo modelo 2, tanto aquelas decididas pelas empresas quanto as governamentais.

O grau de envolvimento revelado sugere-nos fortemente que estamos diante de um exemplo do que Nelson Goodman chamou de "worldmaking".[9] Os modelos 1 e 2 de empresa podem ser considerados "mundos", sistemas de significado completos que organizam as percepções de quaisquer evidências, construindo gradientes de ponderação e/ou descartando ou impugnando fatos que os contradizem. É importante ressaltar que, uma vez que as empresas são realidades complexas demais para serem descritas ou entendidas literalmente,[10] tanto o modelo 1 quanto o 2 são metáforas cabíveis e portanto ambos os mundos são reais. São reais de

---

9 A formulação mais conhecida está em N. Goodman. *Ways of Worldmaking*. Hackett, 1978. A coletânea organizada por P.J. McCormick (ed.). *Starmaking: Realism, Anti-Realism and Irrealism*. The MIT Press, 1996 coloca o autor em confronto com outras posições (realçando e radicalizando seus argumentos no calor da polêmica) na esfera filosófica e demonstra o reconhecimento de suas formulações.

10 G. Morgan (*op. cit.*) usa o conceito de metáfora para dar conta dos aspectos da vida organizacional que se tornam visíveis a partir de cada uma das escolas de teoria das organizações mais conhecidas, mostrando a utilidade geral desse "algoritmo". No caso presente, iremos numa outra direção, procurando as metáforas "espontâneas" utilizadas pelos atores e discutindo a sua interação. É evidentemente enorme a discussão no campo da filosofia e das ciências cognitivas sobre a existência de um mundo que possa ser descrito/entendido de maneira literal, prevalecendo a posição da necessidade do uso da metáfora. Ver a respeito A. Ortony (ed.). *Metaphor and Thought*. 2ª. ed. Cambridge: Cambridge University Press, 1993, na qual estão expostas as diversas posições em debate.

início para quem organiza suas percepções a partir de um deles e que dificilmente pode reconhecer a plausibilidade da versão concorrente. São reais porque fornecem um índice,[11] um sistema de referências coerente para decodificar e enquadrar evidências. E são reais também para o investigador que, partilhando ou não do sistema cognitivo subjacente a cada um deles, tem de reconhecê-los como conjuntos, cujo funcionamento tem de ser "decifrado". Se renunciar a isso, ele perde a acuidade necessária para entender a amplitude das deduções e emoções deflagradas na guerra cultural, bem como as suas consequências para a dinâmica social, a estabilização e as possibilidades de desestabilização das diversas conjunturas e suas possíveis institucionalizações quando transformadas em sistemas de categorias cognitivas.[12]

O conflito cultural molda alguns subentendidos que governam irrefletidamente a maneira como escrevemos nossa história econômica. Mas não só isso. Uma vez que essa história erudita é

---

[11] Índice é aqui outra palavra-chave. Refiro-me ao "paradigma do índice" como forma de conhecimento totalizador descrito por C. Ginzburg em: "Clues: Roots of na Evidential Paradigm". In: Johns Hopkins U.P. *Clues, Myths and the Historical Method*, 1989, p. 96-125 [Original em italiano; há edição brasileira, da Cia das Letras]. Ginzburg adverte-nos que o "paradigma do índice", a forma de conhecimento indutiva, na qual deciframos o geral a partir de uma pista particular, é não só uma forma de conhecimento cotidiana mas também a forma por excelência de uma ciência humana que quer ultrapassar a armadilha da utilização das formas de conhecimento dedutivo, importadas do "paradigma galileano" das ciências naturais, o qual, nas ciências humanas, conduz a resultados rigorosos, mas destituídos de relevância. No nível de generalidade em que estamos trabalhando, essa formulação parece-me compatível com a ideia de indexalidade – o padrão de contextualização que fornece inteligibilidade às interações sociais intermediadas pela linguagem, cara aos etnometodólogos, que nele procuram a essência da sua visão de sociologia ou mesmo com o conceito de "framing" da última fase da carreira de Goffman ou ainda a ideia dos pré-julgados de cada campo para a sociologia inspirada em Bourdieu.

[12] Sobre a noção de cultura que estou empregando, ver DiMaggio (*op. cit.*) e M. Schudson: "How Culture Works: Perspectives from Media studies on the efficacy of symbols". *Theory and Society*, n° 18, 1989, p. 153-189.

fortemente compartilhada, nesse caso ela também funciona na organização da memória econômica de maneira geral, conferindo uma aura de enorme verossimilhança à história incorporada, que nesse caso é análoga à história "oficial".[13] O advento da gestão profissional nas empresas, sua valoração mais extrema na ideia da "Revolução dos Gerentes" e mesmo a mais recente "Revolução da qualidade" foram fenômenos internos ao mundo que sustenta o modelo 1 de empresa.

Na institucionalização produzida pela tradição do estudo brasileiro da Administração, a história das empresas privadas do Brasil moderno costuma ser contada em 2 ou 3 fases: a primeira seria a da administração "empírica", na qual os donos das empresas, seus familiares ou prepostos diretos tomavam conta dos empreendimentos a partir de uma lógica de confiança – o "tomador de conta" era alguém cuja principal qualidade seria a lealdade ao dono do negócio, a competência técnica seria certamente

---

13 Não pretendo entrar na relação muito complexa entre história escrita e memória, mas apenas registrar que a história "legítima", ao coincidir com a memória "espontânea", funciona não só como um marcador/deflagrador de lembranças, como também, num outro plano, confere legitimidade institucional às versões. Um importante corolário é a necessidade de levarmos em conta que as tentativas divergentes de escrever a história econômica e organizacional têm interesse que vai bem além do espaço científico, uma vez que elas podem funcionar como produtoras de *framings* para darmos sentido aos contenciosos atuais das disputas econômicas e políticas. Mais adiante essas nuances mostrarão sua relevância na análise dos desdobramentos da crise financeira internacional de 2008 sobre a condução da política econômica brasileira e sua relação com a esfera financeira. As diversas posições sobre o tema podem ser cotejadas nas seguintes coletâneas: D. Middleton & D. Edwards (eds.). *Collective Remembering*. Sage, 1990 e D. Schacter (ed.). *Memory distortion: How Minds, Brains and Societies Reconstruct the Past*. Harvard Un. Press, 1995. É também oportuna a leitura da reedição crítica dos trabalhos clássicos de M. Halbwachs. *Les cadres Sociaux de la Mémoire* e sobretudo "*La Mémoire Collective*", ambas editadas por G. Namer, Ed. Albin Michel, 1994 e 1997. Outra maneira de ver a questão memória/política/história em M. Schudson. *Watergate in American Memory: How We Remember, Forget and reconstruct the past*. Basic Books, 1992.

importante, mas subordinada ao primeiro requisito.[14] A segunda fase seria a da administração profissional, na qual os critérios técnicos de seleção de dirigentes sobrepujariam o simples atributo da lealdade e os mecanismos de controle contábil indiretos relativizariam a importância da confiança absoluta capitalista-dirigente. Poderíamos ou não acrescentar uma terceira fase, a partir dos anos 1980, quando a revalorização da manufatura e a conscientização da qualidade teriam produzido uma alteração importante na lógica da gestão das empresas da 2ª fase, reconhecendo competências em todos os "produtores", inclusive os operários, que eram evidentemente negadas nas fases anteriores. Vimos, nos anos 1980, a difusão extremamente rápida da chamada "administração industrial japonesa", começando com os Círculos de Controle da Qualidade (CCQs), seguida pelo aparecimento do Kanban/Just-in-Time e coroada pelo TQC (Controle Total da Qualidade). Esse "japonismo" estava associado a um processo mais geral, chamado de "revalorização da manufatura". A fase da "substituição de importações" estaria superada e as necessidades de concorrer num mercado mundial no qual a qualidade dos produtos e seus preços de venda eram atributos fundamentais, além do despertar da consciência do consumidor brasileiro, estariam levando nossa indústria a internalizar constrangimentos que a conduziriam a uma atualização das práticas de manufatura. A panóplia japonesa surgia justamente nesse momento de reorganização dos mercados consumidores, mostrando-se assim adequada para fornecer o quadro geral por onde se processaria a atualização. Ainda que os diversos autores ressaltassem que esse

---

14 A descrição clássica desse padrão pode ser encontrada em J.S. Martins. *Conde Matarazzo: o empresário e a empresa*. Hucitec, 1974. Outro estudo alentado, enfocando também a questão regional do nordeste brasileiro em J.S. Leite Lopes. *A tecelagem da luta de classes na cidade das chaminés*. Marco Zero/Unb, 1989.

processo ocorria muito mais na esfera do "discurso" do que naquela da "verdadeira prática industrial", as preocupações com a fábrica mostraram-se centrais naquela década. Correta a divisão em duas ou aquela em três fases, importa-nos primeiro aqui a constatação de que em toda essa historia a empresa é vista a partir do nosso modelo 1, como uma comunidade mais ou menos hierárquica, na qual os critérios de hierarquização alteram-se com o tempo, mas mantendo-se genericamente como estrutura de dom e reciprocidade.[15]

Graficamente, poderíamos dizer que os três mundos variam em torno do eixo:

Lealdade (confiança) ---------- competência técnica (profissionalismo),

como questões de ênfase que explicarão a hierarquia. Nos dois casos, o mercado fica do lado de fora da empresa. O primeiro invoca a ordem doméstica e o segundo (terceiro) invocam a ordem industrial, mais ou menos completada. A diferença entre a 2ª e a possível 3ª fase poderia ser atribuída à concessão ou não de cidadania industrial aos operários, ou seja, o reconhecimento de um potencial de contribuição para a melhoria dos produtos, da produtividade e consequentemente da necessidade de se criar mecanismos que efetivem essa virtualidade.

A sucessão das fases conservando o caráter hierárquico do tecido industrial levou a uma institucionalização dessa característica, isto é, tornou-a autoevidente, uma realidade axiomática, pré-reflexiva, indisputada e, evidentemente, enraizada nas realidades sócio-políticas mais gerais da sociedade brasileira, descritas, entre outros, por Faoro (1975). Nesse processo, lentes cognitivas foram

---

15 Talvez não por acaso, a discussão sobre privatizações não aparece no horizonte dos relatos, sugerindo a quebra de lógica cognitiva que esse processo deflagrou.

construídas e os indivíduos socializados a partir dos pressupostos que sustentam a ordem e inclinam-se fortemente a filtrar a realidade de maneira que, diante dos fenômenos que ocorrem na vida econômica e social, eles conseguem enxergar apenas as nuances que reiteram as formas de sociabilidade estabelecidas, incorporando apenas evidências que as reforçam e descartando as que poderiam impugná-las.[16]

O entendimento compartilhado é mais amplo do que se pode imaginar: ele influencia não somente os indivíduos inseridos nas comunidades fabris, mas também o meio ambiente, fornecendo legitimidade a quem age de acordo com o estabelecido. Assim, no período assinalado, empresas administradas de acordo com o figurino terão simpatia assegurada para suas demandas junto aos órgãos de fomento estatal e aos bancos, que serão referendadas pela imprensa e pela academia, gerando um círculo virtuoso de apoios que, probabilisticamente, deve conduzí-las a bons resultados operacionais. Inclusive porque elas acabam sendo consideradas bons empregos para os profissionais mais brilhantes (também segundo o figurino) desenvolverem suas carreiras. Inversamente, quando o consenso se esvai, as consequências de quaisquer problemas enfrentados pelas organizações deslegitimadas podem ser desproporcionalmente desastrosas, tornando muito arriscada a heterodoxia empresarial.

---

16 A formulação clássica dessa questão cognitiva para o mundo organizacional está contida na introdução de W.W. Powell & P. DiMaggio (eds.). *The New Institutionalism in Organizational Analysis*. Chicago: Un. of Chicago Press, 1991. A questão específica da memória, percepção & esquecimento institucional, com especial atenção para o problema do descarte de evidências que podem negar os princípios tácitos de entendimento do mundo e de fundamentação das hierarquias vigentes, está mais desenvolvida analiticamente em M. Douglas. *How Institutions Think*. Syracuse Un. Press, 1987.

A fábrica face à colonização dos financistas

O mundo que sustenta o nosso modelo 2 de empresa irrompeu de fora do tecido cultural-industrial que conhecíamos, ainda que de alguma forma também estivesse contido nele. Embora pouco visível externamente, o princípio do mercado aparecia nas disputas internas das empresas e nas organizações de executivos. A chave mnemônica da metáfora 2 era desencadeada em diversas situações por jovens pretendentes em contenciosos internos ou entre organizações nos mais diversos pontos do mundo econômico, como um banco em processo de transformação tecnológica, no qual jovens recém-diplomados procuravam desalojar bancários de métier (Grun, 1986); novos gerentes de pessoal procuravam dar uma nova definição para sua especialidade e mesmo jovens sindicalistas queriam redefinir estratégias de enfrentamento com o patronato que evocavam a contemporaneidade (Grün, 1995). Entretando, como o nosso modelo 2 ainda não estava disponível no "balcão de generalizações", os conflitos não desenvolviam todo o seu potencial. E se quisermos analisar a diferença com a situação mais recente em que o modelo 2, mais do que formulado, já virou doxa, a monografia de Pedroso mostra como ela age e se transforma na força motriz que põe uma organização em fase com a financeirização (Neto, 2005).

A contração da economia que se seguiu à posse de Fernando Collor e o ciclo de privatizações de empresas estatais inaugurados nos anos 1990 aumentaram drasticamente a relevância do modelo 2 no Brasil.[17] A aplicação de seus preceitos foi popularizada através

---

17 Na "matriz" norte-americana esse é um fato principalmente do início dos anos 1980 e seu registro social pode ser avaliado pelo sucesso de filmes como "Com o dinheiro dos outros", ou "Selvagens em Wall Street" – ambos títulos que foram lançados no mercado videográfico brasileiro. Tentei ordenar uma pequena parte da bibliografia norte-americana sobre o tema em "O estreitamento das classes

delas e de diversas reestruturações organizacionais de empresas em dificuldades que foram assumidas por um novo tipo de organização financeira que apareceu na cena brasileira no decorrer da década, do qual o Banco Garantia talvez tenha sido mais representativo, e que foram especializando-se progressivamente em "salvamento de empresas". Bons exemplos da transformação de empresas naquele período foram os processos de fusão e aquisição que atingiram empresas tradicionais do momento anterior, como a cervejaria Brahma, as Lojas Americanas e a rede de lojas de departamentos Mesbla (Juliboni, 03/09/2010; Lauro Jardim, 06/11/1996).

Em ambos os casos, a razão financeira aparece como uma espécie de denominador comum que fornece um índice mínimo compartilhado das formas de entender e, consequentemente de agir sobre as empresas, mais abstrato e menos sensível aos equilíbrios sociais pré-existentes nas empresas, que cobram reciprocidades. Num outro plano, esse denominador comum parece inevitável se atentarmos para a composição heterogênea dos diversos grupos que compraram as empresas privatizadas. Sócios industriais, fundos de pensão e "operadores" tinham poucas relações anteriores e eram oriundos de histórias diferentes. Quando colocados diante da necessidade de estabelecer um acordo sobre como operar a empresa agora de propriedade conjunta dessas entidades tão díspares tiveram a linguagem financeira como padrão comum geralmente aceito e o "consenso neoliberal" como pano de fundo cultural, restringindo o "menu" de alternativas de gestão.

A redução e o direcionamento do leque de alternativas das formas de administrar os empreendimentos surgidos da crise das "velhas" empresas ou da privatização das estatais só se torna possível com a mudança de contexto. E esse é o resultado justamente

---

médias norte-americanas", *Revista Brasileira de Ciências Sociais*, n° 25, vol. 9, 1994, p. 130-133.

de um imenso trabalho de produção de novas equivalências e de destruição de antigas, que, acompanhando Douglas, podemos chamar de nova convenção cognitiva. Ele vai permitir o vislumbre de novas associações cognitivas (e políticas) e o descarte de muitas das anteriormente existentes.

A ideia de denominador comum cultural/organizacional sugere a possibilidade de aproximação, na esfera cognitiva, entre os fatores que fazem prevalecer a razão financeira no mundo econômico atual e os fatores explorados nos inspiradores trabalhos sobre a história da razão estatística de Hacking (1990) e Desrosieres (1993). Como quer esse último autor:

> *A construção de um sistema estatístico é inseparável da construção de um espaço de equivalências, garantindo a consistência e a permanência, tanto política quanto cognitiva, desses objetos destinados a fornecer a referência para os debates. O espaço de representatividade das descrições estatísticas só se torna possível através da existência de um espaço de representações mentais compartilhadas, fornecidas por uma linguagem comum, balizada principalmente pelo Estado e pelo Direito.*[18]

Esse enfoque articula bem as possibilidades explicativas das dimensões lógica e histórica-sociológica, que são normalmente opostas, dando uma base mais sólida para o estudo das transformações cognitivas, em especial aquelas que afetam a ordem econômica. A instituição de uma nova maneira de pensar certamente acontece num espaço lógico dotado de algum grau de autonomia, daí a necessidade de estudarmos a consistência interna do "argumento financeiro". Mas os limites da autonomia aparecem quando

---

18 DESROSIERES, A. *La politique des grands nombres: histoire de la raison statisque*. Paris: Ed. La Découverte, 1993, p. 397.

conferimos historicidade às inovações e transformações dos universos conceituais que servem de base para os enxertos intelectuais que irão construir o novo espaço de equivalências do qual emerge o nosso modelo 2.

A operacionalização do modelo 2 através da sequência de "modas" organizacionais

Um exemplo da construção e operacionalização do novo espaço de equivalências pode ser encontrado na forma de solução de um dilema básico da gestão empresarial, "resolvendo" cognitivamente uma questão que parece eminentemente técnica. No nível da empresa, se examinamos as considerações que informam as decisões *make or buy* (linguagem importada para se referir à comparação entre produzir internamente um produto ou componente ou comprá-lo no mercado), podemos encontrar um excelente marcador do divisor de águas entre o ponto de vista do modelo 1 e aquele que emana do modelo 2.

O primeiro tipicamente dos engenheiros/industriais e o segundo dos economistas/comerciantes-financistas. O *make or buy* é uma decisão aparentemente objetiva, que os decisores empresariais adotam depois de pesar custos e consequências (DiMaggio, 2001). Na prática cotidiana, notamos que as sensibilidades de cada época e situação na esfera profissional influenciam as decisões induzindo os executivos a sub ou supervalorizar os prós e contras de cada situação. O grupo dos engenheiros "da velha escola", formados antes da prevalência da razão financeira tende a favorecer a solução inicial *make*. Essa solução procura a eficiência na busca de uma boa escala de produção, no planejamento judicioso das diversas fases do processo de produção e, no final do século XX, a receita inclui também o engajamento completo do pessoal da organização no processo chamado de Controle Total da Qualidade (mais conhecido pela sua abreviação anglo-saxã – TQC).

A representação que conforma o "make" remonta a Saint-Simon e sua atuação foi bem registrada no início do século XX por Thorstein {Veblen, 1921 #6002}. Nela, a fábrica e a produção em geral são sinônimos da comunidade dos produtores. Esse espírito impregna a engenharia francesa e espraia-se a partir da obra de Henri Fayol, o engenheiro-organizador por excelência. Ela vai inspirar as ideias correlatas do mundo industrial visto como um exército organizado dos produtores, no qual os engenheiros são os oficiais superiores, os supervisores os seus inferiores e na ideia do organograma como representação ao mesmo tempo indicativa e desejada da organização (Saint-Simon, 1821; Durkheim, 1992).

Nessa representação, não por acaso construída por um aristocrata progressista da passagem do XVIII para o XIX, o mundo é bem ordenado como uma hierarquia. Mas se distingue da ordem tradicional pela ênfase no planejamento sistemático do futuro e pela seleção meritocrática das elites, contra a temporalidade como mera repetição cíclica e contra a ideia de superioridade natural das elites transmitida por sangue, que seria característica das sociedades anteriores àquela que Saint-Simon imaginava.[19] As responsabilidades e autoridades estão perfeitamente atribuídas (tanto no que diz respeito à organização do trabalho, como também no que se refere à justiça meritocrática) e consequentemente também os papéis sociais. E as motivações são principalmente intrínsecas – trabalhar bem significa principalmente a satisfação de ver o bom resultado da labuta e, "naturalmente", ser bem avaliado pelos demais membros da comunidade, candidatando o bom trabalhador para

---

19 E assim, não é por acaso que esse aspecto futurista da ordem preconizada pelos industrialistas – que o distingue da tradição aristocrática "arcaica" –, é desprezado pelos partidários da ordem comercial.

subir na hierarquia e só secundariamente motivo para acréscimos de remuneração. E finalizando, o centro do modelo é a virtuosidade da ideia de planejamento. Para chegar a bom termo, qualquer atividade econômica deve começar com um planejamento minucioso das diversas etapas a serem realizadas. Eventuais problemas encontrados na realização dos objetivos organizacionais serão imputados justamente à falta de planificação.

Por sua vez, as ideias que conformam a decisão *buy* são uma consubstanciação do mundo do comércio feita virtude. Elas representam a fé no princípio contrário: a eficiência conseguida através dos estímulos externos, extrínsecos à atividade a ser realizada. O ator "racional" evitaria o trabalho sempre que pudesse, já que, nesse registro, trabalho é rigorosamente sinônimo de labuta, de esforço que se opõe à fruição. Não é difícil perceber que estamos diante de uma versão atualizada da maldição de Adão, condenado a ganhar o pão de cada dia com o suor da própria face, não havendo aqui sentido para a ideia de trabalho interessante ou altruísta.

Nesse padrão, a seleção produzida pela boa condução na arena do mercado é vista como o mecanismo mais eficiente para se conseguir produtos de melhor qualidade e preço. A priorização dos fatores externos à produção tira de foco preocupações com escala de produção e centraliza os esforços da empresa no par "boa compra x boa venda". Por sua vez, a relação entre os indivíduos perde o caráter de reciprocidade típico do enquadramento hierárquico e passa a ser pensada em termos sincrônicos. Aqui, as relações econômicas não são mais vistas como fazendo parte do conjunto das relações sociais, mas adquirem uma esfera própria de entendimento e legitimação baseada no lucro pontual. No modelo de boa sinalização para condutas que é decorrente desse quadro de referências, a recompensa ou a punição devem estar próximas dos fatos que as geraram. Além disso, no modelo desenhado em torno de *buy*, ao contrário do modelo organizado do *make*, todos os indivíduos são iguais até prova em contrário.

Nessa concepção, ao contrário do modelo anterior, a virtude principal de qualquer ação econômica é a ideia de liberdade. O bom governo, o bom patrão, o bom chefe, devem constranger o mínimo possível os seus comandados, para que esses encontrem ou desenvolvam sempre as melhores soluções aos eventuais problemas que apareçam no curso das ações. Quaisquer dificuldades nos empreendimentos serão normalmente imputadas ao tolhimento das iniciativas dos executores, causadas, por sua vez, pelo excesso de regulamentação que as impediria.

O quadro abaixo esquematiza a oposição:

Modelo	Modelo 1	Modelo 2
A eficiência vem da(o):	Maior escala de produção, diminuindo a incidência dos custos fixos e assim baixando os preços.	Poder disciplinador do mercado: os atores "correm atrás do prejuízo", reduzindo os custos, principalmente os decorrentes de desperdícios.
Conceito e instrumento de intervenção nas empresas e organizações	Sequenciamento; Planejamento estratégico (*ex ante*)	Controle dos gastos; Orçamento (*ex-post*)

Num nível de análise mais microsituado, observamos uma sequência de "modas organizacionais", cada uma delas ampliando mais a individualização dos processos produtivos e organizacionais que operacionaliza a factibilidade e a implantação do nosso modelo 2. Analisando-as em conjunto observamos um exemplo interessante de obra sem mestre, já que são oriundas de locais geográficos e institucionais diferentes e se pretendem a resolver problemas também diferentes. Mas o efeito agregado de suas respectivas passagens pelo mundo organizacional é inequívoco, prestando-se mesmo para enredos conspiratórios que são artefatos heurísticos, políticos e ideológicos que nos acompanharão em toda a análise da dominação financeira sobre as sociedades contemporâneas.

A ferramenta mais conhecida daqueles que não convivem cotidianamente nos universos empresariais foi a reengenharia. Ela produziu uma pressão enorme sobre a vida organizacional. Mas ela era localizada no tempo, sendo normalmente realizada por meio de consultorias de duração limitada. Mais recentemente, encontrou ou foi secundada por uma série de instrumentos de gestão de uso contínuo, inspirados na mesma ideia, vinda da economia financeira e da *agency theory*, de que a empresa deve ser vista como um feixe de contratos entre indivíduos bem definidos no tempo, no espaço e em abrangência. Essas "ferramentas" apresentam um crescendo de controle e individualização da medida do desempenho, operando, na esfera cognitiva, como instrumentos importantes na tentativa de fazer desaparecer a "velha" ideia de trabalho coletivo e, nas suas visões mais extremas, a própria ideia de empresa.

A primeira ferramenta que adquiriu popularidade no mundo organizacional foi o chamado "custeio ABC", que propunha a mensuração completamente isolada da realização de lucro ou de despesas de cada unidade da organização. Essa finalidade seria alcançada pela abolição da diferença entre custos fixos e custos variáveis (Armstrong, 2002; Colwyn Jones, 2002). No esquema de custeio tradicional, os custos fixos (instalações, mão-de-obra indireta e de supervisão etc.) eram de toda a empresa, deveriam ser rateados pelos seus diversos departamentos e constituíam-se na base contábil para a ideia mesma de empresa e de coletivo de trabalho indissolúveis.

Dessa forma, apenas os custos variáveis (matérias-primas, mão de obra direta etc.) deveriam ser imputados a cada linha de fabricação de produtos. A finalidade organizacional da tentativa de dissociação era clara: acabar com as ambiguidades na avaliação do desempenho das empresas que impediam a completa divisão das suas atividades--meio entre as múltiplas linhas de produtos ou serviços.

As consequências sociológicas da individualização dos diversos setores das organizações logo começaram a se fazer sentir. O novo instrumento permitia que, tanto contabilmente quanto cognitivamente, a empresa pudesse ser vista como um conjunto de unidades independentes, apenas provisoriamente trabalhando em conjunto, em suma, anunciando e produzindo uma ideia de organização pensada como o feixe de contratos da *agency theory*. Rapidamente, a perseguição desse modelo, até então exótico, se torna uma necessidade, provida de um roteiro claro, para alcançar a "excelência". Em uma primeira fase, a "ferramenta" foi apresentada sozinha; mais recentemente, como um sinal da sua maturidade e naturalização dos princípios que a inspiraram, passou a fazer parte dos grandes sistemas informáticos de gestão organizacional integrada chamados de ERPs (*Enterprise Resource Planning*), considerados de utilização praticamente obrigatória nas empresas modernas. A enorme difusão desses novos instrumentos consagrou a técnica contábil e espalhou sua influência cognitiva por horizontes cada vez mais amplos, bem além do ambiente das organizações industriais para as quais eles foram concebidos.

Em seguida à contabilidade ABC, tivemos uma bifurcação dos instrumentos que corresponde, grosso modo, a uma diferenciação de perspectivas que sinaliza uma nova polarização do espaço empresarial, agora interna à preponderância da argumentação financeira. De um lado aparece o chamado "Balanced ScoreCard", conhecido pela sigla BSC (Kaplan e Norton, 1996), proposto pelo mesmo grupo responsável pela "ferramenta" anterior e do outro, o "Economic Value Added", conhecido pela sigla EVA (Lordon, 2000). O BSC, no espírito de Porter (1985), que propõe a descoberta e manutenção de aspectos positivos decisivos de cada empresa – no jargão, as vantagens competitivas duráveis – pretende ser uma interface organizando a ligação entre os aspectos não financeiros da empresa e aqueles diretamente financeiros. Já no EVA, a pretensão é de efetuar uma medição direta, contínua e sistemática da lucratividade diferencial (ou seja, além das taxas médias ou esperadas) de cada unidade e mesmo de cada indivíduo engajado na empresa. Idealmente, essa medida deverá servir como base central para qualquer tomada de decisão, em especial as de investimento e de venda de ativos, além da remuneração e dispensa de funcionários.

Nota-se que a primeira linhagem, ainda que tensionando com a ideia tradicional de empresa, acaba compondo com ela, principalmente se comparada com a radicalidade da mensagem doutrinária exposta pela segunda. Na primeira, o esquema cognitivo de base concede algum espaço para que a possibilidade de uma decisão *make* apareça no horizonte. Afinal, algumas das "vantagens competitivas duráveis" podem se perder se forem terceirizadas. Além disso, na tentativa de incorporar algumas críticas, a metodologia BSC acaba tentando incorporar a nova ideia de "capital intelectual" – a mensuração das potencialidades criativas dos empregados da empresa para a realização de lucros futuros (Chenhall 2005). Dessa maneira sobra algum lugar para a ideia de estratégia de longo prazo da empresa, deixando assim implícita a possibilidade da sua duração no tempo.

No universo acadêmico, a avaliação crítica de cada uma das ferramentas levanta dúvidas quanto à efetividade das promessas anunciadas, e sobre seus efeitos precisos na realidade empresarial. A contabilidade ABC não conseguiria realmente individualizar e redefinir as estruturas de custos de maneira a imputá-los inequivocamente a cada fonte de lucro (Armstrong, 2002). O BSC não conseguiria fazer a junção entre aspectos financeiros das empresas, como lucros e liquidez, e aqueles não financeiros, como produtividade, qualidade e capacidade de inovar (Norreklit, 2000). Por sua vez, bons resultados na métrica do EVA também não garantiriam resultados financeiros excepcionais, que seria medida pela valorização dos preços das ações e lucratividade, da empresa que os alcance (Froud 2000). Entretanto, qualquer que seja a relação entre os resultados prometidos pelas técnicas e as transformações efetivas que a sua adoção poderia produzir, restam seus potentes efeitos retóricos (Norreklit, 2003). Na sua dimensão estritamente cultural, as ferramentas organizacionais anunciam que a "antiga" empresa hierárquica, previsível, *lócus* fundamental da sociabilidade de seus integrantes, está irremediavelmente fora do caminho da evolução da sociedade. No nível individual, as ferramentas organizacionais realçam e instrumentalizam a ideia de que devemos nos preparar para outras realidades, nas quais os velhos anteparos coletivos não mais funcionarão, devendo ser substituídos por esquemas individualizados de segurança financeira, profissional, de saúde e mesmo emocionais.

    A aplicação "efetiva" das novas ferramentas organizacionais é uma questão aberta quanto à sua amplitude, efetividade e às transformações que suas formulações originais sofrem quando são aplicadas nas organizações brasileiras. Como sempre acontece em migrações culturais as novidades recebem um novo sentido no hospedeiro, por vezes inesperado e mesmo resolvendo problemas, ou os criando, em tópicos e regiões do espaço social diferentes daquelas para as quais as "ferramentas" foram concebidas. Um sociólogo arguto, pensando na difusão dos conceitos ligados à administração industrial japonesa nos Estados Unidos, caracterizou as situações de sucesso na migração como processos de "re-invenção da roda" (Cole, 1989). Podemos observar várias utilizações e acomodações contra-intuitivas nos processos de difusão de inovações organizacionais. Algumas delas estarão presentes na aclimatação da governança corporativa no Brasil e elas serão determinantes na forma como a dominação financeira se instala no Brasil contemporâneo.

Capítulo II

A governança corporativa: "Mãe" das inovações financeiras

Nesse segmento apresentarei uma tentativa de abordagem das chamadas ferramentas financeiras a partir da ideia de construção social. A digressão é parcialmente inspirada na *démarche* dos estudos sociais sobre as finanças (SSFs) que é a tendência mais expressiva de cientistas sociais que se debruçam sobre os fenômenos financeiros. Mas ela diverge no escopo e na finalidade da lógica e do interesse daqueles colegas. Para os colegas se trata principalmente de explorar a performatividade dos instrumentos financeiros que se constroem nas interações internas ao espaço financeiro e que ganham vida ao representarem consensos básicos entre os agentes daquele setor. Ao alcançarem esse estágio, eles também ampliam o espaço de interação entre indivíduos e segmentos, entre artefatos (como os algoritmos) e mesmo entre indivíduos e artefatos, produzindo imensas ampliações de escopo, das quais a própria entidade "mercados" talvez seja a mais expressiva.

Nessa atividade, o principal instrumento de análise é a etnografia dos espaços financeiros (MacKenzie, 2001; Cetina, 2007).

Aqui, o propósito e o foco são ligeiramente diferentes. Trata-se de explorar a construção social das ferramentas financeiras em outra dimensão, com o intuito de demonstrar a heteronomia do espaço. Aqui nossa atenção está voltada para outro aspecto: aquele em que os instrumentos, no processo de "tropicalização", são alterados quando passam pelas mãos, interesses e sensibilidades de diversas séries de agentes formalmente exteriores aos "mercados". Armados da exploração das transformações do espaço simbólico brasileiro das últimas décadas tentaremos mostrar como o império das finanças se sustenta nas coalizões sociais e cognitivas que exploramos nos segmentos anteriores.

Passam pelos nossos olhos diversas novidades propostas, manejadas e controladas por diferentes ordens de agentes mas pretendemos demonstrar que o espaço para elas é estruturado e que a ideia recente de governança corporativa é uma espécie de mãe de todas as inovações. Para isso tentaremos demonstrar que a governança corporativa é a principal "ferramenta" através da qual diversos setores da sociedade foram se acostumando e aceitando os pressupostos da visão de mundo financeira. Evidentemente, chamar a governança corporativa de ferramenta causa incômodo. Ela não é um instrumento com escopo e finalidade delimitados, como um fundo de recebíveis, ou um certificado de depósito bancário. Antes, ela é uma expressão genérica que designa a relação entre as empresas e todos aqueles que têm interesse direto ou indireto no funcionamento delas e suas consequências. Mas chamá-la de "ferramenta", creio eu, é um procedimento heurístico necessário para entender as profundas transformações recentes do espaço econômico e político contemporâneos produzidas pelo aumento de importância dos pressupostos financeiros que temos assistindo tanto no Brasil quanto no panorama internacional. Conforme veremos a seguir, a ideia de governança corporativa não nasceu na esfera financeira e sua abrangência como utilidade cognitiva e instrumento direto de intervenção social vai muito além do espaço que costumamos chamar de mercados. E são justamente esses usos perpassados na esfera social que conferem ao constructo a qualidade de "ferramenta", no sentido de ter se tornado uma máquina de pensar que produz algumas realidades, desfaz outras precedentes e tende a impedir a formação de situações alternativas.

Podemos dizer que a história da governança corporativa no Brasil começa no final dos anos 1980 e sua cronologia tem um enorme poder heurístico, pois deixa claro como se instala a dominação financeira. Em primeiro lugar, é necessário desnaturalizar o conceito. Dizer que a história da governança corporativa tem 20 ou 30 anos significa que a partir de um momento situado entre os anos 1980 e 1990, variando evidentemente por ramo da empresa, local de atividades e história anterior, as relações entre as empresas e os meios ambientes dos quais elas fazem parte, bem como as relações internas às próprias empresas passaram a ser englobadas nesse novo conceito.[1] Num bom exemplo de "nominalismo dinâmico" (Hacking, 1999), a aceitação dessa rubrica constrói uma nova maneira de olhar a empresa e as organizações em geral, que passa a privilegiar os pontos de vista externos, primeiro dos acionistas e em seguida de outros *stakeholders*, em detrimento da visão interna que é típica das teorias das organizações anteriores e que privilegia os pontos de vista dos gerentes e demais decisores internos das empresas.

As teorias das organizações tradicionais estavam, e em grande medida ainda estão enraizadas nos diversos grupos de profissionais

---

[1] O conceito foi forjado nos Estados Unidos pelo então ativista dos direitos do consumidor Ralph Nader. Sua história inicial está descrita em Joseph (2005).

formados para se tornarem gestores empresariais: os administradores de empresas em primeiro lugar na fila, mas também os engenheiros, contabilistas, e mesmo a grande maioria dos economistas formados nas escolas tradicionais que ocupam cargos na hierarquia organizacional. Elas são ensinadas sistematicamente nos cursos superiores e são reiteradas nos treinamentos e cursos de aperfeiçoamento. Podemos dizer que esse ensino é sistemático desde meados da década de 1950, quando foram fundadas as primeiras escolas de administração e por ele já passaram diversas gerações de profissionais. Por menos que eles reflitam efetivamente a realidade empírica das empresas e demais organizações, de qualquer maneira, eles balizam o que seria a empresa ideal do ponto de vista dos profissionais formados para gerí-la, aqueles que no segmento anterior chamei de seguidores do modelo 1.

A nova maneira de ver a empresa, através dos agentes externos e dos parâmetros de excelência que eles podem avaliar e manejar altera fundamentalmente a estrutura do jogo a que os atores organizacionais estavam acostumados (Perrow, 1990). Rapidamente a empresa perde a autonomia de que dispunha, pelo menos na teoria que procurava dar conta de sua dinâmica. Nesse processo muda drasticamente a hierarquia dos atores que devem ser levados em conta e que participam dos processos de decisão que afetam as empresas (Grün, 1999). Não é por acaso que alguns autores falam na eclosão de uma "revolução cognitiva" que altera significativamente a forma como as organizações e as empresas em particular são vistas, se enxergam e interagem com as sociedades (Useem, 1996; Davis, 2009). Consumada a transformação, a empresa deixa de ser o agente econômico central que foi até aquele momento. A empresa cede a antiga primazia de ser considerada o agente econômico por excelência e essa centralidade passa para o espaço que nos acostumamos a chamar de mercado financeiro ou, mais genericamente, de "mercados". O menos visível desse processo, ou apreendido apenas na sua dimensão moral como abominação ilegítima, é que essa entidade denominada "mercado" amplia o escopo de seus atos e assim se torna uma arena não mais somente econômica. Dessa nova ágora, cuja cartografia e fisiologia não são tão evidentes quanto parecem, os agentes externos observam, fiscalizam e corrigem os rumos das empresas e demais organizações chegando até a, "naturalmente", subjugarem as arenas mais legítimas de decisão social como os processos eleitorais majoritários.

Na versão brasileira da história da governança corporativa observamos dois movimentos consecutivos. O primeiro deles diz respeito à instalação da ideia na configuração do espaço simbólico que a antecedeu. O segundo marca o momento subsequente no qual o conceito genérico já se instalou e a dinâmica social empurra diversos grupos de agentes a flexionar a ideia básica buscando entendimentos que componham melhor com suas sensibilidades e interesses.

Vejamos então como a sociedade brasileira engendra essa nova institucionalidade que é a governança corporativa. Falamos aqui no sentido cheio do termo institucionalidade. A governança corporativa vem se tornando ao mesmo tempo um conjunto de preceitos normativos tanto na esfera jurídica e de regulação infrajurídica de negócios como também na esfera cognitiva, construindo uma nova máquina de pensar e agir sobre a realidade econômica e mesmo outras esferas de sociabilidade. Nesse sentido, ela passou por diversos "testes" em vários níveis de abrangência, conforme veremos a seguir. Desde ter se tornado o espaço simbólico no seio do qual estão delimitados os possíveis arranjos societários/comerciais privados indo até o enquadramento da atividade benfazeja nas esferas social e ambiental.

Pelo menos desde meados da década de 1990 essa ideia se instalou no espaço empresarial brasileiro. Nesses primórdios, se tratava exclusivamente de criar uma nova maneira de se organizar as relações entre as empresas e o mercado financeiro. A partir de 1999 o fenômeno tomou uma forma mais precisa através da tramitação da nova Lei das Sociedades Anônimas (SAs) e do "novo mercado de capitais" inaugurado a partir da Bolsa de Valores de São Paulo (Bovespa). Numa primeira aproximação, a ser mais amplamente discutida adiante, podemos dizer que no essencial essa primeira versão da governança corporativa tem como pontos fortes a busca da transparência contábil das empresas e do respeito aos direitos dos acionistas minoritários.

A discussão brasileira sobre a governança corporativa é precedida e realimenta-se de diversas transformações da propriedade empresarial que ocorreram no decorrer dos anos 1990. Em particular do forte movimento de fusões e incorporações de empresas[2] que se deu naquele período, bem como de disputas em torno da definição dos fundos de pensão e do papel do Estado na economia, convergindo ambos os pontos para a questão da privatização das empresas públicas. No halo desse processo, tivemos a invenção e o aperfeiçoamento de artefatos jurídicos que ordenaram as diversas tendências simultâneas e interligadas, bem como a redefinição das funções de órgãos estatais ou para-estatais, como o CADE e a CVM, pouco salientes em momentos anteriores. E como não

---

2 Ver *O Estado de São Paulo*, 27.06.2002: "Fusões e aquisições movimentam US$ 23 bilhões no Brasil": A Conferência das Nações Unidas sobre Comércio e Desenvolvimento (Unctad, sigla em inglês) informou que o valor total de fusões e aquisições no Brasil no ano passado foi de US$ 23,013 bilhões, mais do que o dobro do que o registrado em 1999, de US$ 9,357 bilhões. O Brasil foi também o responsável por mais de 50% de todas as fusões e aquisições internacionais registradas na América Latina em 2000, que totalizaram US$ 42,5 bilhões.
E *O Estado de São Paulo*, 31.07.2001"Estudo diz que fusões trouxeram ganhos para o país": Em 1994, foram 175 processos e, em 2000, esse número atingiu 353.

poderia deixar de acontecer, diversos grupos de atores se engajaram nas facetas desse feixe de fenômenos, procurando aí novos espaços para a sua atuação intelectual, política e profissional.

Conforme já foi discutido por diversos analistas internacionais, no centro do recente processo de reestruturação da propriedade empresarial há um imperativo de liquidez. Na teoria financeira legítima do momento, as grandes empresas fazem parte de portfólios de investimentos de agentes coletivos, que procuram estar sempre prontos para se desfazer de suas posições atuais no momento mesmo em que elas forem consideradas desvantajosas, para então refazê-las em outros ramos de negócios ou regiões.

No caso específico das privatizações, assistimos à formação de alianças de parceiros muito diferentes (prestadores de serviços estrangeiros, empresas nacionais de ramos diferentes aos das empresas a serem privatizadas, fundos de pensão e bancos de investimento privados) formadas nos leilões e posteriormente reformuladas de maneira quase contínua através de operações financeiras de mercado. Essas constelações são candidatas "natas" à transparência e ao respeito aos direitos dos acionistas minoritários. Afinal, esse ambiente construído pela ideia da governança corporativa é muito adequado ao entendimento entre os sócios, oriundos de experiências muito diferentes, com linguagens domésticas pouco traduzíveis e assim pouco à vontade uns com os outros. A linguagem financeira em geral e a transparência financeira em particular tornam-se a língua franca e o ambiente virtuoso por excelência. E os fundos de pensão, em particular, tiveram vida dura no período da presidência de Fernando Henrique Cardoso, quando o governo federal procurou de todas as maneiras controlar esses gigantes financeiros que cresceram à sua sombra e que ameaçavam desgarrar-se definitivamente. Não só o governo, mas também as centrais sindicais tentaram manter algum controle sobre a atuação dos fundos e, para isso, governança corporativa neles.

Mas somente a adequação da governança corporativa aos tempos atuais não explica a vasta coalizão de atores que se forma em torno dela, nem tampouco a sua aceitação enquanto expressão do interesse geral. Na justificação da tendência, aparece a ideia de que o capitalismo brasileiro sofre de falta de um mercado de capitais, em especial de ações realmente ativo e consequentemente, de fundos de investimentos para o desenvolvimento dos empreendimentos que poderiam dinamizá-lo.[3] E que isso acontece por causa da não existência de um ambiente institucional que forneça segurança aos investidores quanto ao destino de suas aplicações de risco, sobretudo no que diz respeito aos direitos dos acionistas minoritários. Na falta de regras favoráveis aos investidores, esses terminam por aplicar seus recursos em aplicações imobiliárias e papéis bancários (ao invés de ações e debêntures) e realimentam o ciclo que torna os juros brasileiros muito altos (na medida em que, havendo oferta de financiamento interna, os governos permitem-se financiar seus déficits através do aumento da dívida pública, ao invés de promoverem ajustes fiscais). Assim, seria virtuoso para o desenvolvimento brasileiro se nosso mercado de ações fosse mais ativo.

A "boa governança corporativa" seria o instrumento que propiciaria a deflagração do ciclo virtuoso. Transparência (nos procedimentos contábeis e administrativos das empresas de capital aberto) e respeito aos direitos dos acionistas minoritários são as duas ideias centrais da nova institucionalidade. Notemos, primeiramente, que ambas lembram bandeiras importantes da luta pela

---

[3] Ver por exemplo o caminho abaixo, apresentando a versão oficial do Ministério da Fazenda e Comissão de valores mobiliários, acessada em 09/04/2012:
http://www.portaldoinvestidor.gov.br/Acad%C3%AAmico/EntendendooMercadodeValoresMobili%C3%A1rios/Hist%C3%B3riadoMercadodeCapitaisdoBrasil/tabid/94/Default.aspx

instauração da cidadania plena no Brasil, processo que tem significado uma imensa descarga de energia social e produzido muita emoção e legitimidade a conceitos que dela parecem derivar.

No debate intelectual, a ideia de governança corporativa pode receber dois significados, usados de maneira diferente por atores sociais diferentes, os quais em geral estão disputando espaços nas cenas econômica e política dos diversos países em que o tema aflora. O primeiro deles, o mais estrito, diz respeito à relação peculiar entre mercado financeiro e mundo empresarial que é observada em primeiro lugar nos Estados Unidos e em seguida na Grã-Bretanha. Segundo aqueles que a sustentam, a principal característica distintiva dessa configuração é a existência de um ativo mercado de controle acionário das sociedades anônimas centrado nas bolsas de valores. A segunda é o papel menos saliente dos bancos comerciais (ao contrário dos de investimentos) no mercado de títulos. O primeiro aspecto garantiria a vigilância externa sobre as atividades das direções profissionais das empresas, à medida que comportamentos que não garantissem os interesses dos acionistas seriam penalizados com *take-overs*[4] promovidos naturalmente pelo mercado financeiro, ameaçando permanentemente a situação dos diretores e gerentes das empresas e assim pressionando-os a agirem no sentido considerado correto pelos agentes atuantes no mercado financeiro – que nessa representação, podem ser perfeitamente equivalentes a todo o espectro da cidadania. A segunda característica clama pela necessidade de não permitir que coalizões espúrias de atores-amigos funcionem como escudos que protegeriam os maus administradores da punição do mercado. Blocos de ações (e assim de controle acionário) excessivamente concentrados

---

4   No espaço que estamos descrevendo, *take-over* é a aquisição do controle acionário de uma empresa através da compra ou centralização de suas ações, a despeito da opinião e vontade dos diretores e controladores do momento.

nas mãos de banqueiros (implicitamente considerados indivíduos das elites tradicionais das *old boys leagues*, que protegeriam seus "compadres") seriam um convite para o conluio entre os dirigentes dos dois tipos de empreendimento. A partir da década de 1970 a chamada teoria da agência e o desenvolvimento da economia financeira em geral erigiram essa particularidade anglo-americana em um modelo virtuoso de relação entre os agentes econômicos a ser admirado e exportado *urbi et orbi*, denominando-o de "boa governança corporativa".[5]

Por outro lado, intelectuais especializados na economia política, nos estudos organizacionais, no direito e nas ciências sociais tentam transformar o sentido primeiro do conceito. De maneira geral, eles estão alinhados na corrente VoC (Variety of Capitalisms) e chamam de governança corporativa qualquer relação nacional entre os atores econômicos (em geral dos países desenvolvidos não anglo-saxões que apresentam bons índices de desempenho econômico ou social), dirigindo a atenção para as peculiaridades do caminho histórico que levou à situação observada e procurando resgatar as virtudes da configuração específica.[6] Paralelamente, eles tentam apontar para as consequências negativas da "boa governança corporativa", uma vez que esse enfoque, ao direcionar as empresas exclusivamente na satisfação dos interesses de seus acionistas, acabaria por destruir os sistemas nacionais de relações do trabalho e mesmo os colchões de segurança social erigidos nos países desenvolvidos durante o século XX.

O sentido "desafiante" para a ideia de governança corporativa tem caráter nitidamente defensivo e reativo, já que em torno

---

5 E.F. FAMA: "Agency Problems and the Theory of Firm", in *Journal of Political Economy*, vol. 88, n. 2, 1980, p. 288-307.

6 Qualquer semelhança com o debate sobre a introdução das práticas relacionadas com a administração industrial japonesa nos anos 1970 e 80 não é, evidentemente, mera coincidência.

dele os atores procuram justificar diversas posições de não alinhamento com diretrizes emanadas dos órgãos supranacionais que tentam impor, como consenso internacional sobre a boa condução econômica, as diretrizes inspiradas na economia financeira que faz o *mainstream* da academia norte-americana. Dessa maneira, o debate sobre a governança corporativa pode ser rubricado como um subproduto da discussão mais geral sobre globalização e sua relação com a ortodoxia econômica e financeira. Disso decorrer que as posições favoráveis à "boa governança corporativa" se confundem com aquelas favoráveis à globalização e à ortodoxia enquanto seus adversários são céticos em relação ao fenômeno.

A ideia de boa governança corporativa também faz interface com a da "financeirização" das empresas: a prevalência absoluta do ponto de vista financeiro sobre outras considerações na estratégia da empresa e a focalização deste na valorização do retorno dos investimentos dos acionistas – a chamada "revolução dos acionistas".[7] Considerando-se a mensagem principal dessa tendência podemos dizer que na sua versão radical, ela significa o deslocamento das preocupações da empresa com os chamados *stakeholders* para a concentração em torno dos *shareholders*. Assim, a empresa "financeirizada" pensa no acionista e tenta transformar todos os seus colaboradores em acionistas, crendo que essa condição seria o melhor motivador possível para todos.

Reparemos a grande diferença em relação ao ideal de empresa que estava embutido na ideia de qualidade total: nessa última construção, todos os atores que gravitam em torno da empresa são *stakeholders*, todos são interessados no progresso da empresa e merecem igualmente atenção e consideração. A nova representação de empresa relacionada à governança corporativa constrói

---

[7] Useem, M. "*Executive defense: Shareholder power & corporate reorganization*". Harvard University Press, 1993.

uma oposição entre os antigos membros da comunidade direta ou indireta relacionada à empresa, os *stakeholders* e os acionistas, os *shareholders*. Assim, implicitamente, ela tende a destruir a ideia de comunidade organizacional, que é cara às diversas manifestações do espírito saint-simoniano que subjaz tanto à ideia tradicional de administração, quanto à ideia de qualidade total e mesmo do *mainstream* da Teoria das Organizações.

Na nova representação de empresa, os direitos não são mais derivados de interesses comuns mal delimitados (embora eles estejam bem enraizados na sociedade e sejam facilmente reconhecíveis por todos que deles participam, também na esfera legal), mas antes através da bem especificada e qualificada posse de ações da empresa. Na prática, surge uma focalização nos resultados de curto prazo que possam representar uma boa sinalização para o mercado de capitais o qual, por sua vez, sanciona o sinal através da melhoria da cotação dos valores emitidos pela empresa.[8]

A sociologia da governança corporativa

A análise sociológica da governança corporativa tem uma história ainda recente. Uma primeira referência direta e sistemática à questão pode ser encontrada em N. Fligstein & R. Friedland.[9]

---

[8] É claro que esse tipo de reação dos mercados de capitais, privilegiando a boa leitura de notícias que melhorem a lucratividade da empresa no curto prazo em detrimento de preocupações de horizonte mais amplo não é uma consequência inevitável da financeirização. Mas, dada a maior volatilidade dos portfólios financeiros observada na última década, ela é observada na quase totalidade dos casos, embora esse resultado empírico não implique que necessariamente isso vá acontecer no futuro. Uma boa análise institucionalista dessa tendência em A. Orléan. *Le pouvoir de la finance*. Ed. Odile Jacob, Paris, 1999.

[9] N. Fligstein & R. Friedland: "Theoretical and comparative perspectives on corporate governance", *Annual Review of Sociology*, 1995, p. 21-43.

Ainda que a sua publicação possa ter significado uma espécie de reconhecimento da pertinência sociológica da questão, deve ser notado que os autores elencam e discutem uma bibliografia quase vinda integralmente de outras disciplinas. Na perspectiva da sua difusão mais geral podemos usar M. Guillén[10] como boa uma referência sociológica inicial. Um número temático da revista *Economy and Society* (volume 29, n. 1 de fevereiro de 2000) deu conta da expansão do conceito na Europa Ocidental. Na perspectiva da dinâmica de atores deflagrada em torno da ideia, os trabalhos de Dezalay & Garth,[11] embora enfoquem principalmente o espaço das profissões jurídicas, servem de *blueprint* para investigações análogas nos espaços profissionais contíguos.

O trabalho de Guillén elenca sete requisitos, em torno dos quais ele irá medir o possível avanço da "boa" governança corporativa para além do universo de referência anglo-saxão, donde ele foi engendrado. Eles são:

- Estrutura de propriedade: no padrão anglo-saxão as empresas devem ser de propriedade do público (e não dos bancos ou sindicatos como nos modelos renano, francês, japonês e escandinavo);

- Impacto do investimento estrangeiro: ele deve ser alto para possibilitar a multiplicidade de investidores e a impossibilidade de controle direto dos mecanismos financeiros por um pequeno grupo de capitalistas locais;

---

[10] M. Guillén. *Corporate governance and globalization: is there convergence across countries?*. The Wharton School/University of Pennsylvania (mimeo), 2000.

[11] Dezalay Y. "Technological Warfare: The Battle to Control the Mergers and Acquisitions Market in Europe". In: Dezalay Y., Sugarman D. (eds). *Professional Competition and Professional Power*. Londres: Routledge, p. 77-103 e Dezalay, Y & Garth, B. *The Internationalization of Palace Wars: Lawyers, Economists, and the Contest to transform Latin American States*. Chicago University Press, 2002.

- Papel dos bancos: tem de ser o de fornecedor de capitais às empresas através de empréstimos (ao invés de comprador/detentor de suas ações);

- Papel dos investidores institucionais (fundos de pensão, seguradoras): tem de ser alto para exercer a vigilância, uma vez que eles podem adotar o comportamento *"voice"* ao invés do tradicional *"exit"*, que é o único comportamento normalmente razoável para o acionista individual atomizado;

- *Interlocking* de diretores: deveria ser o menor possível para não haver conflito de interesses;

- Formas de pagamento do presidente das empresas: deve ser ligada à performance financeira obtida;

- Mercado para o controle das empresas através de operações nas bolsas de valores ou "proxi": condição necessária para a instalação da governança corporativa.

Nos anos 1990, encontrando pouca difusão dos itens elencados, Guillén concluiu que não havia convergência das diversas formas de regulação capitalista para o modelo da governança corporativa. Ao que tudo indica, o autor, participante da discussão sobre modelos de capitalismo, travada principalmente no seio da Economia Política recente, pretendia analisar a governança corporativa sob a mesma óptica.[12] Nesse diapasão, ele destacou em seu estudo as diversas virtudes atribuídas às configurações particulares

---

12 Ver M. Guillén. *Models of Management: Work, Authority, and Organization in a Comparative Perspective*. University of Chicago Press, 1994; R. Boyer & J.R. Hollingsworth (eds.). *Contemporary Capitalism: The Embeddedness of institutions*. Cambridge University Press, 1998 e C. Crouch & W. Streeck. *Political Economy of Modern Capitalism: Mapping Convergence and Diversity*. Sage, 1998

de cada país desenvolvido, insistindo em argumentos que ressaltam a eficiência de cada um deles em lidar virtuosamente com problemas que podem ser de escala, de inovação, de adensamento ou de cooperação. Concluindo justamente pelas virtudes particulares de cada "modelo", ele descartou razões objetivas que levariam à adoção do modelo da governança corporativa, tipicamente anglo-saxão.

Ao lembrar os sucessos de configurações diferentes daquela apresentada nos países anglo-saxões, a abordagem dos "modelos" ajuda-nos a nuançar as profecias dos arautos atuais da "globalização". Entretanto, é difícil crer que a eficiência relativa dos modelos possa ser realmente medida, a não ser com propósitos e resultados performáticos. Meu ponto é justamente afirmar que os critérios que acabam servindo de parâmetros para analisar a eficiência relativa dos "modelos" são resultados contingentes das disputas culturais para as quais chamei a atenção no segmento anterior. Eles dependem justamente da dinâmica de atores e ideias, variando no tempo e no espaço, como expressão das alterações de linhas de força cujo sentido e magnitude devem ser procurados na esfera do simbólico, e não na do econômico. Nessa linha, os resultados negativos para a hipótese da difusão anotados estaticamente por Guillén parecem menos importantes do que o registro da existência da dinâmica deflagrada pela intensa militância de atores interessados na instalação da governança corporativa em cada país e no Brasil em particular. E que se consubstanciam justamente nas tentativas de produção e de difusão de novos critérios de avaliação da performance das empresas e demais organizações.

Estamos assim diante de um típico problema de incomensurabilidade, como definido na filosofia da ciência de Kuhn (1962), cuja inspiração na sociologia durkheimiana é reconhecida explicitamente num texto incluído em Fleck (1979, orig. 1935). Diversas abordagens sociológicas contemporâneas levam em conta essa questão. No específico da sociologia dos fatos econômicos podemos acompanhar a análise sociológica da mudança de modos de mensuração da atividade empresarial ao sabor do tempo e dos estados diversos da competição entre os diversos grupos de patrões e gerentes, e da incompatibilidade entre eles em Fligstein (1990, p. 295-314). Trata-se de uma argumentação típica do neo-institucionalismo aplicado à análise organizacional. Uma apresentação sistemática dos vários estágios da apresentação sociológica neo-institucional do problema em Meyer (1993; 1994; 1998). Um ponto de vista semelhante sobre a incomensurabilidade, mais genérico e explicitamente ancorado na Filosofia Analítica de Hacking pode ser encontrado no último Bourdieu (2001, p. 146). Propósitos análogos também nos escritos de Mary Douglas, mais próxima das ciências cognitivas (Douglas, 1998). Assim, uma boa pegada especificamente sociológica para a questão da governança corporativa pode ser o reconhecimento implícito da questão da incomensurabilidade e suas consequências analíticas.

Por outro lado, reforçando a acuidade da abordagem dos modelos, é sempre bom lembrar que a ideia de "modelos de capitalismo" acaba dando conta, ainda que indiretamente, das inércias que não aparecem diretamente nas falas e nas ações explícitas, mas representam as institucionalidades, legais, formais, costumeiras e/ou cognitivas que constrangem as ações e desafiam os inovadores de todas as espécies. E enquanto as institucionalidades legais são explícitas e facilmente recuperáveis para a análise, as outras três são crescentemente opacas e implícitas, só sendo percebidas através do exercício de uma boa vigilância intelectual. E conforme veremos adiante, as inércias também aparecem na configuração brasileira e transformam muito as intenções dos militantes da governança corporativa e mesmo o texto legal.

No quadro de significados balizado pela disputa cultural acima notemos um aspecto conjuntural importante. A aparição da ideia de governança corporativa no Brasil na cena pública simultaneamente ao debate político que culminou com o revés parcial do grupo governamental nas eleições municipais de 2000, num momento em que a coalizão dominante na cena política parecia perder a iniciativa da agenda econômica para a oposição. Esta última, ao conseguir empurrar o problema do desemprego para o centro da agenda, tentava caracterizar como fracasso a gestão econômica do governo federal de então.[13] Naquele momento, parte das oposições, especialmente grupos de atores ligados ao Partido dos Trabalhadores, tentava fazer retornar à agenda a ideia de câmaras setoriais e regionais, às quais eles atribuíam a capacidade de relançar o desenvolvimento e combater o desemprego a partir de espaços econômicos dos diversos ramos e das dinâmicas locais. E não por acaso, é nesse momento que membros da equipe econômica do governo federal, bem como agentes econômicos a eles ligados passaram a empunhar a espada da governança corporativa, dizendo que é da boa governança corporativa que viria a aceleração do desenvolvimento e em consequência, a atenuação do desemprego. Nas palavras bem claras de Armínio Fraga, discutindo as alternativas para o desenvolvimento econômico:[14] "Acredito que o 'boom' de produtividade registrado pela economia dos Estados Unidos tem mais a ver com boa governança do que propriamente investimentos em tecnologia da informação".[15]

---

13   Obviamente a aparição pública da GC é antecedida por muita movimentação de atores, principalmente nas esferas jurídica e econômica. A primeira institucionalidade visível para o fenômeno foi a criação do Instituto Brasileiro de Governança Corporativa – IBGC em 1995. Ver o site http://www.ibGC.org.br.

14   Despacho da *AGESTADO* 07.09.2000 – (17h21):"Fraga: governo incentivará fundos de pensão".

15   A afirmação de Fraga deve ser contextualizada no espaço das interpretações correntes no *mainstream* dos mercados financeiros acerca das posições e virtudes

Estamos assim diante de um contencioso ao mesmo tempo econômico e cultural sobre quais são os trilhos por onde deve passar o desenvolvimento econômico e social do Brasil. Numa primeira aproximação esquemática, as correntes que propugnavam a governança corporativa esgrimem propostas oriundas da família argumentativa identificada com as formas de coordenação social espontâneas e individualistas baseadas no funcionamento desimpedido dos mercados, que no espaço econômico do momento confunde-se com as propostas de "financeirização" das empresas e das organizações em geral.

No sentido oposto, as correntes que defendiam as câmaras representam a família argumentativa identificada com formas de organização induzidas que postulavam a superioridade do coletivo sobre o individual. A esquematização é relevante porque a partir dela podemos entender a deflagração de duas sequências mnemônicas de argumentos que conduzem a entendimentos diversos da realidade e, entre outros subprodutos, dos instrumentos de medição da "eficiência" das economias, empresas, instituições, pessoas e grupos. Instaura-se assim a situação de "incomensurabilidade" ao estilo da *História da Ciência* de Thomas Kuhn, que talvez tenha passado despercebida nos debates que estão sendo travados sobre

---

relativas das configurações econômicas, financeiras e legais dos diversos países do Primeiro Mundo. Depois de um período em que eram louvados os feitos industriais do Japão e que as ideias sobre a administração industrial daquele país foram intensamente difundidas no Ocidente, a recuperação da competitividade de várias empresas norte-americanas na concorrência internacional foi primeiro associada ao *catch-up* das técnicas japonesas e aos progressos da automação industrial, para depois ganhar uma explicação financeira – as virtudes da boa governança corporativa norte-americana, quando comparada ao "capitalismo de compadres" presumidamente existente na Europa e Japão. Uma das primeiras aparições públicas relevantes desse novo consenso foi em "Ready to take on the World", *The Economist*, 15/01/94, p. 65-66, onde a nova interpretação ganha "cidadania econômica internacional".

as situações econômica e social do país.[16] E é justamente a incomensurabilidade que explica o porquê do debate parecer "conversa de surdos" e jamais se efetivar realmente.

A governança corporativa no conflito simbólico brasileiro

A análise do que poderíamos chamar de "carreira das câmaras setoriais" mostra oscilações de sentido interessantes que poderia se transformar, inclusive, num programa de estudo sobre culturas econômicas. Quando surgiram no início da década de 90 elas foram consideradas uma espécie de "salvação da lavoura", mas foram praticamente descartadas no período inaugurado pela ascensão do governo federal de Cardoso.[17] Esse caminho permite avaliar a evolução do contencioso cultural em torno do tema no período, na qual o "excelente mecanismo de governança" foi transformado em "simples instrumento de manutenção de privilégios corporativos" e posteriormente voltou às discussões públicas. Mais detalhadamente, o assunto ganhou a esfera pública no final do governo Collor e foi praticamente sepultado durante o primeiro período FHC, "ressuscitando" no seu segundo governo.[18] Podemos associar o reaparecimento da nossa fênix ao relançamento do de-

---

16 Extenso debate e esclarecimentos sobre a "incomensurabilidade" de Kuhn em P. Horwich (ed.). *World Changes: Thomas Kuhn and the Nature of Science.* Massachussets: The MIT Press, 1993. Um outro ângulo da questão em "Starmaking"

17 Ver G. Arbix. "A câmara banida". In: G. Arbix e M. Zilbovicius (eds.). *A reinvenção dos carros.* Ed. Scritta, 1997, p. 471-502.

18 G. Arbix propõe o seguinte par de equações: governo fraco = cs fortes governo forte = cs fracas.
Factualmente, *nihil obstat*. O esquema parece aderir perfeitamente aos fatos políticos daqueles anos. Meu ponto, não exatamente de discórdia, é que o foco talvez deva ser prioritariamente lançado sobre as fontes de força e fraqueza do governo federal e das cs. Ver: ARBIX, Glauco. *Op. cit*, 1997.

bate público do desemprego como problema econômico brasileiro "número um" e à dramática experiência da desvalorização cambial que se seguiu à segunda eleição presidencial de FHC, invertendo a hierarquia em relação à inflação e aos problemas de equilíbrio macroeconômico em geral.[19] E na periodização que estou propondo no momento, essa é a chave mnemônica que deflagra a reversão dos termos do debate econômico.

Lembremos que na lógica de mercado, desemprego resolve-se ajustando a oferta de trabalho à demanda através do rebaixamento do seu custo. Nas condições em que o debate brasileiro do final do século XX se travou, a "solução óbvia" de diminuir os custos de contratação, cancelando ou suspendendo custos trabalhistas indiretos e/ou o salário mínimo paradoxalmente só se realizou muito parcialmente, ainda que tenha sido insistentemente propagandeada e se tornado uma espécie de doxa econômica, uma simples manifestação de bom senso. Essa constatação coloca muitas dúvidas sobre as ideias do "enfraquecimento de morte dos sindicatos", ou da "obsolescência da Consolidação das Leis do Trabalho (CLT) e de todo o universo trabalhista herdado da era Vargas", pedindo, ao menos, uma qualificação dos vaticínios típicos daquele período. Assim, ainda que estivéssemos diante de uma enorme força ofensiva dos postuladores do princípio do mercado, não podemos deixar de registrar a capacidade de defesa do princípio inverso.

Os defensores do "mercado" são óbvios e conhecidos. Ver o outro lado parece mais interessante, dada a deslegitimação do princípio da coordenação nos anos 1990. Confirmando o quadro geral proposto por Mary Douglas, aquela família argumentativa

---

19 Ainda que outros problemas, tais como aqueles oriundos do desequilíbrio das contas externas, estejam presentes na agenda de preocupações dos setores que faziam oposição aos governos Lula e encontravam eco nas preocupações do "mercado", esses não parecem deflagrar mudanças nas linhas do debate.

apanha muito aparentemente some da cena pública, se esconde. Mas como o samba, "agoniza mas não morre". E escondida, seus locutores não aparecem diretamente, mas justamente apenas através da resistência surda da "velha justiça do trabalho", dos "sindicatos anacrônicos" ou das "velhas práticas corporativistas da Fiesp", que não se expressam afirmativamente, mas nem por isso ficam calados. A discussão das câmaras setoriais entra no contexto justamente "positivando" e tornando dizível a fala até então escondida dos dinossauros, dos "fracassomaníacos" e dos "nostálgicos do protecionismo". Uma vez voltando a ser dizíveis, os argumentos acabam contribuindo para estancar a debandada que notamos nos diversos setores da sociedade identificados com as práticas econômicas concertadas, à medida em que infundem autoconfiança naqueles agentes[20] e permitem tentativas de construção de coletivos em torno das ideias relegitimadas. Evidentemente, entre haver capacidade de resistência e a efetivação de estratégias exitosas nesse sentido vai uma diferença, mas é também impossível pensar-se em capacidade real de imprimir rumos diferentes às disputas na esfera pública sem que os argumentos que embasem a ação contestadora recebam guarida na sociedade. Dificilmente poderíamos conceber a retomada do planejamento estatal no segundo governo Lula sem levarmos em conta a latência que ali acordou.

De onde vem a força para a tenacidade que não deixou desaparecer os princípios que referendam as posturas distante da doxa da atualidade? É contraintuitivo, mas ela vem de todos nós, inclusive, paradoxalmente também dos próprios paladinos da

---

20 Analisei a situação extrema no sentido contrário, a partir de dados colhidos em 1994 e 1995 em: GRUN, R. " O medo do desemprego e a mudança nos sistemas simbólicos da classe média brasileira", capítulo do livro: *Política e cultura: visões do passado e perspectivas contemporâneas*, editado por E. Reis; M.H. Tavares de Almeida & P. Fry. São Paulo: Hucitec/ANPOCS, 1996, p. 127-141 (cit.)

superioridade do mercado. Voltando a Douglas,[21] que reelabora num quadro sócio-cognitivo a oposição "hierarquia x mercado" proposta por Weber, os princípios metafóricos que dão coerência a cada família argumentativa estão "guardados dentro de todos nós" e são deflagrados diferencialmente nos momentos e situações em que se tornam necessários. Exemplificando: o proponente mais ortodoxo do princípio do mercado também está imerso em relações familiares[22] e nesse espaço ele convive e utiliza-se de estruturas de argumentação típicas do "outro lado", que assim permanecem "guardadas" pelo menos em estado latente no seu cabedal cognitivo. Inversamente, o cultuador mais radical do princípio da hierarquia é obrigado a conceder que a igualdade de chances é um imperativo dos sistemas democráticos e daí acarreta, por exemplo, que vagas no serviço público devem ser preenchidas por concurso público, ainda que esse sistema diminua as chances de seus próximos, das pessoas mais necessitadas ou mesmo as mais capazes. E assim ele também mantém a lógica adversária no seu estoque de alternativas.[23] Daí decorre que os princípios antagônicos, ainda que possam se tornar mais ou menos relevantes em determinados períodos, estão permanentemente protegidos do perigo de extinção, podendo assim retornar à arena subitamente e rapidamente recuperar sua força.

---

21 M. Douglas: "*Thought Styles*", Londres, Sage, 1996.

22 A constatação de Douglas vai em sentido contrário ao modelo do "homo economicus", que é proposto como um ser isolado de qualquer contágio emocional e dessa forma assinala os limites desta construção intelectual.

23 Evidentemente, ambos os lados podem tentar manter a vigência total do princípio ao qual aderem com maior entusiasmo mesmo que ele pareça impróprio para a arena em que é posto em evidência. Mas a força social da razão dialógica tende a prevalecer nessas situações, impondo a utilização dos princípios das famílias argumentativas mais adequadas para cada esfera.

Num outro plano, o realismo obriga-nos a lembrar que intelectualmente a ideia das câmaras setoriais manteve-se viva, apresentando-se tanto na esfera acadêmica quanto na política, como alternativa básica ao conjunto de medidas econômicas "neoliberais" impostas pelos agentes governamentais do período Cardoso e todo o bloco de poder que lhe deu consistência. Indo um pouco mais para trás no tempo, ideias de negociações coletivas de preços e salários, propostas principalmente por Paul Singer, oriundas dessa família argumentativa eram apresentadas como alternativas aos métodos "ortodoxos" de combate à inflação e recebidas com profundo ceticismo e ironia pelos meios de comunicação e formadores de opinião. No universo raso das impressões, esse seria o quadro, mas não podemos nos deixar levar apenas pela louvação dos feitos heroicos dos "resistentes". Há certamente uma lógica de concorrência profissional que impeliu os economistas "heterodoxos" às suas posições e os impediu de aderir ao consenso prevalecente entre a academia, a mídia e os governos "responsáveis". Esse espaço foi rapidamente tomado pelas escolas de pensamento e de quadros localizadas na PUC e na FGV do Rio de Janeiro e qualquer inserção possível de indivíduos ou grupos oriundos de outras latitudes teria de ser necessariamente subordinada. Aos seus adversários institucionais só foi possível aderir individualmente – estratégia possível apenas para alguns membros das novas gerações, ou resistir coletivamente, esperando a volta do pêndulo, mantendo assim o renome conseguido em outras épocas.

Novas linhas de força

Mesmo no segundo período de Cardoso pudemos confirmar a tendência ao aquecimento da luta cultural quando observamos políticos tidos como os suportes mais fiéis da ação econômica do governo federal no período FHC começarem, finalmente, a clamar pelo "capitalismo popular", além da espinhosa questão do apagão do setor elétrico que embaraçou o final do período (Grün, 2005). Essa era, afinal, uma medida de coerência fundamental para o constructo cultural que suportou a política posta em prática no que diz respeito às privatizações e que aparentemente pôde ser evitada até então, dada a incapacidade de reação do outro lado. No arrazoado prevalecente anteriormente entre os atores envolvidos no processo de privatização, a venda em bloco das ações das empresas estatais, entregando também o controle administrativo ao grupo que vencesse o leilão, foi considerada a melhor estratégia, já que o comprador pagaria também um "prêmio" pelo direito de dirigir a organização. Essa postura tinha como principal argumento a possibilidade de maximizar o resultado financeiro imediato para os cofres governamentais e com isso gerar uma fonte de receitas importante para lidar com o déficit público. A ideia era que, ainda que as fontes de receitas oriundas da privatização fossem episódicas, elas seriam essenciais para dar viabilidade à política econômica até que o resultado fiscal das reformas econômicas aparecesse, equilibrando então de maneira sustentada as contas do governo federal (Teixeira, 19/12/1999). O ato de privilegiar essa consideração em detrimento de quaisquer outras assinalava um período em que preocupações com o impacto para a sociedade e a economia das decisões de alienação das estruturas do setor estatal, tais como as condições em que os serviços públicos seriam prestados a partir da privatização, pareciam menos importantes.

Podemos esboçar uma cronologia da contenda simbólica a partir do acompanhamento da imprensa escrita. Como visto acima, no final de 1999, a sirene começa a tocar. Em seguida, depois de um intenso período de agregação da militância dos nossos "modernos", corporificada, entre outros eventos, por um amplo seminário realizado em maio de 2000 no BNDES,[24] surge uma resposta, apresentada na esfera pública pela ala do governo mais comprometida com as novas formas de "governança" empresariais,[25] e seus reflexos aparecem quase imediatamente na representação congressual colada a esse grupo e também podemos assistir a sua rápida difusão entre os atores não-governamentais mais próximos da *mouvance*.

Observemos a liturgia: trata-se de um processo em fases, que culmina com o lançamento público da mensagem a partir de palanque cuidadosamente montado, e bem localizado simbolicamente, o seminário internacional "Janelas para a América Latina", promovido pelo banco de investimentos Goldman Sachs,[26] uma das entidades financeiras mais festejadas pela modernidade e arrojo, e destinado, segundo a notícia, a uma plateia de banqueiros, executivos de empresas de telecomunicação e internet e analistas de mercado – o *crème de la crème* do mundo econômico. Fala-se para uma elite e pensa-se que muitos agentes, da imprensa em particular, estarão mais propensos a escutar e acatar a mensagem aceita por esse grupo iluminado.

Em seguida, podemos acompanhar a "transubstanciação" que essa missa leiga procurava realizar. Corria no Congresso Nacional o projeto da Nova Lei das Sociedades Anônimas e os arautos da razão convencional pareciam perceber as dificuldades para fazer prevalecer sua verdade. Sem mencionar os opositores,

---

24 Ver os textos apresentados em seminário do BNDES no site dessa instituição: www.bndes.gov.br, (10.08.2000).

25 Ver Despacho da *AGESTADO*, 07.09.2000: "Fraga: governo incentivará fundos de pensão".

26 E daquele momento em diante, o banco não cessou de crescer em prestígio, inclusive passando bem pela prova da crise financeira de 2008. É claro que estamos falando do prestígio junto aos fiéis da igreja financeira. No universo da contestação aquela instituição financeira não poderia ser menos bem quista.

o relator Antonio Kandir apontava os limites das novidades que viriam em relação ao "programa máximo" vislumbrado pelos nossos intelectuais do mundo econômico. Eis os excertos da notícia:[27]

> Segundo o relator, os pontos de maior dificuldade de concordância são: a garantia de pagamento do valor econômico da ação aos acionistas minoritários no caso de fechamento de capital; a participação dos minoritários no conselho de administração das empresas; e, depois de três anos sem pagamento de fundos, dividendos, a garantia de direito a voto quotas e aos donos de ações preferenciais – normalmente sem esse direito.

E mais adiante, teorizando sobre as dificuldades encontradas:

> Segundo o relator, a forte resistência na Câmara ocorre porque o que está sendo seguro de discutido não é apenas a lei, mas as duas visões de capitalismo existentes em Brasília. 'A míope, que vê o Estado como eterna fonte de financiamento, e o do capitalismo real.' E ainda acrescentou que 'as empresas com acesso privilegiado a recursos públicos não veem o desenvolvimento do mercado de capitais ou fortalecimento do direito de acionistas minoritários como algo importante'.

Diante das dificuldades de se conseguir a chancela legal para o conceito de "boa" governança corporativa, os agentes interessados na sua disseminação irão tentar o caminho da sua implantação progressiva e voluntária através da ideia de "novo mercado de capitais", tentando seguir o exemplo, então recente, da Alemanha.

---

27 Ver *AGESTADO*, 20.07.2000: "Kandir admite alterações na lei das S. As."

Esse percurso mobiliza uma grande quantidade e diversidade de atores, a maior parte deles situadas no setor privado da economia e é interessante acompanharmos não só os argumentos quanto as qualificações dos personagens, além das articulações entre aqueles situados em cada um dos setores.

Podemos verificar a movimentação que se segue à "mise-en--scène" ideológica realizada pelos grandes quadros da *mouvance*. Na escala da operacionalização,[28] de início temos a palavra da "diretora da CVM (Comissão de Valores Mobiliários) Norma Parente [que] afirma que, com o Novo Mercado, o minoritário terá a chance de discutir em pé de igualdade com o controlador. 'Na hora de exigir seus direitos diante da companhia, o grande investidor sempre tem mais poder do que o pequeno. Com o Novo Mercado, isso vai acabar', diz ela."

Dois participantes do mercado financeiro, com interesse direto no deslanchar da novidade apresentam-se:

Alexandre Póvoa, gestor de renda variável da ABN Amro Asset Management, afirma que com isso os investidores terão a vantagem de conhecer mais rapidamente a empresa. "A política de transparência será muito maior. Se a companhia for boa ou ruim, logo o investidor saberá", explica. Para o gestor de renda variável da BBA Capital Icatu, Luciano Snel, o Novo Mercado ajudará a estimular o mercado de capitais no Brasil, e até quem investe em fundos será beneficiado. "Essa nova seção deverá atrair empresas que estão fora da Bolsa. Com isso teremos mais opções de ações".

Para corroborar as afirmações dos agentes diretamente interessados também parece necessária a sanção de um novo nicho acadêmico desenvolvido a partir dos anos 1990, muito próximo do mundo financeiro e bem munido das técnicas de relações públicas que lhe conferem visibilidade midiática, e assim invoca-se:

---

28 Ver *Folha de S.Paulo*: "Novo mercado: Pequenos e grandes terão direitos iguais". 20/11/2000.

"*O professor Antônio Zorato Sanvicente, coordenador do MBA em Finanças do Ibmec Educacional, [que] afirma que nos Estados Unidos a prática da boa governança já é comum. "Lá é avaliada até a independência dos diretores em relação ao conselho da empresa."*". Acrescentemos agora a empresa de consultoria empresarial internacional mais reputada, que também faz parte da articulação, pondo seu capital simbólico para funcionar na tentativa de convencer as empresas recalcitrantes a aderirem ao novo mercado: "*De acordo com um estudo mundial elaborado pela consultoria McKinsey, os investidores estão dispostos a pagar um prêmio de, em média, 22,9% para as empresas que praticam a boa governança. Se visto sob outro ponto de vista, esse seria o custo para aquela empresa que não adotar as regras da boa governança, explica Jean Marc Laouchez sócio local da McKinsey do Brasil*".

Como pudemos avaliar, a plêiade acima descrita apresenta para a sociedade um recém-nascido muito bem apadrinhado, em torno do qual parecem convergir os interesses de vários setores do mundo econômico. No espaço da dinâmica simbólica, notemos que a "boa governança corporativa" empurra-nos, mnemonicamente, para significados que dão relevo positivo à noção de indivíduo e de seus direitos, realimentando o modelo 2 do segmento anterior. Trata-se de deixar bastante claro os direitos individuais, acima de quaisquer outras considerações. E é bom deixarmos claro que, em termos cognitivos, quando acentuamos as cores dos direitos individuais, esmaecemos aquelas dos direitos coletivos. O resultado do privilégio desse ponto de vista, ainda que não signifique necessariamente o abandono dos segundos, torna a sociedade, ou a opinião pública, menos propensa a levá-los em conta, principalmente se uma infringência de direitos coletivos surgir no transcorrer de um debate. Estamos diante de uma tendência que pode ser considerada internacional da atual fase do capitalismo: a associação do conceito de cidadão ao de acionista minoritário,[29] fazendo convergir a nova representação da empresa com a nova representação do Estado, no qual somos todos acionistas minoritários, habilitando-nos a reivindicar o estatuto de clientes uma vez que paguemos nossos impostos e demais obrigações, mas enfraquecendo e desacreditando a pertinência de quaisquer abordagens coletivistas. E o mais interessante da trama não é o possível enredo conspiratório que ele pode ensejar, mas antes a naturalidade do processo de esmaecimento das ideias coletivistas. Elas "saem da moda" simplesmente porque a sensibilidade social muda de direção.

No espaço da dinâmica de atores, podemos verificar que a "ofensiva" dos proponentes a governança corporativa – tipicamente quadros ligados à equipe econômica do governo federal no período Cardoso mas não todos e nem só eles –, é bastante forte, se nos fiarmos na grande quantidade de artigos, palestras, eventos e diversas outras manifestações em prol da sua adoção. Um ponto interessante da convergência dos argumentos é que ela também carrega uma forte dinâmica de atores interessados na instalação do novo conceito, a partir do qual diversos tipos de capital cultural e social tipicamente "jovens" receberão uma avaliação mais favorável. A governança corporativa é um produto bem determinado da recente "Revolução dos Acionistas", em torno da qual se produziram novas especialidades financeiras, jurídicas, econômicas, informáticas e gerenciais. Classicamente, essas rubricas guardam um enorme potencial para servir de "cavalo de batalha" para estratégias ascensionais de grupos de indivíduos jovens em espaços congestionados, ou simplesmente ambiciosos.[30]

---

29   Uma análise dessa tendência em A. Orléan. *Le pouvoir de la finance*. Ed. Odile Jacob, 1999, p. 196 e seq.

30   Dezalay & Garth examinam várias mudanças em diversos universos jurídicos e econômicos nacionais da década de 1990 e também na esfera internacional (característica que pode ter relação com tipos de origem social).

A oposição simbólica contraintuitiva

Seguir a dinâmica interna da instauração de uma nova institucionalidade é um exercício sedutor que pode nos desviar da lógica social mais ampla que preside o seu desenvolvimento e os seus limites. Ainda que internacionalmente ela represente uma tendência montante, que "resolve o problema" de muitos agentes que procuram rentabilizar seus capitais culturais e profissionais, no cenário público brasileiro, a temporalidade específica da aparição da governança corporativa sugere um caráter reativo. E esta circunstância leva-nos a tentar pensá-la a partir da noção de "guerra cultural", inspirada longinquamente na ideia de "Kulturkampf" da tradição dos debates intelectuais travados na Europa Central entre a metade do século XIX e o advento do nazismo.

Uma maneira de avaliar o estado momentâneo da disputa pode ser depreendida da relação que se faz entre a governança corporativa e a ideia de "transparência". Lembremos que a necessidade de transparência foi um requisito social desenvolvido na crítica dos aparelhos burocráticos hipertrofiados durante a ditadura militar. Uma vez no topo das preocupações sociais relevantes, a transparência foi tendo seu sentido ampliado para abrigar as necessidades contábeis das sociedades anônimas que querem ser financiadas através do mercado financeiro. Assim, ironicamente, a "nossa" governança corporativa irá parasitar as forças desencadeadas pela dinâmica do processo de redemocratização da sociedade brasileira – introduzindo o que, numa situação simbólica adversa à governança corporativa, pode ser considerado a sua paródia – a democratização da empresa, mas apenas para os seus acionistas.

Mas é claro que a extensão de sentido pode ou não ser impugnada, dependendo do balanço de forças simbólicas. No Brasil do ano 2002 não se estranhou a associação entre a governança corporativa e a ideia mais geral de transparência. Entretanto essa associação apareceu frequentemente nos debates públicos travados na Europa Ocidental sobre o tema no final dos anos 1990, quando a decantada "crise da previdência" passou a ser tema obrigatório nas discussões econômicas, políticas e sindicais e surge uma pressão para a transformação dos sistemas nacionais de aposentadoria do modo de repartição para o de capitalização. Ecoando as posições associadas ao grupo de praticantes da Economia Política que anotamos no início do texto, muitos participantes dos debates daquelas latitudes irão repudiar as mudanças e a própria ideia de governança corporativa. Afinal ela é frequentemente associada às transformações previdenciárias efetuadas em detrimento dos trabalhadores e teme-se um esgarçamento do tecido social pela quebra de solidariedade entre as gerações e entre as empresas e seus funcionários. Com a introdução da boa governança corporativa, as Sociedades Anônimas passariam a adotar os modos de gestão do pessoal típicas dos EUA e assim privilegiariam os pontos de vista dos seus acionistas em detrimento de quaisquer outras considerações relativas ao corpo funcional ou às comunidades com que se relacionam (Nikonoff, 1999; Lordon, 2000).

No espaço da conformação das figuras simbólicas que estamos analisando, observamos a submersão quase completa da ideia de câmaras setoriais e um ganho de nuances muito forte para a ideia de governança corporativa. Com a aproximação do período das eleições federais de 2001, o "agenda setting" imposto pela sabedoria convencional pareceu antecipadamente vencedor, já que os esforços dos economistas ligados ao então principal partido de oposição ao governo federal convergiram para a afirmação de que são respeitadores da ortodoxia econômica vigente. E assim, ações locais concertadas que cognitivamente poderiam ser agrupadas em torno dos conceitos de câmaras regionais ou locais foram registradas prioritariamente como eventos políticos que demonstram o dinamismo dos políticos da oposição. E esses, movidos (ou cognitivamente tolhidos) pela agenda de discussões vigente, quando se expressaram sobre seus feitos econômicos, ressaltaram o rigorismo fiscal como a principal virtude das administrações locais do Partido dos Trabalhadores. Corroborando a evidência, no programa de governo divulgado pelo Partido dos Trabalhadores em julho de 2002 (www.lula.org.br/programa de governo, 25.07.02), as câmaras setoriais aparecem apenas uma vez, como "câmaras técnicas setoriais" e no terceiro capítulo, denominado "inclusão social", não parecendo nenhuma menção ao termo nos dois primeiros, dedicados às questões estritamente econômicas.

Dessa maneira, as nossas câmaras setoriais, que localizavam o seu principal objetivo na coordenação das vontades e dos esforços dos *stakeholders* de um determinado ramo econômico, objetivando melhorar as condições institucionais em que sua atividade se desenvolve, perderam grande parte de seu espaço. É interessante aqui notar que "melhorar as condições institucionais" era uma maneira mais legítima de dizer o então execrado "conseguir condições favoráveis para o funcionamento do setor junto às esferas federal e estadual de governo". Se no início do período FHC as câmaras setoriais disputaram e perderam espaço para um governo federal mais operacional do que aquele que viu, passivamente, as câmaras aparecerem e em grande parte se consolidarem; numa segunda fase foram os governos locais que se destacaram em detrimento delas, corroborando e ampliando o *insight* "governos fortes, câmaras fracas".

De maneira geral, a análise do período sugere uma ampliação, inspirada em Weber e em Bourdieu, da grade de análise que pensa a vitalidade das câmaras em contraponto àquela apresentada pelos governos. Tratar-se-ia, assim, da maior ou menor capacidade do sistema político – independentemente de suas nuanças, dos programas e das ideologias que o dividem internamente – em absorver e lidar com as demandas de coordenação e de reivindicações setoriais de ordem econômica ou outras. A relação da esfera política com as esferas econômica e sindical, representadas pelos empresários, trabalhadores e respectivos atores coletivos, seria contingente, dependeria mais das suas capacidades operacionais pontuais e da legitimidade de cada uma delas num determinado período do que poderia ser sugerido pela imposição, teórica ou empírica, de algum esquema de institucionalização abstrato.

A análise da carreira das câmaras setoriais sugere, portanto, que estaríamos diante da maior ou menor capacidade da esfera política em se constituir num campo autônomo, na forma que Bourdieu analisou o cenário político francês (Bourdieu, 1981). Isto é, um conjunto de atores colocados em relações inextricavelmente ambíguas. Que são, ao mesmo tempo, de concorrência e de cooperação. E que são coletivamente capazes de incorporar, registrar como atinentes à sua esfera legítima de atuação e em seguida, traduzir para seus termos, quaisquer fermentações que ocorram no seu exterior e de impor a sua temporalidade, a sua dinâmica interna e seus termos para o tratamento dos contenciosos que podem lhe dizer respeito. No nosso caso, ao que tudo indica, a possível alternativa de articulação autônoma dos atores econômicos e sociais em torno das câmaras estaria sendo substituída no espaço dos prováveis pela tematização cada vez mais forte da necessidade de uma "política industrial diferente do protecionismo do passado". Naquele momento a construção social ainda era bastante vaga, mas já indicava um novo espaço de coordenação no seio do qual as diversas instâncias do Estado teriam mais voz e autonomia (Paulo, 04.08.2002).

Entretanto, talvez essa perda de centralidade das câmaras nos períodos mais recentes, sugerindo o seu fracasso, encubra uma importante inflexão institucional que possivelmente não ocorreria sem a existência delas. Como os atores políticos regionais italianos estudados por Putnam e seus associados,[31] embora tendo iniciado a experiência a partir de um contexto de confronto social explícito, os participantes das câmaras setoriais passaram por um intenso processo de reconhecimento mútuo, que transformou suas visões de mundo e consequentemente, seus modos de atuação. É assim que mais tarde vimos, na esfera situada do ABC paulista e já sem muita surpresa, um processo de intensa negociação e cooperação empresa-sindicato para renovar a Unidade Anchieta de São Bernardo do Campo da Volkswagen.[32] Lembremos: (i) que se tratava ao mesmo tempo da planta que então era considerada pelos especialistas o exemplo mesmo do "Brown Field" – o termo que conceitua a instalação industrial velha, sem possibilidades de recuperação para as aplicações das técnicas modernas, organizacionais e/ou informáticas – e, portanto condenada ao fechamento; (ii) foi o palco de uma das primeiras grandes batalhas "pelos corações e mentes" dos trabalhadores, quando a direção da empresa tentou, sem grande sucesso, instituir a figura do representante dos trabalhadores independente e em oposição aos quadros oriundos do sindicato. E simbolizando a novidade pudemos observar os enormes painéis afixados naquela famosa planta industrial, anunciando iconograficamente os novos tempos.[33] Este antigo ponto de passagem obrigatório das viagens entre a cidade de São Paulo e o litoral paulista, que num momento passado anunciou:

---

[31] Putnam, R. D. *Making democracy work: Civic traditions in Modern Italy*. Princeton: Princeton University Press, 1993.

[32] Ver, por exemplo, *Folha de São Paulo*, 15.06.02, Nassif, L. "A estratégia da Volks".

[33] Sobre as circunstâncias desses eventos, ver entrevista de José Lopes Feijóo disponível em: http://www.oficinainforma.com.br/semana/leituras-20020119/02.htm. A apresentação "indígena" em http://www.volkswagen.com.br/ fábrica nova Anchieta.

T1) o advento da própria nova industrialização deflagrada no período JK – a nova fábrica, de arquitetura arrojada para a época, justamente ao lado da nova Rodovia Anchieta, marcos evocativos da modernidade da época;

T2) em seguida, a partir dos anos 1970, os pátios cheios de automóveis prontos e não vendidos, ultra visíveis, conotando a ideia de que havia crises no setor automobilístico e consequentemente, a necessidade dos governos melhorarem as condições institucionais daquela indústria – ampliando o crédito, aumentando as alíquotas de importação de veículos estrangeiros, liberando a abertura de consórcios – condições implicitamente necessárias ao prosseguimento do progresso personificado no par Indústria-Rodovia;

T3) serviu no final do século XX e início do XXI de suporte físico e simbólico para o anúncio do novo mundo da cooperação entre todos os atores envolvidos na trama industrial, em grande parte nacionalista, e oposto ao mundo financeiro internacionalizado.

Assim, analisando a dinâmica simbólica do período, poderíamos dizer que as câmaras setoriais, ainda que tenham fracassado no seu intuito original, representaram um momento importante na construção social de uma retórica genérica da cooperação, passo fundamental para, num ambiente originalmente marcado pelo antagonismo entre as partes, colocar a cooperação no espaço social dos possíveis e assim tornar realmente possíveis as mais diversas estratégias de cooperação efetiva, dotadas de geometrias e propósitos que a inventividade e a interação sociais dos agentes iriam mais tarde especificar no decorrer do tempo e do desabrochar das experiências. Alguns desenvolvimentos da governança corporativa brasileira, conforme veremos adiante, são tributários dessa mudança de horizontes, de enquadramentos cognitivos dos processos de cooperação social.

O panorama internacional e as dificuldades da governança corporativa

Já do lado da governança corporativa, apesar de toda a pressão dos ideólogos da transparência contábil e do mercado de ações brasileiro, assustado com o encolhimento da sua clientela, a versão final, promulgada, da nova Lei das Sociedades Anônimas ficou muito aquém do esperado por eles O Globo (02/11/2001). Além disso, o fantasma da crise cambial e uma série de eventos desabonadores "na matriz ideológica" da governança corporativa, personificado pelo escândalo da falência inesperada da Enron, mostraram os limites do tipo de capitalismo desenhado e desejado por aquela utopia financeira. A fé na ideia de mercado autorregulado foi seriamente abalada num dos seus fundamentos mais específicos, a lógica do sistema de *double checking*, que garantiria a integridade dos demonstrativos contábeis, (*Times*, 19.02.2002). Descobriu-se que a, até então honorável, Arthur Andersen, uma das maiores empresas de auditoria externa do mundo que teria todo o interesse econômico em manter a sua credibilidade inatacável foi capaz de coonestar as práticas contábeis que encobriam a situação falimentar da Enron. E as consequências desse enorme deslize ficaram públicas para seus acionistas e, em primeiro lugar, seus funcionários aderentes ao plano de seguridade privada patrocinada pela companhia. Na lógica da ortodoxia econômica dominante isso seria simplesmente impossível, já que a credibilidade pública constituir-se-ia na base única do fundo de comércio de uma empresa de auditoria como a Andersen. E então observamos o questionamento direto do *shareholder power*. Até então aquela militância era considerada um sólido instrumento de *check and balance* que aumentaria a proteção dos acionistas no mercado através do monitoramento contínuo e preciso das atividades das direções das *public enterprises*. Mas a tão falada militância dos acionistas institucionais dos fundos de pensão para garantir os seus direitos diante da direção das grandes empresas norte-americanas quedou-se inerme diante das práticas das empresas que estariam maquiando seus demonstrativos contábeis[34] para satisfazer as "duras demandas do mercado" que exigiam das empresas lucros da ordem de 15% ao ano (Froud, Haslam et al., 2000). Possivelmente, os eventos deflagrados pelos atentados de 11 de setembro, e reavivados com o contencioso do desarmamento do Iraque, tenham encoberto parcialmente o assunto para o público alargado e evitado a deflagração de humores e movimentos antiplutocráticos.[35] Esses seriam previsíveis, dada a cultura política norte-americana e a ligação que parece haver entre os executivos da Enron e diversos atores do *establishment* político daquele país.[36] E para tornar a situação ainda mais complexa, a figura pública do CEO (*Chief of the Executive Office*) da grande empresa norte-americana, até muito recentemente glorificada como o ressurgimento

---

34 Ver *New York Times*, (28.06.2002) "Inquiry Appears to Bolster Fraud Case", em especial a frase que parece dar razão aos mais ferozes críticos do capitalismo, que parece estar voltando à fase dos "robber barons": *"From all appearances, this started with the desired profit margin and then backed into the expense number…"* Em resumo, dizendo que os balanços das então venerandas grandes empresas eram o que o mercado financeiro chama de "contas de chegada".

35 Uma primeira indicação nesse sentido, ainda fora do mainstream cultural: *"the unfolding Enron spectacle is a cautionary tale about the fatal quicksand of irrational exuberance and greed, deceit and non disclosure of publicly pertinent information, and government officials beholden to powerful private interests"* (Centre for Public Integrity, 25.02.2002 – uma fundação próxima do espírito de populismo norte-americano). Mais recentemente, o assunto começa a entrar na agenda central. Ver o artigo de Paul Krugman em *New York Times*, 14.02.2002, "Plutocracy and Politics", que foi traduzido na *Folha de São Paulo* e em *O Globo*, ambos de 15.06.2002.

36 "As the New York Times has pointed out, 248 Senators and members of the House of Representatives are currently involved in committees investigating Enron's collapse or the conduct of Andersen; 212 of the 248 have received donations from one or both companies"

dos valores positivos do capitalismo, e pago nessas proporções, começou a ser severamente questionada como cúmplice das "maracutaias" que foram reveladas ao público naquele período.[37] De qualquer forma, ainda que pouco intensa, a reação popular deve ter sido importante na pressão para a mudança institucional da Lei Sarbanes-Oxley.

Assim, ainda que o "caso Enron" tenha sido colocado inicialmente fora da agenda maior, é difícil imaginar que a fé no mundo das finanças, tornada uma espécie de código de conduta através dos preceitos da "boa governança corporativa", se mantenha intocada. Ela depende centralmente da sequência lógica de que os agentes econômicos tenham interesse econômico em manter as suas reputações, e por isso, que a tendência ao oportunismo é controlada pelo altíssimo preço a pagar pelas fraudes e conluios.[38] Mas não é só isso que sustenta a doxa. A propagação do ceticismo acaba realmente mitigada pelo avanço do componente financeiro e especificamente acionário nos portfólios das famílias norte-americanas, inglesas e cada vez mais de todo o conjunto dos países desenvolvidos da Europa Ocidental. E com esse avanço, o interesse direto da população no mercado acionário, principalmente através

---

37 Ver *New York Times*, 01.07.02, "Ashamed to Be an Executive".

38 A sociologia econômica tem mostrado frequentemente as vicissitudes e a fragilidade desse controle. M. Abolafia, em "*Making Markets: Opportunism and Restraint on Wall Street*". Cambridge: Harvard University Press, 1996, faz uma análise "de campo" (aplicada principalmente na bolsa de valores de Nova York e na de mercadorias de Chicago) do funcionamento dos controles coletivos sobre esse conjunto de práticas, as quais, se generalizadas, implicariam na impossibilidade mesma da existência dos mercados financeiros. Paul Thompson traça uma história recente da *City* londrina, mostrando como os conflitos gerados pela sucessão de gerações põem perigosamente o equilíbrio do *check-and-balance* em risco. Ver, do autor: "The Pyrrhic Victory of Gentlemanly Capitalism: The Financial Elite of the City of London, 1945-90", *Journal of Contemporary History*, 32, 3, July, 283-304, 1997. Uma tentativa brasileira em Muller, L.H.A. *Mercado Exemplar: um estudo antropológico sobre a bolsa de valores*. Tese de doutorado, UNB, 1997.

dos fundos de pensão, implicando numa crença interessada na lógica virtuosa dos mercados.[39]

Mas o contrário também acontece, simultaneamente. A propaganda política da cada vez mais expressiva extrema-direita europeia tenta fazer despertar o humor antiplutocrático adormecido nas culturas políticas nacionais. A história mostra episódios como o da falência da Companhia Francesa do canal do Panamá, na segunda metade do século XIX, que foram extremamente explorados pelos ancestrais dos atuais populistas da direita e de esquerda europeus (Birnbaum, 1979). Assim, não está descartada a possibilidade de encontrarmos no futuro próximo a atualização das figuras caricatas representando os plutocratas como o "*Gros Bonnet*" francês ou o "*robber Baron*" norte-americano. Como mostra Sterhell (*op. cit.*) para a evolução da extrema-direita francesa, esse tipo de propaganda política, destinada normalmente a viabilizar carreiras que normalmente não acham lugar no tabuleiro institucional, começa nas franjas do sistema, através da difusão de panfletos acusatórios anônimos. Se eles encontram boa repercussão, seus autores vão progressivamente mostrando a cara, assumindo a autoria e tentando entrar e influenciar o cenário político e ideológico. Uma análise, ainda que superficial, da profusão de sites na Internet que tentam tornar pública a ordem de argumentos mostraria muito facilmente

---

[39] Ver, por exemplo, o extrato abaixo, de "A Hand Over the Nose, a Hand Still in Stocks" em *The New York Times (NYT)*, 27.06.2002, que coloca a ambiguidade de maneira cristalina: "*The resilience of the market shows that many people still believe that stocks are the best long-term investment. In fact, their only hope of fulfilling their retirement plans is to achieve investment returns greater than those available in the bond market. So they stay invested in stocks, hoping for the best*". Ou, numa abordagem ainda mais transparente, no mesmo jornal, coluna de Daniel Akst (07.07.02) *Shocked by Scandals? These Are Nothing!*. O título já diz muito; o corpo da matéria faz referência ao caráter cíclico de eventos como os daquele momento, lembrando as análises de John Kenneth Galbraith sobre a falta de memória do mercado financeiro e, principalmente, lembrando que os episódios análogos do passado foram absorvidos e que... tanto a vida, quanto os negócios, ambos continuam.

que essa "peste amarela" pode não estar muito ativa, mas está longe de ter sido extinta.[40] Eles muito provavelmente são os melhores equivalentes funcionais existentes dos nossos tempos para os panfletos apócrifos do final do século XIX, dos quais os *"Protocolos dos Sábios do Sion"* foram o exemplo mais conhecido (Cohn, 1967). Inclusive no Brasil, tivemos uma pequena vaga de surgimento desses sites,[41] que criticavam o processo de privatização das empresas públicas e, a partir de, entre outros, a exploração da figura do empresário Benjamin Steinbruch, insistiam na tecla da conspiração judaica dos plutocratas. Outra boa pista para investigarmos a sensibilidade brasileira em relação à questão da plutocracia, esta possivelmente bem mais caudalosa, foi a discussão e o destino do Capítulo IV da Constituição Federal de 1988, e da Emenda nº 13/1996, que tratam do sistema financeiro nacional. Esses dispositivos mantinham, ainda que aparentemente sem regulamentar, nem qualquer outro efeito prático, o inciso, derivado da "velha" Lei da Usura dos anos 1930, que limita as taxas de juros praticadas no Brasil a 12% ao ano. E, ainda que esses instrumentos legais tivessem sido objeto de uma forte e constante barragem de críticas por parte do "Brasil moderno", o espectro da sua aplicação continuou incomodando a sabedoria econômica convencional, já que ele praticamente "não andou". A sua regulamentação não avançou no período apesar de todo o esforço nesse sentido.[42]

---

40 Ver histórico, periodicamente atualizado, no site da *Anti-Defamation League*: http://www.adl.org/. Provavelmente, dado o seu público e sua origem judaica e a institucionalização desse gênero de "serviço de alarme", ele tende a exagerar o componente antissemita do material coletado, prestando menor atenção nos componentes tipicamente populistas em geral e anti-plutocráticos em particular. Ainda assim, seu serviço de "meteorologia do antissemitismo" que acumula sistematicamente dados desde os anos 1950 é uma ferramenta inestimável para análises desses temas que estão inextricavelmente entrelaçados.

41 Por exemplo, http://www.armaria.com.br/guardana.htm, consultado em 12.12.2002.

42 Durante a tramitação da Constituinte de 1988 e em seguida durante o processo de revisão constitucional, a questão despertou a ira dos que se dizem "modernos".

No contencioso que estamos analisando, poderíamos registrar a "questão da Lei da Usura" na mesma rubrica que registramos o périplo da Consolidação das Leis do Trabalho (CLT) e, num espaço provisoriamente mais reduzido, também a "luta pela transparência contábil" anunciada pelos agentes favoráveis à governança corporativa. As duas primeiras questões tornaram-se pontos de referência para agrupar principalmente aqueles que lhes são contrários. Registrados como parte do "entulho corporativo" pela sabedoria econômica convencional, colocar-se contra a CLT e, numa temporalidade mais determinada, contra a regulamentação do teto da taxa de juros, viraram condição necessária para qualquer agente atuante na esfera política e econômica alicerçar sua reivindicação de "modernidade".[43] E daí se segue que o aumento de volume, de maneira cada vez mais ruidosa, da expressão de opiniões que sigam o *mainstream* é fato absolutamente esperado, constituindo-se num excelente verificador da hipótese da latência dos critérios formadores de grupos da sua institucionalização, como foi predicado por Douglas (1986).

De fato, a CLT resiste e a Nova Lei das Sociedades Anônimas veio à luz com transformações muito aquém das desejadas pelos profetas da governança corporativa. Novamente encontramos essa força

---

Tudo se passa como se a manutenção desse item no nosso arcabouço jurídico representasse uma mancha na reputação nacional, ao estilo dos nossos antigos "problemas" raciais. Estamos claramente diante de uma questão que produz efeitos de *border-lineness*. Ver, por ex. o editorial de *O Estado de São Paulo*, 03.11.1997: "A regulamentação de uma tolice". De qualquer maneira, ainda que a mancha estética representada pela manutenção em estado latente do dispositivo não tenha sido "erradicada", o fato é que a barragem parece ter funcionado, já que o assunto parou nos corredores da Câmara dos Deputados.

43 Na formulação de gosto duvidoso de *Veja*: "Existem leis-dinossauro, como a Consolidação das Leis do Trabalho, que desde a década de 40 engessa as relações entre patrões e empregados, contribuindo para a redução das contratações formais de mão-de-obra", em *Veja* nº 1773, 16.10.2002 (matéria de capa).

social que mantém a situação de equilíbrio curiosa, na qual um dos lados manifesta-se ruidosamente e parece concentrar toda a legitimidade social, enquanto o outro perdeu praticamente a capacidade de exprimir suas razões em praça pública e, entretanto, mantém o desgaste controlado num nível que parece o suficiente para um retorno posterior à arena. Estaria ela flutuando no campo das ideias ou mais diretamente ancorada no espaço social? Acredito que a resposta institucionalista neo-durkheimiana proposta por Douglas, fortemente inspirada na ideia de "comunidades intelectuais", que se popularizou com a redescoberta dos trabalhos de história da ciência de Fleck (1979, orig. 1935) seja adequada para o traçado do espaço sociológico dos prováveis. As relações entre as ideias e a criação e reforço dos grupos que as criam e sustentam são bem mais interativas do que estamos acostumados a crer. A chamada "ilusão escolástica" costuma impelir os analistas a pensar a relação entre os indivíduos e as ideias como um processo de apreensão racional (Bourdieu, 1997). Já desde o aforismo de Durkheim, "Deus é a sociedade", a sociologia tem uma boa base para ultrapassar esse entendimento simplório e avaliar as consequências da crença induzida – não por interesses ou necessidades explícitas, mas pelo desejo de pertencer a um grupo e de mantê-lo. É assim que as coalizões de "modernos" têm-se formado entre nós e os entendimentos compartilhados da cena econômica e social que elas sacramentam duram bem mais do que seria previsto por um conjunto de procedimentos de prova e refutação, como praticados pelo mundo acadêmico. Dessa forma, além do trabalho de elucidação da lógica dos argumentos, é também conveniente examinar nosso "neoliberalismo" através da chave da construção de uma liturgia em torno da celebração dos valores da modernidade, dando tanta importância à pressão social pela manutenção dos lugares privilegiados – não só materialmente, mas também, e sobretudo, simbolicamente – que tornam-se disponíveis para os membros da tribo.

Circunlóquios entre a doxa e a crítica

Num período em que a situação econômica brasileira era considerada ruim e mal conduzida pelos políticos nacionais, não seria preciso muita inspiração ficcional para prever uma pressão dos organismos internacionais sobre os apêndices "arcaizantes" da legislação econômica e trabalhista nacionais, na medida em que a situação de dependência externa se agravava, seguindo um exemplo muito bem caracterizado que ocorreu então na Argentina: a enorme pressão do FMI pela revogação da "Lei do Crime Financeiro".[44] Entretanto, tivemos simultaneamente revelações em cascata sobre os *misdeeds* do universo empresarial norte-americano, exigindo medidas legislativas dos representantes populares daquele país.[45] Na medida em que aumentavam as revelações embaraçosas ficou cada vez mais interessante investigar as possíveis mudanças de orientação do FMI e demais organismos internacionais de crédito. Em que grau as receitas tradicionais, que desejam um ambiente institucional o mais próximo possível do norte-americano, estariam institucionalizadas nos "aparelhos" internacionais?[46] Em que medida a sabedoria econômica convencional cristalizada nos anos 1990 perdeu a robustez? Em que medida as seguidas vitórias dos candidatos do PT nas eleições presidenciais questionariam a "sabedoria convencional"? Ou será que, a exemplo de outros casos de funcionamento perverso de aparelho (que mais recentemente

---

44 Ver, por exemplo, "Por um voto, Argentina derruba lei e atende FMI", em *Folha de São Paulo*, 31/05/2002. Ou *Clarín* (Buenos Aires, mesma data) "El FMI está satisfecho por los 'progresos' de Argentina: El organismo internacional se refirió especialmente a la derogación de la ley de Subversión Económica. Dijo que de esa manera se recupera la confianza de los inversores y la comunidad internacional".

45 Ver *NYT*, 11.07.2002: "Senate backs tough measures to punish corporate misdeeds".

46 E, menos de dois meses depois, seria possível a pressão pela derrogação de uma lei como a referida na penúltima nota acima?

podemos dar conta sociologicamente justamente a partir das ideias de Fleck), estaríamos fadados a viver uma radicalização da ortodoxia econômica? As mesmas perguntas poderiam ser feitas para os locutores nacionais da "razão financeira" e suas reações nos períodos posteriores abrem uma bela janela para a investigação sociológica da cena econômica.

Já no período, sinalizando o alcance e os limites da postura "antifinanceira", eis que a nossa velha "plutocracia", termo até então dotado de conotações notadamente arcaizantes, é revivido no arcabouço da fulgurante campanha presidencial de Ciro Gomes em 2002.[47] Sigamos a "nova carreira" dessa fênix ideológica. Em primeira análise, é interessante notar que ela ressurge justamente a partir de uma candidatura que inicialmente parecia estar fora do grande jogo do poder. Esse deveria estar sendo jogado pelo "grande bloco do governo e do sistema", representado pela candidatura de José Serra pelo PSDB e pelo "grande bloco da oposição e da esquerda representante dos movimentos populares" que se reuniu em torno da candidatura de Lula. Em muitos aspectos, a ressurgência segue os figurinos tradicionais dessa figura, que agora podemos chamar de recorrente, do arcabouço da cultura política e econômica do Ocidente. Fenomenologicamente, ela aparece como uma espécie de cunha verbal, empunhada pelos atores situados nos extremos do espectro. A sua principal utilidade retórica consiste em separar o "bom capital" do "mau capital".[48] O "bom capital" seriam os capitalistas tradicionais, enraizados, ligados à terra e às regiões do país em geral, implicitamente chamados a contribuir para a causa política

---

[47] Por exemplo, em *Folha de São Paulo* (29.07.2002) "Depois de Martinez, Ciro defende Paulinho: (Nas palavras do candidato): nós vamos crescer e quando a gente crescer os setores a serviço da plutocracia, da propaganda do governo, dos arreganhos do sistema financeiro internacional vão tentar agredir, atacar, levantar calúnia'".

[48] Ver, entre outros, Sternhell, Z. *La Droite Révolutionnaire Les origines françaises du fascisme 1885-1914*. Paris: Seuil, 1978.

que faz esse gênero de pregação. Já o "mau capital" está vinculado ao "cosmopolitismo sem raízes", em geral associado aos judeus e outros grupos étnicos das chamadas "nações comerciantes" – os sírios e libaneses, os armênios e mais recentemente também os chineses e coreanos – agentes e personificação do perigo a exorcizar. Na sua utilização brasileira presente, tudo indica que o recurso à retórica da antiplutocracia se tornou uma maneira disfarçada de invocar a questão regional, conotando a ideia do "caráter menos brasileiro" do patronato paulista (posteriormente chamado de "barões paulistas")[49] e mais especificamente o mercado financeiro, que afinal é sediado em São Paulo e assim atacar José Serra, seu candidato presumido, tido e havido como excessivamente paulista e assim lançando a consequente tentativa de marcar o "caráter mais brasileiro" do candidato que utiliza a temática. E o envelope retórico utilizado permite a veiculação desses conteúdos, que seriam indizíveis se expressos de maneira transparente.

Na evolução da contenda, o nosso candidato, que começou a campanha como *outsider*, iniciou a sua caminhada eleitoral recusando ostensivamente a possível contribuição dos banqueiros e do capital financeiro em geral, mas, no caminho para o centro do tabuleiro político, ele já começa a tornar relativos os rompantes que, faz pouco, enunciava de maneira estridente. A relativização ficou clara no auge da popularidade daquele contendor. Nas palavras de seu coordenador político:

> "As doações de banqueiros serão bem-vindas, desde que sejam feitas dentro da lei e sob o manto das nossas propostas", disse o coordenador político da

---

49 Ver *O Globo* 31.08.2002: "O candidato a presidente pela Frente Trabalhista, Ciro Gomes, comparou o mercado financeiro à escravatura. Segundo ele, o Brasil continua dominado pelos barões que, ao contrário do século XIX, não estão nas fazendas e sim no mercado financeiro."

campanha, o deputado João Herrmann Neto (PPS-SP). Segundo ele, apesar de defender a reestruturação do sistema financeiro e a drástica redução das taxas de juros – que fazem com que esse setor acumule grandes lucros –, o candidato conseguirá atraí-los com suas propostas. "Para não perderem os dedos, ele podem nos apoiar. Isso porque é preferível ganhar pouco, mas se manter vivo.[50]"

Num dos movimentos eleitorais, o nosso candidato da frente trabalhista foi evoluindo nas intenções de voto e consequentemente aumentando a sua interação direta com o centro dos tabuleiros tanto político quanto econômico. Nesse sentido, ele foi alterando e suavizando a sua retórica antiplutocrática, procurando encontrar os "bons banqueiros" e achando o termo "barão" para caracterizar os possíveis privilegiados de uma ordem implicitamente injusta. Mas como aqui o espaço dos discursos possíveis é também o dos prováveis, assistimos em seguida a uma espécie de passagem do bastão de candidato *outsider* de Ciro Gomes para Anthony Garotinho, e não por acaso, a passagem simultânea da temática tipicamente extrema para o contendor que naquele pleito se apresentava pelo Partido Socialista.[51]

Por outro lado, mostrando de maneira inequívoca os limites das posturas antifinanceiras, é interessantíssima a evolução da campanha empreendida pelo candidato do Partido dos Trabalhadores. Na medida em que se aproximava do pleito eleitoral com chances de tornar-se vencedor, ele explicitava uma plataforma econômica que poderíamos chamar de "hipercapitalista", nitidamente derivada

---

50 *O Estado de São Paulo* (23.07.2002): *"Ciro já admite aceitar doações de banqueiros": Cúpula da Frente Trabalhista abandona decisão de não receber dinheiro do setor.*

51 Ver, por exemplo o despacho *Folha Online* (15.08.2002): "Garotinho elege bancos como vilões e diz que quer renegociar com FMI".

de um diagnóstico que enxerga na questão do caráter estamental da ordem econômica brasileira um dos problemas centrais a serem superados. Dessa apreciação derivava-se a ênfase na questão do microcrédito para fomentar o empreendedorismo popular, implicitamente aceitando que esse existe em germe, é sufocado na ordem atual que privilegia os interesses constituídos e deve ser desenvolvido numa nova ordem que seria ao mesmo tempo mais justa e mais dinâmica. Isso sem falar na também interessante ênfase na revitalização do mercado de capitais e, em particular, na formação de fundos de pensão organizados por sindicatos e associações análogas, que tornar-se-iam preciosos mecanismos de formação e direcionamento de poupança.[52] A questão da transparência na gestão futura desses órgãos e a da governança corporativa em geral não foi explicitamente colocada naquele momento. Mas a convergência com as reivindicações dos setores do mercado de capitais que empunham aquela bandeira era notável. Isso tornava altamente provável a possibilidade da adoção dessa ideia pela candidatura. E, de fato, o processo que iria se confirmar um pouco mais tarde.[53]

As pontes lançadas entre o PT e a Bolsa de Valores só surpreenderam aqueles que não acompanharam o desenvolvimento da cena econômica brasileira dos últimos anos. Já fazia algum

---

52 Ver *O Estado de S. Paulo* (01.09.2002): "Esquerda e Bovespa fazem aliança estratégica: Para presidente da Bolsa, 'muro de Berlim caiu' com a inédita visita de Lula ao pregão".

53 Ver em http://www.pt.org.br/ (05.08.2002): "Lula e empresários se unem para criar proposta de Bolsa de Valores popular." Uma das reivindicações mais expressivas formuladas pelo candidato é justamente a da proteção dos investimentos dos trabalhadores – para os quais, a governança corporativa é o "remédio padrão". Posteriormente, quando a vitória da candidatura se afigurava muito provável, o partido acentua essa tendência a caminhar para um *mainstream* da vida econômica que parece ter sido pouco enfatizado no período FHC. Ver o despacho "Deputado defende maiores mudanças na Lei das S. As." no site www.Estadao.com.br, 19.10.2002, no qual a figura da GC ganha nome e lugar importante no programa do PT para o período que se avizinha.

tempo que a Bovespa cantava num tom nacionalista e que o PT lançava pontes para outros segmentos do movimento sindical, notadamente a Força Sindical, como no episódio da privatização da Companhia Siderúrgica Nacional e do uso do FGTS para a compra de ações da Petrobrás ou da Companhia Vale do Rio do Doce.[54]

Já para os agentes atuantes no mercado de capitais, a globalização destes concentrou as operações dos grandes investidores nas maiores praças mundiais como Nova York, Londres e Frankfurt. Consequentemente, ela estreitou a clientela possível dos intermediários bursáteis locais, que assim foram condenados a abraçar a causa do nacionalismo, tornando-os aliados potenciais dos movimentos sindicais e também dos fundos de pensão nacionais.[55]

Do lado das principais correntes do movimento sindical, assistimos a participação cada vez mais intensa dos seus dirigentes na gestão dos fundos sociais (FGTS, FAT), num processo simultâneo ao do arrefecimento dos movimentos grevistas no setor privado. Essa convergência temporal acabava transferindo a atuação visível e politicamente relevante das lideranças sindicais para aquela esfera de decisão, tornando-as figuras muito relevantes no espaço das grandes decisões econômicas e assim contrabalançando a pouca intensidade das atuações no espaço direto das questões sindicais. Podemos então notar a convergência desenvolvida no final do século XX entre o mercado de capitais e os principais braços do movimento sindical e da esquerda, que, entre outras consequências, apontava para a evidência da impossibilidade da retenção do argumento antifinanceiro no *mainstream* do espaço político e econômico.

---

54 Ver, por exemplo, *Valor Econômico* (12.08.2002) "Bovespa quer popularizar o mercado de ações e ampliar a base de investidores: Fabricando o futuro do mercado".

55 Ver, por exemplo, *Folha Online* (06.09.2001): "Operadores da Bovespa usam fitas verde e amarela em paralisação".

Inovações financeiras, convergência das elites e a estabilização do sistema

Olhemos agora a partir do mercado financeiro, de seus agentes mais típicos e daqueles que vão se aproximando do espaço na medida em que a governança corporativa se difunde no Brasil. A expressão "Governança corporativa" vem se tornando conhecida em diversas esferas da atividade econômica brasileira e mesmo além delas. Nesse caminho ela progride englobando conjuntos de dispositivos, cada vez mais díspares quanto ao seu escopo e lógica interna, mas todos concorrendo para estabelecer ou manter uma relação entre acionistas e dirigentes das empresas considerada satisfatória para os primeiros. Num nível alto de generalidade do que aquele apresentado por Guillén e mais perto das pretensões iniciais de seus "pioneiros" os chamados pilares da governança corporativa são:

1) o respeito aos direitos dos acionistas minoritários;

2) a transparência nos procedimentos das empresas;

3) a possibilidade de aquisição do controle acionário das empresas através da compra de suas ações nos mercados financeiros.

Logo no início, essas condições para a chamada "boa" governança corporativa ganham uma operacionalização específica no Brasil. Entre nós, o primeiro item tem significado basicamente o direito de *tag along*: na eventualidade da venda do controle da empresa em questão, a possibilidade dos minoritários venderem suas ações a preços equivalentes àqueles conseguidos pelos acionistas controladores, e a progressiva, ou definitiva, extinção das ações preferenciais, aquelas que não dão direito a voto nas assembleias de acionistas mas são as primeiras a receber dividendos.[56]

O item 2 tem o sentido original de pregar por demonstrativos contábeis da situação e resultados das empresas que não encubram dados fundamentais para a avaliação do seu desempenho e de seus dirigentes. Conforme os princípios da teoria da agência, os acionistas e analistas financeiros, agentes exteriores à empresa estariam numa posição de inferioridade estrutural relativa ao fluxo de informações relevantes sobre ela e os demonstrativos contábeis deveriam ter por função primordial diminuir ou mesmo eliminar essa assimetria.

O terceiro item diz respeito à expectativa de controle das atividades dos dirigentes das empresas. A maior punição a atos seus considerados danosos para os acionistas seria a existência da possibilidade dos descontentes se coligarem para substituir a direção atual da empresa. Para tanto seria necessário que a quantidade de ações com direito a voto em poder do público externo seja maior do que aquela possuída pelos controladores originais, bem como a inexistência de cláusulas contratuais que impeçam o uso dessa opção. Este item é considerado o mais importante no modelo norte-americano, mas no Brasil parece não ter ganho o mesmo status que nos Estados Unidos, onde a ideia de "boa" governança corporativa foi gestada (mas é sempre bom lembrar os dados da nota de rodapé anterior, que contextualiza a situação norte-americana).

---

[56] É sempre bom notar o caráter dinâmico e localizado da ideia de boa governança corporativa. As empresas Apple, Google e Facebook, melhores representantes da alta tecnologia americana e mundial mantém uma série de dispositivos, entre os quais ações preferenciais, que normalmente as distanciariam do conceito de "boa" governança corporativa. Mas os mercados parecem "perdoar" essas falhas em nome das perspectivas diferenciais de lucro dos campeões norte-americanos, ainda que os "doutrinários" deplorem essa tendência. Ver: Sullivan, R. "Board make-up becomes a governance issue". 04.03.2012. *Financial Times*; Waters, R. . "Google announces unusual stock split". 13.04.2012. *Financial Times*; Editorial. "Third-class shares". 16.04.2012. *Financial Times*.

Vê-se que a governança corporativa é um ideário construído na lógica de oposições do sistema financeiro norte-americano, aparecendo claramente como um instrumento na sua disputa secular contra as direções profissionais das empresas nas quais o capital captado e redistribuído pelos financistas é aplicado (Roe, 1994). Dessa maneira, o problema original que a governança corporativa procura resolver corresponde à configuração específica dos modelos anglo-saxões de capitalismo. Neles o financiamento das empresas se faz pelo recurso aos aportes do público investidor em geral, em contraposição às outras situações, como as dos países da Europa Ocidental e Japão, nos quais a ligação do sistema bancário com as grandes empresas é mais estreita e o primeiro alimenta diretamente suas necessidades de capitalização (Roe, 1992). Nessa última constelação de casos, o problema original não existiria, já que os acionistas, reunidos nos grandes blocos patrocinados pelos bancos, têm condições de fazerem valer seus direitos e interesses direta e continuamente através de sua presença obrigatória nos comitês de administração.

Entretanto, o chamado *big bang* da internacionalização dos mercados financeiros dos anos 1990 acabou generalizando as práticas norte-americanas, constituindo-se num dos aríetes mais potentes da "globalização" (Guillén, 2000; Streeck, 2001; Lane, 2003). É assim que assistimos entre os anos 1990 e 2000 a difusão da "boa" governança corporativa em diversos países desenvolvidos ou em desenvolvimento. A militância dos atores nacionais que veem na governança corporativa a salvação do capitalismo brasileiro foi assim apoiada por uma ação muito forte dos diversos organismos financeiros multinacionais, como a OCDE, o Banco Mundial e o FMI. Eles divulgam as virtudes de práticas como a governança corporativa como condições necessárias para a saúde econômica das sociedades nas quais os recursos daquelas entidades são considerados necessários. Observando a sua cronologia, podemos ver que, em torno das virtudes atribuídas à governança corporativa, não só se unem os setores das elites que a importaram dos EUA, como também vários outros. É assim que, no seu nível mais alto de generalidade, a difusão da governança corporativa se faz pela incorporação de diversos setores das elites nacionais, demonstrando o papel de "cimento cognitivo" dos pré-julgados e as "ferramentas" oriundas do mundo financeiro internacional e o caráter de nova língua franca internacional assumido pela linguagem financeira (Boyer, 2002).

A governança corporativa na história das "modas gerenciais" e nas disputas interprofissionais

A prescrição sobre o funcionamento das relações entre os mercados financeiros e as empresas impacta também o funcionamento interno dessas últimas. É assim que a governança corporativa brasileira também se inscreve na linhagem das chamadas "modas organizacionais" – a sequência de instrumentos de atualização das formas de funcionamento das empresas que tiveram ou têm a qualidade suposta de revolucionar aquele espaço.

A partir daquele ramo genético podemos construir uma história da governança corporativa no Brasil a partir das dinâmicas nos espaços empresariais e profissionais que também nesses espaços tornam sociologicamente inteligível a dinâmica de sua difusão. Ainda que seja possível remontar a períodos mais antigos, podemos restituir a dinâmica de nosso objeto começando com os anos do pós-milagre. A crise econômica que se seguiu ao milagre econômico do início da década de 1970 criou um claro mercado para fórmulas de salvação da economia nacional. Nos anos 1980 aparece a administração industrial japonesa com sua ênfase nas questões de qualidade. A solução ganhou ares messiânicos e sua mensagem ecoou para bem além da esfera da indústria de produção seriada para a qual ela foi originalmente criada. No início, a qualidade salvaria a indústria brasileira e depois também os diversos setores de serviços, incluindo cada vez mais esferas típicas da atuação governamental, como escolas e hospitais, chegando finalmente na agricultura. Em torno do sucesso da qualidade, muitos grupos de agentes valorizaram os seus trunfos profissionais e suas carreiras em geral. De início, diversos tipos de consultores. Em seguida, setores das gerências das empresas, como o de recursos humanos e as diversas subáreas industriais, que eram pouco expressivos em períodos anteriores. Finalmente, os agentes que importavam aquelas ideias para o setor governamental, que começava a ser sacudido por uma maré intensa de deslegitimação. Como se vê, um verdadeiro *bandwagon*, fazendo muito barulho e assim amplificando interessadamente as virtudes e amplitudes da qualidade.

Reparemos que os economistas ficavam de fora daquela corrente. Ela unia os agentes especializados no que posteriormente passamos a chamar de "condições microeconômicas para o desenvolvimento". A sinalização repercutia dentro das empresas, abrindo espaços para os setores profissionais eclipsados pelo predomínio dos financistas, como os engenheiros industriais e as profissões ligadas às relações de trabalho. Olhando pelo lado da disputa entre as profissões, tínhamos assim uma tensão sociológica empurrando a difusão da qualidade, que pode contribuir para explicar a impressionante velocidade da sua difusão nos mais diversos espaços de aplicação profissional.

No reverso, seria também sociologicamente provável que os economistas e financistas estivessem buscando alguma fórmula que os ajudasse a recuperar o prestígio perdido. Do ponto de vista da procura, estávamos assim diante de condições muito favoráveis para a acolhida e disseminação de ideias que valorizassem as suas habilidades ou pontos de vista no trato das questões internas das organizações. Do ponto de vista da oferta, a governança corporativa era um "produto" que atendia satisfatoriamente a essa demanda. Ela começa a tomar corpo no início dos anos 1980 nos Estados Unidos, representando um novo estágio no predomínio da visão financeira na disputa interprofissional pelo controle das grandes corporações (Fligstein 2001). Nesse contexto de disputas entre as profissões, a governança corporativa diz que os aumentos de eficiência das organizações, das empresas em particular, seriam fruto da qualidade da vigilância (governança) que seus proprietários efetivos exercem sobre suas operações; que essa qualidade é função de um ambiente institucional adequado para tal e salienta o papel de um mercado de capitais à norte-americana e mais genericamente de um quadro legal respeitoso dos direitos de propriedade individual. Reparemos que nesses termos a governança corporativa também é adequada para instrumentar pretensões das profissões jurídicas para melhorar sua posição relativa no mundo econômico, contribuindo para a tendência à judicialização da sociedade.

Como vimos, não foi por acaso que as primeiras tentativas de difusão do novo instrumento no Brasil foram iniciativas conjuntas de membros das duas profissões. E esses membros não seriam escolhidos ao acaso. Talvez não seja exagero dizer que a governança corporativa é uma espécie de coroamento do conjunto das principais soluções mágicas que advêm dos conselhos dos órgãos financeiros internacionais para fomentar o desenvolvimento econômico – e, como veremos a seguir, também social – dos países menos desenvolvidos. Seus arautos serão indivíduos escolhidos entre os membros mais internacionalizados das profissões, chegando a rotular a governança corporativa como uma necessidade do mundo moderno e assim estigmatizando seus possíveis adversários como atrasados (Dezalay; Garth, 2002).

Nessa primeira etapa da difusão da governança corporativa, seu conteúdo estava inteiramente ligado à necessidade do estabelecimento de um quadro legal que aumentasse a confiança dos investidores no mercado de ações. De um lado, quanto à sua abrangência, tratava-se de uma discussão interna ao espaço dos negócios. Do outro lado, quanto à sua filiação em termos da nossa cultura econômica, podemos inscrever a ideia de governança corporativa na linhagem das posturas que enxergam que o nó do desenvolvimento brasileiro encontra-se na insegurança dos marcos jurídicos necessários para proteger e atrair os investidores. Em outros momentos, essa postura alardeava a necessidade de que o Brasil legal estivesse presente em toda a extensão do Brasil real. Ela era então uma posição defendida tipicamente por juristas e se opunha ao desenvolvimentismo empalmado pelos engenheiros (Martins, 1976). Mais recentemente, a difusão do neoinstitucionalismo econômico deu aos economistas uma sólida plataforma teórica para engrossar esse coro (North, 1990).

No quadro montado por esses atores, os oponentes da governança corporativa eram uma nebulosa intitulada de "capitalismo tradicional brasileiro" (Agestado 20/07/2000). Esse agrupamento compreendia desde os acionistas majoritários de empresas que não queriam abrir mão de seus privilégios de controladores até as parcelas do mercado de capitais e dos setores do governo e da imprensa que não abraçavam a nova causa com a ênfase que seus arautos achavam-na merecedora. Estávamos diante de uma típica disputa entre setores das elites tradicionais, na qual o grupo mais novo encontrava dificuldades para se instalar nas posições privilegiadas da sociedade e brandia a espada da contemporaneidade internacional para justificar a importância de seus trunfos. Conforme vimos acima, a tramitação da nova versão da lei das sociedades no período Fernando Henrique Cardoso dá cores nítidas ao problema. Depois de uma intensa campanha de relações públicas em prol da aprovação de uma lei de "primeiro mundo", o Congresso nacional aprova a versão "cheia", considerada adequada pelos "modernos". Mas, quando o projeto é encaminhado para a sanção na Presidência da República, então ocupada interinamente por Marco Maciel, ele é sancionado com vários vetos que diminuem o alcance das novidades (Mattos, 20.09.2001).

A governança corporativa na estratégia dos novos atores sociais

A complexidade da questão aumenta quando entram no campo novos atores, conformados segundo uma lógica aberta na redemocratização. O primeiro deles são os dirigentes dos fundos de pensão das empresas estatais. Embora a maior parte deles existisse desde os anos 1970, a sua importância relativa e sua independência na economia só ficaram patentes no início dos anos 1990 (Grün, 2003).

Naquele momento eles apareceram na cena econômica como atores incontornáveis mas relativamente indóceis, para a estratégia de privatização e redesenho do Estado federal, empreendida pelo grupo em torno de Fernando Henrique Cardoso. Principalmente no primeiro período daquele governo, os dirigentes dos fundos de pensão foram pressionados a se alinharem ao figurino desenhado pelo grupo fernandista para a venda das estatais. A eles cabia a posição de "sócio-capitalista" sem direito à partilha da gestão das empresas adquiridas. Num primeiro momento se tratou de uma guerra palaciana sem repercussões na mídia. A questão se torna pública pelas tentativas de rearranjos societários pós-privatização que ocorreram no governo Lula, dos quais os episódios envolvendo a Kroll (famosa empresa internacional de inteligência segundo a versão benevolente, ou de "espionagem" segundo os críticos), foram a face mais ruidosa da disputa (Michael, 04.08.2004). Nelas os fundos de pensão tentaram reverter acordos anteriores como o das grandes empresas de telecomunicações BrT e Telemar. Deflagrou-se então um contencioso que rapidamente atingiu a cena política e torna-se um divisor de águas bem claro entre a estrutura do sistema financeiro desejado pelo grupo tucano e aquele que os petistas parecem abraçar (Grün, 2004).

Colocar os fundos numa posição subordinada e mantê-los assim durante todo o período foi uma operação de deslegitimação executada a muitas mãos, e reveladora do funcionamento dos circuitos do poder na nossa sociedade atual. Durante todo o período os fundos foram taxados de "corporativos" – e, portanto, atrasados – e, além disso, seus dirigentes foram postos na berlinda quanto à sua integridade. Essa operação simbólica teve a participação ativa da mídia, de diversos setores da academia, em especial entre os economistas e a participação mais diretamente interessada dos representantes de diversos bancos, em especial os de investimentos, para os quais a expectativa de acaparar os gigantescos recursos manejados pelos fundos era uma tentação involidável (Cruz, 21.04.2001).

No auge do processo de deslegitimação, os fundos de pensão tentarão trazer para o Brasil uma justificativa para a sua existência baseada na ideia da "revolução das classes médias", da qual eles seriam os operadores. Essa ideia começa a ser propagada por Drucker (1976) e será empalmada pelos fundos de pensão norte--americanos através do que lá é chamado de *shareholdism* – a militância dos acionistas em prol de seus direitos de propriedade, que estariam sendo esbulhados pelos administradores profissionais das corporações (Useem, 1993; 1996). É nesse quadro que a ideia de governança corporativa apareceu como uma maneira privilegiada para os dirigentes dos fundos recuperarem uma imagem positiva e estabelecerem um quadro simbólico de confronto no qual, justificados, eles poderiam ter capacidade de fogo. Eles irão abraçar a ideia da governança corporativa como uma causa mais abrangente, começando a configurar a situação em que vivemos mais recentemente. A diferença não estava propriamente no conteúdo intrínseco das medidas preconizadas, mas no enquadramento da questão. O primeiro grupo de difusores falava nos investidores em geral, implicitamente em indivíduos bem-sucedidos que aplicavam seus excedentes numa lógica interna das elites capitalistas. Os fundos de pensão brasileiros irão falar da governança corporativa como uma necessidade de proteger os pecúlios dos seus numerosos cotistas, "as famílias dos modestos funcionários das empresas estatais" (Waksman, 09.11.1997). Esse grupo numeroso já era estimado em quase 6 milhões de contribuintes, pensionistas e assistidos em março de 2004 (Abrapp, 03.2004), além de poderem ser considerados muito mais frágeis e menos avisados do que aqueles saídos do primeiro grupo.

Surgiu então no cenário a versão brasileira das viúvas e órfãos que a legislação corporativa norte-americana pretende defender, pelo menos alusivamente, conforme detalhado em Roe, (1994). E a questão que antes interessava somente aos (poucos) participantes do mercado financeiro vai ganhar o estatuto de problema nacional, já que passa a ser de interesse direto de uma grande parcela da sociedade brasileira. Esse passo dificilmente poderia ser menosprezado, pois, não só no Brasil, mas internacionalmente, os mercados de capitais são estigmatizados como uma esfera de atuação econômica ilegítima, assemelhada a jogos de azar. Assim, os participantes dos mercados financeiros, ao aplicarem seus recursos em ativos "de risco", não mereceriam a nossa compaixão caso os perdessem. Raymundo Magliano, Presidente da Bovespa no período inicial do governo Lula, deixa bem clara a questão: "[para que o nosso mercado de capitais se desenvolva] O fundamental é a mudança cultural na imagem da Bovespa. A bolsa era vista como um cassino, era uma caixa preta, uma casa de jogos. E, hoje, as pessoas falam em investir". (Pavini, 27.07.2004).[57]

A lógica social da nossa inovação financeira ganha ainda mais nuances quando lembramos que, no período, os dirigentes tradicionais dos fundos de pensão também tiveram a sua legitimidade contestada por uma parcela grande de indivíduos egressos do movimento sindical ou do espaço político próximo. Nesse período de baixa atividade grevista (Noronha, 2009), os fundos de pensão se tornaram alvos privilegiados para aqueles grupos manterem a sua atuação e importância na esfera pública. Vai daí que aparece uma tensão entre os diversos grupos de agentes que se digladiavam pelo controle dos fundos, na qual os egressos do movimento sindical apresentavam

---

[57] Uma "arqueologia" do tratamento sociológico do problema da indisposição social em relação aos mercados financeiros sendo atiçada pelos populismos talvez comece em Marx, K.; F. Engels. *Misère de la philosophie, en réponse a la philosophie de la misere de M. Proudhon*. Paris: A Costes, 1950, passando por Weber, M. *La Bolsa: Introducción al sistema bursátil*. Barcelona: Ariel, 1987 (orig. 1898) e Schumpeter, J. A. *The Economics and Sociology of Capitalism*. New Jersey: Princeton University Press, 1991. Os trabalhos de Sternhell, Z. "La Droite Révolutionnaire: Les origines françaises du facisme 1885-1914". 1991, Sternhell, Z. *L'Éternel retour: contre la démocratie, l'idéologie de la décadence*. Paris: Presses de la Fondation nationale des sciences politiques, 1994 e Birnbaum. *Le peuple et le Gros: Histoire d' um Mythe*. Paris, 1979, contextualizam a questão da plutocracia na história europeia da virada do século XIX com o XX, mostrando diretamente como o então nascente fascismo europeu nutria-se daquele clima cultural e, indiretamente, as dificuldades de uma possível postura anti-plutocrata que não se deixe contaminar pelos temas e clima que geraram o fascismo e o antissemitismo europeus. MacKenzie, D.; Y. Millo. "Constructing a Market, Performing Theory: The Historical Sociology of a Financial Derivatives Exchange". *American Journal of Sociology*, 2003, 109(1): 107-145 mostram alguns passos concretos do trabalho de legitimação necessário para viabilizar o moderno mercado norte-americano de opções, proibido durante muitos anos depois da grande depressão, realizado por agentes ligados ao mercado financeiro e da academia daquele país.

a representatividade alcançada em períodos anteriores da militância como seu maior trunfo. Na disputa simbólica que permeava o contencioso da representatividade, a governança corporativa aparece como uma questão anfíbia, não contida integralmente na esfera financeira, mas dotada de uma plasticidade que a remetia à esfera cívica. Afinal, o "direito de escolher os nossos dirigentes", a "transparência" e os "direitos dos minoritários" são conceitos que iniciaram a sua carreira na esfera pública brasileira a partir da luta pela redemocratização dos anos 1970 e 80. Finalmente, "governança" entrou no nosso léxico mais recentemente, mas também "migrou" da esfera cívica para a financeira. Não é assim por acaso que os agentes vindos dos sindicatos, cujos trunfos iniciais originaram-se na prática política, irão abraçar a causa da governança corporativa e, eles também, contribuirão para ampliar o seu conteúdo e aumentar a sua legitimidade.[58] Nos discursos dos grupos de sindicalistas atraídos pelos fundos de pensão, a aproximação [acionistas minoritários ≈ povo] ganha mais verossimilhança.

A governança corporativa é uma novidade financeira absorvida por diversos atores políticos

O movimento acima é a expressão brasileira de uma tendência internacional, particularmente nos países da Europa Ocidental. O ponto que a singulariza é o cruzamento desse processo, que poderíamos chamar de "estrutural" do capitalismo moderno com a história e a cronologia específicas da vida política do país. De início, a origem inequivocamente esquerdista das palavras fortes da governança

---

58 É difícil não reconhecer o paradoxo: na segunda metade do século XIX, Marx alertava para a paródia de democracia que então se esboçava através das assembleias de acionistas das primeiras sociedades anônimas. No final do século XX, os sindicalistas contribuem decisivamente para conferir verossimilhança à metáfora.

corporativa no Brasil, em seguida, a coincidência entre o momento decisivo do processo de difusão da governança corporativa no Brasil e a necessidade da candidatura Lula em fazer-se confiável diante dos mercados financeiros e de seus fazedores de opinião. Assistimos então o emblemático episódio da visita do então candidato à presidência da República à Bovespa - Bolsa de Valores de São Paulo (Murphy, 01.09.2002; Ripardo, 01.10.2002; Pavini, 27.07.2004). O ato, aparentemente inusitado, foi registrado e repercutido tanto pelo grupo do candidato quanto pelos visitados denotando o interesse mútuo na aproximação.[59] Pondo o evento em perspectiva, poderíamos colocá-lo como ponto culminante de uma cronologia muito significativa. Ela se inicia com a disposição dos sindicalistas de disputarem os cargos de direção dos fundos de pensão, sua participação nos episódios ligados à montagem dos consórcios que se lançaram na compra das estatais nos leilões de privatização e, mais amplamente, a participação sistemática dos sindicalistas na gestão dos grandes fundos sociais, como o FGTS e o FAT. E as palavras de Lula naquele momento chancelam a legitimidade da governança corporativa: "É necessário proteger a sagrada poupança dos trabalhadores".

---

59 Devemos lembrar o contexto do momento. Diante da expectativa da vitória de Lula, começaram os rumores da possível "argentinização" do Brasil – uma vez Lula eleito, haveria uma corrida contra o real que tornaria o país ingovernável, precipitando a sua renúncia e mesmo um possível retrocesso antidemocrático, à exemplo da interpretação que era dada naquele momento para a renúncia de Fernando de la Rua à presidência da Argentina. Essa versão interessava aos concorrentes de Lula, em especial ao candidato do PSDB, que assim colocava-se como garantia da estabilidade econômica. Evidentemente os mercados financeiros começaram a especular a possibilidade da crise generalizada, "precificando--a", precipitando uma corrida contra o real e lucrando contra as contas nacionais, já que as autoridades monetárias tinham de tentar diminuir a especulação comprando reais e vendendo dólares a preços desvantajosos para o Tesouro Nacional ROSSI, C. (08.06.2002). "Soros diz que EUA irão impor Serra e que Lula seria o caos." *Folha de S. Paulo.*

Lula na presidência da República irá seguir inicialmente o depois conhecido caminho-surpresa ortodoxo. Mas não sem sinalizar episodicamente a busca de alternativas, como o chamamento aos fundos de pensão internacionais, eles mesmos questionando seus engajamentos "ortodoxos" do passado (Walsh, 13.10.2002), a investirem seus capitais de longo prazo no Brasil (Batista, 29.05.2003), com resultados cada vez mais expressivos (Vieira, 09.07.2004). Interessantemente, no início do governo Lula alguns contenciosos herdados do governo anterior irão testar e, provavelmente, robustecer, a ideia da "boa" governança corporativa (Grün, 2004). Os fundos de pensão se associaram a vários grupos de banqueiros e prestadores de serviços estrangeiros durante o processo de privatização e em outras empreitadas consideradas importantes pelo governo federal de então. Em muitas delas, a julgar pela reação posterior, a posição na qual os fundos de pensão foram colocados foi considerada desvantajosa. Podemos mesmo dizer que a administração do período Fernando Henrique Cardoso, normalmente tida como sintonizada com a contemporaneidade econômica internacional, adotou uma curiosa atitude de prevenção e tutela em relação aos fundos de pensão, vigiando-os para induzi-los a utilizarem seus enormes capitais em empreitadas dirigidas pelos novos bancos de investimentos e impedindo-os de trilhar caminhos que conflitassem com esses últimos agentes.[60]

---

60 Lembremos que o fortalecimento dos fundos de pensão é um dos pontos mais fortes das estratégias de modernização neoliberais preconizadas pelos organismos econômicos internacionais. No Brasil do período FHC parece ter prevalecido a ideia de que os fundos de pensão eram uma simples extensão do execrado corporativismo atribuído aos funcionários das empresas estatais, ainda que os grandes e mais conhecidos fundos norte-americanos também sejam patrocinados por órgãos governamentais e nem por isso percam legitimidade diante dos agentes financeiros "sérios" Grün, R. "Fundos de pensão no Brasil do final do século XX: guerra cultural, modelos de capitalismo e os destinos das classes médias". *Mana*, 2003, 9(2): 7-38.

Uma vez Lula entronizado na Presidência da República, os fundos de pensão iniciaram uma espécie de "reconquista", tentando se recuperar das posições desvantajosas assumidas no período anterior. Foram emblemáticas as evoluções do controle da BrT – empresa de telefonia móvel operando no Oeste brasileiro e a desvalorização das ações preferenciais possuídas pela Previ na Ambev (maior cervejaria brasileira, posteriormente fusionada com o grupo belga Interbrew, formando a Inbev). O resultado pontual desses casos estava "engessado" pelo quadro de constrangimentos herdados do governo anterior.[61] Mas creio que o ponto mais

---

61 Um ponto de divisão interessante é o papel que a Comissão de Valores Mobiliários (CVM) deve assumir na estrutura legal da governança corporativa brasileira. O episódio da disputa entre a direção da Ambev e a Previ sobre o *tag along* das ações preferenciais da companhia detidas pelo fundo de pensão é ilustrativo. Mesmo em 2004, diretores da CVM indicados no governo anterior mantinham claramente uma linha de que ela deve proteger exclusivamente os pequenos investidores contra golpes que investidores "profissionais" deveriam estar preparados para evitarem sozinhos. É assim que eles justificam não dar provimento às reclamações da Previ contra a incorporação da Ambev à cervejaria belga Interbrew. As palavras do então presidente da CVM, Luiz Leonardo Cantidiano são ilustrativas [nomeado no período FHC, então já com o substituto anunciado] "A CVM tem a obrigação de zelar pelo pequeno e médio investidor. O investidor grande sabe se proteger. Se escolheu um mau sócio, o problema é dele". Balarin, R. . "Previ critica ação da CVM em processos: Fundo, que votou contra união da Ambev com a Interbrew, cobra mais rapidez nas investigações". *Valor Econômico*, 2004.05.20.
É interessante a identidade presumida [grande = avisado]. As possíveis ingerências nas decisões tomadas pelos fundos de pensão, realizadas por atores externos movidos por pautas heterônomicas, não são aí vistas como constrangimentos que mereçam ser impedidos ou corrigidos. E quem imagina que o governo Lula poderia trazer diferenças diretas na questão talvez se sinta decepcionado: a postura pública de Marcelo Trindade, o presidente da CVM indicado por Lula, a respeito da questão não parece ser diferente daquela de seu antecessor, talvez mostrando a força e autonomia dos mercados financeiros diante dos governos Barros, G. "Indicado para presidir comissão defende rapidez a casos mais relevantes e diz ser difícil punir 'informação privilegiada': CVM deve ter agilidade seletiva, diz Trindade". *Folha de São Paulo*. São Paulo: B7, 10.04.2004.
Aos meus olhos, a análise dos subentendidos desse "estilo de pensamento", já justifica nela mesma uma pauta específica da sociologia econômica e das finanças.

importante a respeito deles, seja o fato de que deflagraram ações governamentais na esfera da regulação legal e infralegal para aperfeiçoar a proteção aos acionistas minoritários e "preferencialistas". O esforço retórico em prol da governança corporativa, empreendido no período Fernando Henrique Cardoso, mostrou seus limites nos episódios acima. É assim que os fundos de pensão foram uma espécie de *zone de chasse gardée* para alavancar o crescimento dos novos bancos de investimentos. Quando, naquele período, eles decidiam as estratégias de investimentos, eram claramente patroneados pelos representantes daquelas entidades financeiras sob a influência do pré-julgado então evidente que os "verdadeiros profissionais" do mercado financeiro seriam os jovens operadores dos novos bancos. Esse clima cultural, ao lado de pressões pontuais mais diretas, como a gestão de Solange Paiva na SPC – Secretaria de Previdência Complementar – ajudam-nos a entender as razões da aquiescência dos fundos de pensão para investimentos que posteriormente eles irão questionar com veemência (Agestado 04.12.2000, 10:21).

A governança corporativa, os escândalos e os paradoxos do capitalismo atual

Voltando às consequências do episódio da quebra da Enron, Worldcomm e outros. A Enron, as diversas interpretações da sua *débâcle* constituem-se elas mesmas num interessante campo de estudos. Previsivelmente, alternam-se as explicações que apontam a não observância dos princípios "sadios" da governança corporativa e aqueles que contestam em bloco as virtudes gerais do modelo de gestão.[62] De qualquer forma, um dos resultados da celeuma é a

---

62 Não por acaso, seguindo um esquema já identificado em outras disputas de sentido sobre o significado de escândalos que agitaram os Estados Unidos, nos quais os conservadores veem no episódio uma confirmação de que "o sistema

ideia de que a legislação norte-americana de então não era suficiente para atingir os objetivos esperados dela. Como vimos, a principal consequência foi a edição da Lei "Sarbanes-Oxley", considerada um avanço em relação ao estado anterior da proteção legal que o acionista do mercado norte-americano tinha em relação ao comportamento dos responsáveis pelas empresas em que ele investiu (Blair 2003a; 2003b). E dada a centralidade do mercado financeiro norte-americano na economia mundial, os efeitos da nova legislação se espraiaram por todas as praças comerciais e industriais, já que ela pode questionar qualquer ato, mesmo no estrangeiro que possa produzir efeitos no valor das ações cotadas nos Estados Unidos (Gates, 2003).

É interessante notar que estamos diante de mais uma manifestação de um paradoxo da regulação do capitalismo maduro. Os grandes líderes empresariais são incensados como a manifestação mesma do heroísmo econômico. Eles são remunerados como tal, "vendendo" a ideia de que a sua atuação é fundamental para valorizar os investimentos de seus acionistas. Uma das ações mais intensas nesse sentido são as séries seguidas de orações sobre como deve funcionar a economia, em especial exigindo o retraimento do Estado e da política em geral, estigmatizando essas esferas de atividade como irracionais. E uma das principais exigências nesse sentido é a de que o controle das atividades econômicas deve ser privilegiar a autorregulação providenciada pelos pares ao invés da intervenção de alguma agência estatal. Entretanto, os líderes empresariais dos últimos anos parecem corresponder mais ao figurino do "Faça o que eu digo, não faça o

---

funciona" e os contestadores justamente o contrário Schudson, M. *Watergate in American memory: how we remember, forget, and reconstruct the past*. Nova York: BasicBooks, 1992.

que eu faço".[63] É assim que, diante das crises capitalistas recentes, aparece a boa e velha intervenção estatal, salvando os mercados do pânico generalizado, mesmo nos EUA. E os casos dramáticos dos últimos anos, em especial a grande crise de 2008, mostram bem isso. Na crise financeira internacional, só a imensa ação dos diversos bancos centrais salvou a economia internacional. No caso da crise gerada pela insolvência do fundo de investimentos LTCM, as autoridades financeiras restauraram a liquidez financeira através de uma irrigação orquestrada pelo "Fed" (Aglietta; Orléan, 2002; MacKenzie, 2003). Já no caso da crise deflagrada pela empresa de energia texana Enron, o legislativo federal restaura a legitimidade dos mercados financeiros através da nova legislação que instaura a "*verdadeira* boa governança corporativa" (Aglietta; Orléan, 2002; Blair, 2003; MacKenzie, 2003).

Possivelmente o clima de exaltação dos indivíduos excepcionais instaurado pela lógica da atividade de comunicação acaba desviando nossos olhos da lógica social das inovações financeiras (Manoff; Schudson, 1986; Huczynski, 1993). No caso da recuperação dos mercados depois dos escândalos corporativos, assim como em outros anteriores, o motor que rompe o *business as usual* é o clamor deflagrado por condutas consideradas imorais pelo público, que reage pressionando seus representantes no legislativo e executivo. E a necessidade de sobrevivência dos políticos acaba mobilizando-os para mais uma rodada de aperfeiçoamento institucional, que inicialmente é reprovada pelo *business* como uma

---

63 Lordon, F. *La politique du capital*. Paris: Odile Jacob, 2002 analisa em profundidade um caso rumoroso que agitou a França no final do século XX. Os dirigentes dos três principais bancos franceses, advogados intransigentes do modelo anglo-saxão de capitalismo em terras gaulesas, se digladiaram até a "morte simbólica" pela incorporação e controle de cada uma daquelas instituições, variando *ad hoc* a retórica para a justificação de seus atos, mostrando assim o papel contingente e materialmente interessado de seus engajamentos doutrinários.

intromissão indevida e prejudicial no seu espaço, para depois se transformar em uma plataforma virtuosa para novos ciclos de expansão capitalista.[64]

Vemos que a velha toada "é preciso salvar o capitalismo dos capitalistas" continua válida, mesmo nos nossos tempos "pós-modernos". E os salva-vidas talvez tenham de ser recrutados em outras esferas de atividade que não o *business* sob pena de estarem demasiadamente comprometidos com os interesses imediatos de algum grupo empresarial particular, em detrimento da estabilidade sistêmica. Não é assim por acaso que a tarefa de assegurá-la em condições de crise ou de preparar um nível mais elevado de atividade econômica é realizada normalmente por governos e indivíduos fora dos círculos internos, e mesmo conjunturalmente em posição de antagonismo com os mercados.[65] É, então, alta a probabilidade

---

64 Podemos encontrar análises sobre o papel da crítica externa na evolução da legislação econômica e societária norte-americanas em Davis, G. F. T., Tracy A. "A social movement perspective on corporate control." *Administrative Science Quarterly*; Ithaca; 39(1): 141-170, 1994.
McAdam, D., J. D. McCarthy, et al. *Comparative perspectives on social movements: political opportunities, mobilizing structures, and cultural framings*. Nova York: Cambridge University Press, 1996.
Uma reflexão mais geral sobre a capacidade do capitalismo contemporâneo absorver a crítica e transformá-la em fonte de novos avanços em Boltanski, L.; E. Chiapello. *Le nouvel esprit du capitalisme*. Paris: Gallimard, 1999.

65 Exceções interessantes têm aparecido, embora elas sejam muito ambíguas, pois expressam tentativas de diferenciação interna do campo financeiro. O caso do financista-filósofo-filantropo Georges Soros talvez seja o mais interessante na esfera internacional. Uma explicação sociológica para as atividades de crítica e filantropia do personagem em Guilhot, N. "Une vocation philanthropique Georges Soros, les sciences sociales et la régulation du marché mondial." *Actes de la recherche en sciences sociales*, (151-2): 36-48, 2004.
Há também um gênero de literatura sutil de exaltação das virtudes dos mercados financeiros e de seus personagens, voltado para aqueles que não são seus apoiadores automáticos. O exemplo mais bem acabado, e interessante, é Bernstein, P. L. *Capital ideas: the improbable origins of modern Wall Street*. Nova York/Toronto: Free Press, 1992;

de testemunharmos inovações institucionais importantes na esfera financeira em tempos de governos como o petista, vindos de zonas inicialmente distantes do mundo empresarial.

Paradoxos internacionais, paradoxos brasileiros

Com ou sem percalços, eis que nossa parada continua. O *bandwagon* da governança corporativa passa pelo conjunto da sociedade e conquista novos seguidores. Ecoando uma tendência internacional que se intensificou no mundo corporativo depois da *débâcle* da Enron, a governança corporativa brasileira irá, também, agregar a necessidade da "responsabilidade social" das empresas. Inicialmente um conjunto de iniciativas justificadas nelas mesmas, a "responsabilidade social" torna-se ao mesmo tempo muito mais visível do que no período anterior e é incorporada ao esqueleto da governança corporativa (Carvalho 09.09.2004; 20.09.2004). Diante do susto recente, a primeira justificativa para o novo "módulo" é a necessidade de se prevenir "riscos morais" que poderiam afetar drasticamente o valor das empresas (Vieira, 09.10.2004).

A questão evolui rapidamente, sugerindo que a virtude represada no mundo empresarial encontrou uma linguagem e uma justificativa para se apresentarem. Novos temas e preocupações são constantemente agregados ao rol de itens que merecem a atenção e a intervenção benfazeja dos indivíduos e organizações que

---

Maxwell Macmillan Canada, 1992 ;
Uma tentativa francesa, aparecida numa editora que normalmente publica literatura crítica, denotando os propósitos da edição é Brender, A. *La France face aux marchés financiers*. Paris: La Découverte, 2004.
Em todos esses casos, é flagrante o esforço de melhorar a imagem do mundo financeiro para o resto da população, re-vestindo os antigos argumentos que lhe deram legitimidade.

agem em nome das empresas. Assim, preocupações com o trabalho infantil somam-se a cuidados com a qualidade da educação fundamental, com a saúde reprodutiva e quaisquer outras causas que sensibilizam os indivíduos e grupos.

O entusiasmo gerado pelas atividades de benemerência é enquadrado, mediado e em grande parte sugerido, por esse novo gênero de empreendedor moral, cada vez mais profissionalizado e distinto, tanto das antigas formas de filantropia, quanto da ação social tradicional das agências de Estado. Nesse sentido, é difícil deixar de notar a presença do selo "Balanço Social Ibase/Betinho" nos balanços sociais de uma quantidade crescente de grandes empresas. Por outro lado, aparece também a contribuição de organizações como o Instituto Ethos propondo ações sociais e preparando membros das empresas nessa atividade. E olhando para as atividades passadas das duas entidades e de seus colaboradores, é difícil de não notar a legitimidade construída no passado, primeiro em torno da figura quase mítica de Betinho e em seguida de realizações importantes como as campanhas contra as insuficiências alimentares da população carente brasileira e a luta contra o trabalho infantil.

Nas palavras de Betinho:

> A ideia do Balanço Social é demonstrar quantitativamente e qualitativamente o papel desempenhado pelas empresas no plano social, tanto internamente quanto na sua atuação na comunidade. Os itens dessa verificação são vários educação, saúde, atenção à mulher, atuação na preservação do meio ambiente, melhoria na qualidade de vida e de trabalho de seus empregados, apoio a projetos comunitários visando a erradicação da pobreza, geração de renda e de novos postos de trabalho. O campo é vasto e várias empresas já estão trilhando esse caminho. Realizar

> o Balanço Social significa uma grande contribuição
> para consolidação de uma sociedade verdadeiramen-
> te democrática.[66]

Dada essa expressiva quantidade de agentes ligados a campanhas cívicas e eventos antiglobalização nesse novo segmento de atividade, parece que estávamos assistindo a enfim realizada aproximação efetiva da elite empresarial representada pelo Fórum dos "líderes mundiais" de Davos com vários setores dentre os organizadores do Fórum Social que ganhou força nas suas edições em Porto Alegre (Rossi, 23.01.2003). Personagens como Oded Grajew são típicos dessa "dupla militância". Eis que, no site do Banco Mundial, aparecem alguns pontos da sua biografia:[67]

> Engenheiro elétrico formado na Escola Politécnica da USP e pós-graduado em Administração de Empresas na FGV; em 1972, fundou a Grow – jogos e brinquedos; em 1989, foi um dos fundadores do PNBE – Pensamento Nacional das Bases Empresariais; Em 1990, fundador da Abrinq – Associação Brasileira dos Fabricantes de Brinquedos, responsável por projetos sociais tendo por alvo questões da infância, em especial a luta contra o trabalho infantil, utilizando o conceito de cadeia produtiva para estender o alcance do movimento; 1998 – fundador do Instituto Ethos, para difundir a ideia de responsabilidade social no meio empresarial e; curiosamente sem data nem

---

66 Disponível em: < http://www.balancosocial.org.br/cgi/cgilua.exe/sys/start.htm>. Acesso em: jan. 2010.

67 Ver http://wbln0018.worldbank.org/EURVP/web.nsf/0/18468e07bba72e55c1256 bde005d40b0?OpenDocument.

alcance definido, "fundador e dirigente do Fórum Social Mundial (Fórum de Porto Alegre)".[68]

Além disso, cumpre notar seu papel de assessor do Presidente Lula durante seus primeiros meses de governo e as razões para o seu afastamento (ECONÔMICO, 11.11.2003; MIGNONE, 11.11.2003). A incorporação desse segmento da sociedade, normalmente contestador, pode ser considerado uma variante do que Boltanski (1999) chama de "recuperação da crítica artista na época do terceiro espírito do capitalismo". A chamada "crítica artista" é aquela que aponta a "falta de alma" do sistema, a sua insensibilidade para temas que interferem na vida dos indivíduos, mas não nos lucros das empresas. A neutralização desse gênero de ataque que vem se mostrando mais corrosivo do que a tradicional contestação operária aponta uma característica das mais interessantes da governança corporativa brasileira e da complexidade do capitalismo contemporâneo em geral. O espírito de Porto Alegre das ONGs brasileiras foi internacionalmente chamado de "altermundialismo" e lembrado como uma das contestações mais agudas e importantes à "globalização capitalista". Logo, seus promotores foram talvez os contestadores da ordem capitalista mais legitimados do início do século XXI, tanto nacionalmente quanto internacionalmente. Quando esses atores, investidos da mais alta autoridade moral, dizem que as empresas capitalistas foram até agora negligentes nas suas funções sociais, mas que ultimamente elas encontraram o caminho da recuperação do tempo e das oportunidades perdidas, têm todas as chances de serem acatados.

---

68 Sobre a polêmica em torno da fundação do Fórum Social, ver Eichenberg, F. "Paternidade do Fórum Social gera disputa". *Folha de São Paulo*. São Paulo, 14.11.2003. Disponível em: http://www1.folha.uol.com.br/folha/mundo/ult94u65520.shtml.

A governança corporativa mudando a tradição brasileira

Num outro quadrante da nossa ágora, o eco da governança corporativa brasileira espraia sua linguagem, e talvez o seu espírito, num espaço pouco esperado, enquadrando as remodelações organizacionais de grupos empresariais familiares. Grupos como a Companhia Brasileira de Distribuição (Grupo Pão de Açúcar) e Votorantin organizaram no período a sucessão geracional e reorganizações de menor alcance a partir das ideias que a governança corporativa pôs na agenda (Anaya, 12.12.2002; Econômico, 15.02.2002; 31.08.2001).

Aí aparece outro paralelo interessante. Nos anos 1960 e 70, a ideia de departamentalização cumpria papel semelhante, fornecendo vocabulário, justificativa e uma *blue print* suficientemente flexível para enquadrar processos, *mutatis mutandis*, análogos. Naqueles tempos mais tecnocráticos, a delimitação das autoridades e responsabilidades, que a departamentalização sugeria, tinha por corolário a "profissionalização" da direção das empresas familiares (Koontz, 1962; Motta, 1968). De um lado, problemas diagnosticados como a falta e a necessidade de profissionalização das direções dos grupos e de suas empresas componentes recebem uma justificativa para a transição que significa a entrega da administração direta dos empreendimentos a gerentes profissionais. Esse resultado foi alcançado no seu tempo pela "departamentalização" (Motta, 1968). Mas nosso *bandwagon* atual vai mais longe. Ele sugere e confere legitimidade à criação de novas instâncias deliberativas que realizam a transição entre a ordem doméstica das relações pessoais e familiares entre os sócios das empresas e a ordem comercial e financeira típica e legítima da vida corporativa.[69]

---

69 A nossa "governança familiar" aparece na mídia como um instrumento para preservar as fortunas das famílias dos proprietários de empresas dos azares dos processos de sucessão geracional. É interessante que esse problema poderia ser

A adesão de parcela expressiva do empresariado tradicional ao léxico da governança corporativa é curiosa. Afinal, o espírito original da governança corporativa é uma contraposição direta às práticas societárias e sucessórias que nossas dinastias empresariais se acostumaram ao longo dos anos. Esse espírito "pré-napoleônico" outorga o negócio para o herdeiro eleito, representado pela administração dos empreendimentos de propriedade da família, e o ócio, representado por rendas de diversa natureza, como os rendimentos de ações preferenciais e de aluguéis, para os preteridos. Mas será que esse arranjo tradicional já não está deslegitimado culturalmente, faltando apenas um novo léxico para legitimar o seu abandono?[70] E nesse caso, não seria a passagem do *bandwagon* da governança corporativa uma coincidência adequada para facilitar a mudança, que no limite confere aos proprietários absenteístas mais poderes, mas

---

resolvido de outra maneira, através da importação dos *trusting funds*, um instrumento já tradicional na paisagem do direito norte-americano, que impacta as famílias e a sociedade de maneira bem diferente, induzindo as famílias a se retirarem completamente dos negócios em troca de maior segurança na perenidade da riqueza herdada e direciona às necessidades da sociedade uma boa parte daquele montante Marcus, G. E.;P. D. Hall. *Lives in trust: the fortunes of dynastic families in late twentieth-century America*. Boulder: Westview Press, 1992.

E a própria questão geral da governança corporativa norte-americana tem essa origem: os agentes fiduciários (*trustees*) encarregados de gerir os patrimônios familiares são induzidos a diversificar os investimentos em um portfólio no qual o peso das ações da companhia que originou a fortuna familiar vai progressivamente diminuindo em prol da pulverização dos riscos em uma grande quantidade de aplicações cujos resultados devem ser o mais independentes uns dos outros, reduzindo drasticamente a possibilidade de um empobrecimento. Diante desse constrangimento deve-se evitar ao máximo que um portfólio carregue quantidade excessiva de uma só aplicação, inclusive (e principalmente) aquela efetuada no negócio que deu origem à fortuna da família.

70 Acompanhei um processo análogo na economia étnica, ao mesmo tempo familiar e empresarial, do *cluster* de calçadistas de origem armênia em São Paulo Grün, R. *Negócios & famílias: armênios em São Paulo*. São Paulo: IDESP Editora Sumaré, 1992.

também maiores responsabilidades, descaracterizando o conceito de "absenteísta" no mundo contemporâneo? As características anfíbias da linguagem da governança corporativa, sua origem no mundo cívico e desenvolvimento na esfera econômica, são muito adequadas para expressar e regular os incômodos que parecem explicar o seu uso no espaço empresarial tradicional. Afinal, os incômodos são originários da transformação das sensibilidades da esfera doméstica, a chamada "revolução dos costumes" da década de 1960, que foram induzidas pelas inquietações causadas pelas transformações na esfera cívica, mas que têm de ser tratadas por instrumentos da esfera do direito comercial e civil. Aparecem então na cena empresarial os *family offices* e os "conselhos de família" (Kênia 04.01.2002), os novos braços da governança corporativa, a "governança familiar", devidamente organizada como pacote de treinamento e de consultoria.[71] A inovação fica clara tanto no lado da demanda quanto da oferta. Nas propostas anteriores, como a da departamentalização, a questão fundamental era a da profissionalização dos herdeiros das famílias proprietárias. A partir da oferta da nova "ferramenta", temos um instrumento para que os membros das famílias sem participação direta nos negócios possam monitorar as atividades daqueles que dirigem suas empresas. Do lado da oferta, o ímpeto para a sua difusão explica-se pelo fato de que o conjunto de ferramentas organizacionais constitui-se num fundo de comércio para vários propagadores da governança corporativa, que os divulgam e consagram-se como seus operadores legítimos. Nesse processo podemos assim verificar o caráter não só prático, como também legitimador dos novos instrumentos e de seus operadores.

Uma esquematização das tramas entrelaçadas leva-nos ao quadro abaixo, que pode esclarecer a trama:

---

[71] Ver, entre outras, a proposta patrocinada pelo IB Governança Corporativa em http://www.ibgovernançacorporativa.org.br/ibConteudo.asp?IDArea=848&IDp=846.

Atores	Alcance	Influência	Interesse específico	Ampliação de sentido
"Chicago Boys"	Grandes investidores	Mercado, mídia, parlamento, academia, fundos	Aumentar mercado	Originadores
Gestores dos Fundos de Pensão	Cotistas dos fundos	Funcionários das Estatais, sindicalistas	Legitimidade Segurança Investimentos	Problema social: proteger velhinhos, viúvas e órfãos (os "poucos milhões" de cotistas)
Sindicalistas e esquerda sindical	Trabalhadores	Público sensível à pregação esquerdista e sindical	Ocupar espaços de representação	Problema social mais amplo: Proteção dos sindicalizados
Governo Lula	Trabalhadores	Sociedade em geral	Legitimidade diante dos mercados	Problema social ainda mais amplo: Proteção dos trabalhadores
Esquerda "basista" ou "artista"	Nação	Setores "anti-institucionais", empresas e seus funcionários da ativa	Disseminar boas práticas; fundo de comércio	Equivalência entre boas práticas empresariais e boas práticas sociais
Consultores organizacionais	Empresários tradicionais	Empresários tradicionais; parte dos políticos	Novos fundos de comércio: o "negócio" da sucessão empresarial é jurídico ou organizacional?	Cultura empresarial "tradicional" além das SAs de capital aberto

E essa moda pega?

A governança corporativa era uma espécie estranha em terras brasileiras, porém tudo indica que nos últimos anos deixou de sê-lo. A análise da sua aclimatação permite-nos algumas conclusões sobre a importação, criação e difusão de mudanças organizacionais e de novas institucionalidades em geral. A primeira reação dos analistas diante dessas novidades costuma-se dividir polarmente. De um lado, os "negacionistas". Uma vez que organizações e instituições são estruturas sociais, essa posição desconfia da possibilidade delas serem transplantadas de um corpo social para outro.[72] No polo oposto, construiu-se o entendimento de que a novidade em questão representa o suprassumo do mundo moderno e que o Brasil deve fazer de tudo para se adaptar a ela. Aí se encontram os já conhecidos zelotes do neoliberalismo, exigindo que o país se transforme em filial real dos seus modelos virtuais. Constatamos que essa árvore estranha prospera em terras brasileiras. Mas será que ela continua tão estranha assim? Da análise se depreende que não só ela se acostumou com o Brasil, como, principalmente, o Brasil se acostumou a ela. Mas, ao acolhê-la, ela se "tropicalizou".

A governança corporativa brasileria é aquela dos modelos? Parece que não. Para se aclimatar ela sofreu uma "engenharia social genética" que a transformou numa variedade nativa, capaz de propagar-se naturalmente no seu novo solo. A exemplo de outras inovações organizacionais e institucionais, e para desespero dos adeptos da globalização passiva, a "nossa" governança corporativa foi mais uma reinvenção da roda, como outras novidades organizacionais estudadas por Cole (1989). O preço da sua difusão teria sido a sua "conspurcação", através do seu uso e de sua transformação nas estratégias de diversos grupos de atores nacionais. Obviamente

---

[72] Análises gerais sobre a difusão de "modas" organizacionais em Cole, R. E. *Strategies for learning: small-group activities in American, Japanese, and Swedish industry.* Berkeley: University of California Press, 1989, Cole, R. E. *Managing quality fads: how American business learned to play the quality game.* Nova York: Oxford University Press, 1999 e em Nohria, N. and R. G. Eccles. *Networks and organizations: structure, form, and action.* Boston, Mass.: Harvard Business School Press, 1992.

que a extensão diminui o fundo de comércio potencial, tanto o literal, quanto o simbólico dos seus introdutores, que perdem o seu rendimento total, tendo de se contentar em administrar o *goodwill*. Mas na trama social que descrevemos, a extensão de sentidos e de práticas associadas à governança corporativa parece ser uma condição necessária para a sua difusão.

Será que poderíamos separar a lógica da adoção da lógica do funcionamento continuado da novidade institucional? Se o corte for adequado, a primeira seria particular a cada país, mas a segunda apresentaria um *modus operandi* internacional, cumprindo o vaticínio dos prosélitos da globalização. Nesse caso, a peculiaridade seria apenas na esfera da difusão. Obviamente não temos elementos para afirmar definitivamente o acerto de nenhuma das duas possibilidades, mas a balança pende para a ênfase nas particularidades.

Será que as difusões de ondas organizacionais e econômicas do passado nos ajudam a entender a atual? Seria a governança corporativa apenas mais uma "moda" destinada a juntar poeira nas estantes das bibliotecas de administração? Vimos que diante dos escândalos da Enron e análogos, a governança corporativa mostra sua enorme vitalidade. Quando o pêndulo chegou ao seu extremo individualizante e se desgastou, ela se corrigiu, incorporando a ideia de responsabilidade social e reintroduzindo ideias da família argumentativa hierárquica/coletivista, sendo assim capaz de absorver a onda contrária. Mais do que isso, se na matriz norte-americana a filantropia sempre foi um assunto tipicamente privado, no qual o Estado sempre foi um ator contestado, entre nós a questão ganha outros contornos. Se houve tempo em que os empresários podiam dizer que seu papel na sociedade era simplesmente ganhar dinheiro para gerar empregos e impostos, o avanço da responsabilidade social alterou a ideia da função legítima desse ator. Assim, de um lado temos empresários com mais responsabilidades, mas do outro temos um acréscimo importante na legitimidade do mundo dos negócios na sociedade.

No plano mais geral, podemos identificar novas cumplicidades entre esses grupos de atores que conquistaram, a diversos títulos e a partir de posições diferentes, o direito de serem ouvidos sobre os destinos da nação e assim fazerem parte do circuito do poder na nossa sociedade cada vez mais complexa. No decorrer de nossa história, os diferentes "cacifes" predispunham os agentes a entrarem prioritariamente em disputa pela afirmação de qual deles era mais importante e pelas taxas de câmbio entre as diversas notoriedades em geral. O poder sindical era antagônico ao poder empresarial; os fundos de pensão tinham relações tensas com os investidores tradicionais dos mercados financeiros e assim por diante. Uma das forças de dispositivos como a nossa governança corporativa é a de congregar esses diversos grupos, atribuindo a cada um deles uma fatia dessa torta generosa que é o controle da riqueza nacional e um quadro de referências comum para tratar eventuais contenciosos.

Mas resta saber quem fica de fora dessa redistribuição. A adesão à governança corporativa dos setores que representam a esquerda e os trabalhadores da ativa deu-se num período marcado por particularidades que talvez não se mantenham. O clima de "salve-se quem puder" no mercado de trabalho tornou os trabalhadores pouco propensos a apostar suas fichas na contestação sindical, tanto contra patrões, quanto contra as direções estabelecidas.

A experiência internacional sobre a relação entre assalariados e a governança corporativa é muito pouco conclusiva. À primeira vista, parece lógico que aqueles que extraem o essencial de seus rendimentos do seu trabalho sintam-se inseguros num regime de gestão empresarial no qual os interesses dos acionistas sejam invocados todo o tempo. Afinal, fala-se muito que os acionistas se interessam sobretudo pela maximização dos lucros das empresas no curto prazo e isso costuma significar menor segurança no emprego e menores gastos das empresas com o bem-estar e o avanço profissional de seus funcionários. Entretanto, talvez estejamos subestimando os efeitos práticos da teoria. A inscrição da governança corporativa na história das ferramentas organizacionais colocou-a no ápice de um processo de individualização progressiva da medida do desempenho dos empregados das empresas. Esse crescendo torna cada vez mais real a ideia, antes absurda, de que as empresas são arranjos contingentes de atores que participam de um mesmo projeto hoje e que posteriormente se distanciarão em suas novas empreitadas. Aplicadas sistematicamente nos espaços organizacionais não anglo-saxões, as ferramentas parecem já ter esgarçado os tecidos sociais das empresas, provavelmente sem que os analistas que duvidavam da pertinência da governança corporativa se dessem conta. É interessante notar que a maior parte dos analistas da governança corporativa (Jackson, 09/2001; Guillén, 2000; Streeck, 2001) vem da tradição de estudo dos modelos de capitalismo, de origem disciplinar na Economia Política ou na Ciência Política, ambas de corte macrossocial, o que provavelmente os torna pouco propensos a notar as questões micro-organizacionais.

Por outro lado, apontamos a possível inflexão cognitiva associada à ideia de responsabilidade social. Creio que essa ideia é particularmente forte no Brasil. Numa primeira reação podemos achar que se tratam de meras operações de relações públicas, condenadas a um rápido esquecimento. Mas a lógica social empurra para um desfecho diferente. Dadas as conhecidas carências do cordão de segurança social brasileiro e a imagem negativa que os governos ganharam enquanto possíveis solucionadores desse problema. A entrada sistemática das empresas no setor tende a ser muito bem recebida e estimulada, obrigando os atores a manterem e mesmo aprofundarem seus engajamentos e, talvez, fazendo-os introjetar a responsabilidade social como uma regra cívica durável. Mas haveria mesmo a correlação entre o engajamento das empresas nas atividades benemerentes e a redução do "risco moral"? Além dessa finalidade imediata, haveria mesmo uma relação positiva entre os engajamentos sociais das empresas e a diminuição do individualismo? A ideia de "campo do poder" nos ajuda a conjecturar com mais segurança (Bourdieu, 1989). Se, de um lado, a extensão da governança corporativa mostrou a aceitação das elites sindicais e políticas de esquerda aos pré-julgados financeiros, do outro, a sensibilidade e as exigências sociais desses dois últimos grupos também "contaminaram" os atores empresariais. E a extensão dos circuitos de legitimação joga no sentido de estabilizar os comportamentos de cada grupo pela vigilância recíproca. Os empresários ganham legitimidade social, os sindicalistas, legitimidade econômica, mas cada um dos grupos é fiador da sinceridade da conversão do outro. Dessa maneira, diminuem reciprocamente os graus de liberdade, tanto discursiva quanto prática, dos dois grupos. Mas a estabilidade simbólica do capitalismo brasileiro, que em última instância é o mais forte indicador da sua estabilidade sistêmica, aumenta exponencialmente.

Capítulo III

A dinâmica cultural da dominação financeira

Uma boa prova da especificidade e autonomia do que estamos chamando de dominação financeira é a construção de uma lógica cultural própria que estabelece e circunscreve uma dinâmica, no seio da qual se travam disputas, por vezes muito agudas, mas balizadas por um conjunto de pré-julgados ou de restrições que mostram e mesmo reforçam a predominância dos seus pressupostos. Uma leitura de alguns aspectos dos escândalos políticos que sacudiram os governos de Lula ilustra a configuração de maneira muito clara. Penso especialmente na totemização do personagem Daniel Dantas, que ficou clara quando do seu depoimento na CPI dos Correios, em setembro de 2005.

O episódio do "mensalão" foi um excelente exemplo da astúcia do enigma. Diante de uma configuração complexa, a sociedade brasileira construiu uma figura-símbolo que serve de boneco de Judas para ser malhado e assim servir de bode expiatório dos males dos homens e da época. Essa figura é o banqueiro Daniel Dantas que, contrariado nos seus interesses fundamentais pelo governo Lula, teria preparado a "bomba atômica" deflagrada por Roberto Jefferson. No episódio, o indivíduo que podemos chamar de "novo banqueiro" (Leite 14.04.2005) vem sendo pintado como um demiurgo, uma espécie de diretor do teatro de marionetes, no qual os políticos e demais participantes do problema seriam meros títeres, por ele manipulados. Como revelam as manchetes de diversos periódicos, estaria ao seu serviço desde a bancada inteira do PFL na primeira quadra de Lula: "*O ORELHUDO TÁ NESSA: As conexões entre Daniel Dantas, Marcos Valério, integrantes do PT e o depoimento da secretária*" (Lírio 30.07.2005), em especial o senador Heráclito Fortes: "*O SINHOZINHO: Heráclito Fortes agride repórter do Piauí que quis saber sobre seu apoio a Dantas*" (Editor, 31.08.2005 - Ano XlI - Número 357), deputados do seu partido: "*Deputado do PFL "clona" ação a favor do Opportunity*" (Souza; Alencar, 23.08.2005) e até mesmo o emblemático petista José Dirceu: "*Briga empresarial ajudou a pôr Dirceu e Gushiken em campos opostos*" (Helena Chagas, 31.07.2005), passando por peemedebistas e outros menos votados.

A partir de Marx, lembramos que, diante da dificuldade de entender o papel do dinheiro na sociedade, aprendemos a lidar parcialmente com ele, construindo um fetiche. Assim controlamos alguns dos seus efeitos práticos, mas não todos, e as crises periódicas nos lembram da parcialidade do nosso entendimento. Nesse contexto, o personagem invocado é um fetiche, já que talvez tenha cometido parte dos atos que lhe são atribuídos, mas sabemos pouco, e não nos indagamos, sobre o quadro geral que os explicaria.

A partir de Weber, podemos buscar a astúcia explicativa do par encantamento-desencantamento do mundo: o recurso à figura "superpoderosa" de Dantas nos faz duvidar da inexorabilidade do desencantamento e indagar sobre as razões desse aparente retrocesso. A possível autonomização da esfera das finanças sugere que, se aprendemos a entender as fases anteriores do capitalismo, estamos diante de uma nova, e cabe-nos desenvolver instrumentos de análise específicos para produzir esse novo desencantamento e, de alguma maneira, restituir à sociedade a capacidade de controlar os seus destinos ou de, pelo menos, entender seus dilemas.

Ressaltemos aqui que Weber, e seus seguidores ilustres da Escola de Frankfurt, cobram justamente que a Sociologia cumpra o papel forte de intelectual, que levanta o véu da obscuridade, ajudando-nos a enxergar a sociedade cientificamente.

Durkheim, por sua vez, nos indica o caminho da missa: se Deus é a sociedade, então necessitamos também de um demônio para fixar, para nós mesmos, a nossa existência social. Criamos o demônio, o exorcizamos e, dessa forma, indiretamente cultuamos nosso Deus-Sociedade. Assim celebramos o vínculo societário, o que não era pouco quando a sociedade começava a sair daqueles tempos de baixa autoestima em que a emigração aparecia como alternativa razoável para uma parcela crescente de cidadãos brasileiros.

Vendo pelo fio da História, o Dantas que foi construído é uma variante da figura do plutocrata. Esse personagem começa a tomar a forma atual na metade do século XIX na França (Toussenel, 1845), depois em diversos países da Europa Ocidental, para daí migrar para outros continentes e contextos. Ainda que haja variantes, normalmente o plutocrata aparece na pregação antissemita ou ao seu lado, listando os inimigos do povo trabalhador e das nações por ele formadas. Como já foi amplamente explicado pelos historiadores, a figura do plutocrata funciona equilibrando sistemas explicativos para as mazelas do capitalismo e do sistema de representação política (Mosse, 1985; McGerr, 1986; Sternhell, 1987; Birnbaum, 1988; McGerr, 2005). Ela gera forte apelo popular, pois tem a enorme vantagem de personificar os problemas sociais, que vão progressivamente se "racializando" e assim retrabalhando preconceitos ancestrais já bem enraizados na nossa cultura ocidental. O processo começa com a figura do judeu internacional acalentada pelo antissemitismo (Birnbaum, 1979) e mais recentemente é encarnada também pelos intermediários comerciais de origem chinesa, coreana ou mesmo indiana.

No Brasil, onde o antissemitismo não deitou raízes profundas, a "racialização", ainda que tentada por alguns, não parece ser parte essencial do enredo (Trindade, 1979; Maio, 1992). Mas, eis que mesmo no nosso paraíso do convívio racial, surge um ensaio de evocação do pérfido judaísmo internacional como força do mal que estaria por trás da crise (Jakobsen, 09.08.2005).

O fetiche das finanças

A imagem dos tempos atuais que se extrai dos dramas políticos derivados do "mensalão" é a da "financeirização". O personagem Dantas, banqueiro maquiavélico e superpoderoso, pode simbolizar essa visão da atualidade. Simbolizar pode, mas pode explicá-la razoavelmente? Se a "financeirização" é um fato, temos que a esfera das finanças se autonomizou em nossa sociedade, construindo nela mesma seus critérios de legitimidade e veracidade, acatados entre os participantes do jogo financeiro. Daí aparece a grande questão: aqueles critérios seriam aceitos também por outros grupos relevantes de agentes que influenciam os destinos e as decisões importantes da sociedade brasileira?

Olhando as finanças como uma esfera autônoma, fica difícil sustentar a proeminência do nosso personagem. Ainda que ele seja saliente – o que precisamos explicar – certamente não é a figura mais poderosa daquele espaço. Os bancos nacionais são atores modestos num jogo evidentemente internacional e nosso Daniel

Dantas está longe de ser um os maiores banqueiros do Brasil. Meu ponto é que a proeminência de Dantas deveu-se ao fato dele simbolizar, mais do que nenhum outro personagem, o tipo de regulação que a esfera financeira preconiza para a sociedade, bem como a resistência gerada contra esse movimento. Esse mecanismo é a "arbitragem": a capacidade que os mercados financeiros vêm adquirindo progressivamente de "por na linha" indivíduos, empresas, instituições e mesmo governos nacionais, através da apreciação ou depreciação do seu valor público.

Em termos mais formais, o predomínio da esfera financeira na sociedade brasileira gera uma dinâmica cultural engendrada no atrito entre os diversos grupos que a apoiam e os que a rejeitam sistematicamente. Faremos essa discussão através do exame da formação do "plutocrata", figura típica que expressou essa tensão na cena brasileira do início do século XXI. Se a dominação financeira é um fenômeno mais amplo do que o simples controle econômico da sociedade, a exploração da dinâmica e da polissemia na qual o "plutocrata" nasce e se desenvolve pode ser uma boa entrada para a análise sociológica. Evidentemente, esse caminho não pretende esgotar a compreensão científica de tal configuração, mas apenas chamar a atenção para uma das facetas desse fenômeno até agora pouco explorado. A análise da CPI dos Correios de 2005-2006 se constituiu uma janela excepcional, na qual se expuseram personagens pouco propensos a aparições públicas, em especial o banqueiro Daniel Dantas, em torno do qual se construiu uma imagem que lembra a figura do "plutocrata".

A nacionalização do personagem internacional

O mundo gira e os símbolos vão e voltam no tempo e no espaço. No Brasil do início do século XXI criaram-se uma série de figuras públicas semelhantes ao "plutocrata", para depois essa forma se fixar em torno do personagem Daniel Dantas. Pode-se dizer que esse tipo se configurou na segunda metade do século XIX na Europa e nos Estados Unidos, e desde os anos de 1930 passou a frequentar nosso imaginário a partir fundamentalmente do trabalho ideológico da extrema direita, mas por vezes também de outras tendências. Entre as personalidades que compõem tal categoria, podemos citar Horácio Lafer, personagem principal da "sinagoga paulista" de Gustavo Barroso (Maio, 1992); antes dele, durante a crise do encilhamento, o próprio Ruy Barbosa, foi candidato a essa "honra" (Diniz, 1996). No início do século XXI, segundo a exposição pública observada na mídia, pudemos observar uma galeria de indivíduos para os quais setores da sociedade tentam atribuir esse papel em diversas variantes: Naji Nahas, Benjamin Steinbruch, Armínio Fraga e Daniel Dantas.

Os plutocratas aparecem na esfera pública em episódios que de alguma forma chocam a sensibilidade social a respeito do funcionamento da economia ou da política. Mormente em escândalos, ainda que para que um indivíduo assuma esse papel ele tenha de ser "preparado" antes, para que, uma vez deflagrado o evento, as atenções se dirijam ao apontado. Por outro lado, podemos olhar os escândalos como parte obrigatória da história das finanças, na medida em que eles fazem a sociedade, em especial seus sistemas de representação política e de regulação econômica, romperem a inércia de cooperação quase automática com agentes econômicos específicos, que pode ser prejudicial ao sistema econômico como um todo.

Um caso de extrema relevância foi, como vimos no segmento anterior, a Lei Sarbanes-Oxley, o aperfeiçoamento das leis de governança corporativa que foram rapidamente concebidas e votadas nos Estados Unidos, na esteira do escândalo da Enron (Blair

2003a; 2003b) e cuja promulgação provocou transformações nos mercados financeiros do mundo inteiro (Gates, 2003). As diversas inovações introduzidas naquela rodada já estavam disponíveis no arcabouço de soluções jurídicas norte-americano, mas, segundo fontes jornalísticas, as várias relações "promíscuas" que setores do Legislativo e do Executivo daquele país entretinham com agentes e interesses particulares do mundo financeiro acabavam impedindo que elas fossem promulgadas (David E. Sanger; Richard A. Oppel, 16.07.2002; Labaton, 19.10.2002; Coffee, 2002). Podemos, assim, inferir o paradoxo de que os escândalos são parte integrante da regulação do capitalismo contemporâneo (Blic, 2005). A partir daí já podemos afirmar que o seu estudo é bem mais importante muito maior do que a simples exploração de momentos idiossincráticos da história (MacKenzie, 2006).

A formação da imagem dos plutocratas varia, evidentemente, com os arcabouços culturais disponíveis e mobilizáveis pela mídia e pelo campo político em determinados lugares e momentos. Nos casos anteriores, o termo "plutocrata", então em sintonia com a imprensa e as pregações internacionais, era usado também no Brasil. Depois da derrota dos fascismos europeus, ele entrou para a galeria dos arcaísmos. Mas o conteúdo parece se manter, ao menos em parte. O poder do dinheiro, conseguido por arrivistas sem vínculo com o mundo da produção, é usado contra os interesses populares e da nação. Um indivíduo ou um pequeno grupo de financistas manipula os espaços econômicos e corrompe os políticos segundo seus interesses, graças ao poder do dinheiro e da sua desfaçatez. O resultado de situações e processos que não seguem de acordo com os desfechos esperados pelos que os denunciam é imputado aos plutocratas, que passam, assim, a encarnar os males da época.

O plutocrata tradicional da Europa costumava ser um judeu oriundo do mundo das finanças e sua evocação fazia parte normalmente do repertório retórico da extrema direita fascista ou próxima (Birnbaum, 1979). Nos Estados Unidos da mesma época ele pode ser confundido com os *robber barons*, como os Rockfellers ou Andrew Carnegie, que monopolizaram setores industriais considerados vitais para a economia dos Estados Unidos. Não eram judeus, ainda que fossem representados graficamente como tais e brandidos principalmente pelo padrão específico de movimento populista que existia naquele país (McGerr, 1986; 2005).

O ponto que singulariza a situação brasileira do final do século XX e início do XXI, tanto em relação ao nosso passado como à cena internacional, é a sequência de "candidatos" ao posto de plutocrata e a aparente estabilização desse personagem na construção elaborada a partir da figura de Daniel Dantas.[1] As hipóteses que se depreendem dessa configuração são: (1) que a procura de um plutocrata denota um mal-estar da sociedade brasileira em relação ao sistema financeiro; (2) que a figura de Daniel Dantas se reveste de características necessárias para pensar e transmitir esse incômodo; (3) que tais necessidades simbólicas denotam, simultaneamente, a gestação e a oposição a uma configuração simbólica e econômica que podemos chamar de "dominação financeira".

O mar das ambiguidades e a galeria dos personagens

À primeira vista, os termos "mal-estar" e "incômodo" parecem excessivamente frouxos para servirem de base a uma hipótese científica. Entretanto a frouxidão e a ambiguidade de sentidos são, além de essenciais à configuração cultural que dá base às disputas econômicas que ocorrem na sociedade brasileira atual,

---

1 Evidentemente, o que interessa para a análise sociológica da cultura financeira é a imagem do "personagem" Daniel Dantas, e não o indivíduo.

condição para a eficácia social dos "totens" erigidos para simbolizá-las (Darnton, 1986; Bourdieu, 1997).

Na sequência que proponho, Naji Nahas aparece inicialmente como um "megaespeculador", cujas manobras ousadas e heterodoxas teriam manchado a reputação da Bovespa e, assim, comprometido o desenvolvimento do mercado de ações brasileiro. Por causa disso, ele foi formalmente banido desse espaço e mesmo depois dos malfeitos a ele atribuídos, continuou "purgando seus pecados" (Attuch, 09.06.2004). A partir de então, aparecem alguns pontos iniciais da trama: (a) o espaço das finanças não goza de legitimidade automática na sociedade brasileira, precisando controlar seus membros até chegar ao ponto de ter de sacrificar um indivíduo importante; (b) subsidiariamente, temos que a trama específica que provocou a sua evicção opôs Nahas, um "libanês naturalizado brasileiro", ao então presidente da Bovespa, Eduardo da Rocha Azevedo, que ostenta um sobrenome brasileiro tradicional – índice importante de respeitabilidade que, conforme veremos adiante, tem valor nesse espaço ("Ministro Rocha Azevedo" é o nome de uma rua importante da cidade de São Paulo, situada nos Jardins, espaço simbólico e economicamente muito valorizado do município). De qualquer maneira, diante do perigo representado pelo indivíduo que a linguagem corrente chama de "turco", o mercado recompõe a sua imagem institucional, evitando que ele adquira perenemente a imagem de "plutocrata", ainda que a imprensa e políticos tenham flertado com essa possibilidade.

Nossa galeria segue com a figura de Benjamin Steinbruch. Protagonista destacado do processo de privatização das companhias estatais empreendido nos governos FHC, esse personagem é de origem judaica, o que é uma característica importante para a qualificação de plutocrata, abrindo amplas possibilidades simbólicas para seus detratores. Afinal, o "tipo-ideal" de plutocrata na tradição europeia é um judeu mais ou menos identificado à família Rothschild, quer dizer: de origem asquenaze, com braços da família atuando internacionalmente, de maneira a caracterizar implicitamente a falta de ligação com a pátria (Marrus, 1985; Schor, 1992; Pinçon; Pinçon-Charlot, 1998). Mas, ainda que essa saliência tenha sido brandida esporadicamente, esse nosso personagem também não parece reunir as melhores condições para ganhar esse cetro duvidoso. A origem do seu grupo econômico é industrial e ele jamais deixou de se identificar nessa rubrica. Como veremos adiante, tal característica também pesa na trama.

Armínio Fraga, presidente do Banco Central durante o segundo mandato de FHC, pode ser considerado o candidato seguinte à função de plutocrata.[2] Nesse caso, a principal associação foi sua condição anterior de gerente de fundos de investimentos pertencentes ao "plutocrata internacional" (e judeu) Georges Soros. Nesse enquadramento, tentou-se inserir a figura de Fraga na esteira da imagem de seu associado. Esforços persistentes nesse sentido foram realizados por diversos atores situados na esquerda

---

2 Segundo uma biografia oficial consultado em 2005, Armínio Fraga foi presidente do Banco Central do Brasil de março de 1999 a dezembro de 2002. Anteriormente, ocupou durante seis anos o cargo de Diretor Gerente da Soros Fund Management LLC em Nova York. Entre 1991 e 1992, Fraga foi Membro da Junta de Diretores e Diretor do Departamento de Assuntos Internacionais do Banco Central do Brasil. Também trabalhou em Salomon Brothers em Nova York e no Banco de Investimentos Garantia, no Brasil, e foi professor na Escola de Assuntos Internacionais da Universidade de Colúmbia, na Escola Wharton e na Universidade Católica do Rio de Janeiro. Atualmente, ministra cursos na Escola de Pós-graduação em Economia da Fundação Getúlio Vargas no Rio de Janeiro,. Doutor em Economia pela Universidade de Princeton, Fraga formou-se como bacharel e fez mestrado em Economia na Universidade Católica do Rio de Janeiro em 1981. Além disso é membro de prestigiosas organizações internacionais, como o Grupo dos Trinta, o Conselho de Relações Internacionais, a Junta de Assessores ao Presidente do Foro de Estabilidade Financeira, a Junta Assessora de Pesquisas do Banco Mundial, o Diálogo InterAmericano e a Junta de Diretores de Pro-Natura (Estados Unidos).

do espectro político, pretendendo, assim, demonstrar a submissão do governo federal da época ao braço mais agressivo, e já estigmatizado, das finanças internacionais (Guilhot 2004). Mas, mais uma vez, a imagem não se manteve. A figura de Fraga aparecia frequentemente oposta às de Gustavo Franco e de Chico Lopes, presidentes anteriores da mesma instituição, tidos como muito mais ortodoxos do que ele e responsáveis pela crise cambial do final de 1998. Além disso, ele foi incensado por parte da imprensa como um modelo de refinamento "despojado" e por isso a sua figura pública não se associou diretamente ao processo de privatização.

Voltemos, então, a Daniel Dantas, que completou (provisoriamente) nossa galeria. Sua figura parece ser a mais adequada para ocupar o papel do plutocrata. Ele foi protagonista ativo do processo de privatização, é banqueiro conhecido pela agressividade de sua estratégia e pelo crescimento vertiginoso do banco, bem como o sucesso público de suas empreitadas de maneira geral, que coincidem com a privatização das empresas públicas e a "financeirização" de muitos ambientes de trabalho. Além disso, a postura econômica que esse ator encarna é facilmente vista como um microcosmo da violência que as finanças exercem sobre as sociedades através da arbitragem: o monitoramento seguido do ataque impiedoso dos mercados financeiros internacionais contra os países que ousam adotar políticas econômicas que não estejam de acordo com os "fundamentos sadios" difundidos pelo senso comum produzido naquele espaço (Guex, 2003; Grün, 2004).

Os bons símbolos e o símbolo ótimo

Um primeiro ponto a ser destacado dessa sequência de nomes é a sua própria constituição. A meu ver, ela indica que a sociedade brasileira precisa e procura incessantemente um símbolo bom para pensar a predominância das considerações financeiras sobre outros arrazoados, o que parece ser flagrante nos últimos anos. Assim, a dinâmica cultural faz com que diversos indivíduos virem suportes materiais para a construção desse totem contemporâneo. Mas, não servindo integralmente para representar e discutir a ordem financeira, eles desaparecem e/ou são substituídos por outros mais adequados. É assim que Dantas, cujo processo de simbolização já estava em gestação na década de 1990, parece estabilizar-se no papel social do "plutocrata", esmaecendo a imagem dos outros "candidatos".

O histórico de sua notoriedade pode ser facilmente aferido na pesquisa das menções ao seu nome nos jornais e revistas desde a década de 1990. Vimos como na segunda metade do primeiro governo Lula (2005-6) diversos episódios em torno da crise do "mensalão" dão cor à sua imagem e que foram publicizados na sequência de reportagens reproduzida no início do capítulo. Vemos então a imagem do nosso plutocrata se robustecendo progressivamente. Sua consolidação, associada ao papel que lhe imputam no escândalo do "mensalão", iniciou-se em rumores e *sites* próximos ao grupo dirigente responsável pelas dificuldades que a crise provocou no PT. Apareceu inicialmente na revista *Carta Capital*, publicação nitidamente fora do centro do jornalismo nacional (Lírio 30/07/2005) e caminhou daí para o centro, representado pelos jornais *O Globo* (Peña, 22.09.2005), *Valor Econômico* (Romero, 14.09.2005) e *Folha de São Paulo* (Souza; Alencar, 23.08.2005). O trajeto da versão na mídia indica nele mesmo a formação de um consenso de que a explicação em torno de Dantas merece alguma credibilidade entre os fazedores de opinião. Afinal, em caso contrário a mídia não produziria essa pauta, não veicularia a versão de sua culpabilidade nem de sua inocência.[3]

---

3   A partir desse momento, um caminho analítico paralelo leva em conta a mídia enquanto campo, suas relações com outros espaços sociais, como o da política e

Podemos pensar o encadeamento da formação da imagem do plutocrata em dois planos de análise distintos. O primeiro é interno à questão simbólica. É evidente que as descrições de nossos personagens nos fazem prestar atenção ao subconjunto das características que confirmam a imagem de plutocrata, lembrando que tal imagem já faz parte do repertório político das sociedades ocidentais e, assim, ela acaba se tornando uma espécie de *taken for granted*. As associações e as sequências mnemônicas têm uma aparência natural e familiar que contribue para criar verossimilhança. Por isso, dificilmente elas seriam questionadas (Ginzburg, 1992). Estamos, portanto, diante de um arquétipo que viaja no tempo e no espaço, ainda que destituído de seu nome próprio consagrado na historiografia.[4] A estrutura simbólica que suporta essa migração cultural não é perfeitamente clara, mas nem por isso a evidência deve ser descartada. Salta aos olhos o fato de o "mensalão" ser um artefato cultural de estrutura interna próxima ao *chéquard* do escândalo do Canal do Panamá do final do século XIX e que a imagem pública de Marcos Valério lembra o personagem Stavisky da França que precedeu o Front Popular (Agulhon, 1990). Assim, a migração de conteúdos (ou estruturas) culturais pode e deve ser objeto de uma minuciosa pesquisa histórica que demonstre o

---

do Judiciário, e as razões internas de cada um deles na formação desse "totem". Aí, o foco são os constrangimentos internos de cada espaço – a competição e a colaboração entre profissionais, entre empresas, as relações entre os primeiros e os segundos, bem como a competição e a colaboração entre a mídia e outros subespaços que compõem o que Bourdieu (1989) chama de campo do poder. A esse respeito, ver Grün (2006).

4   Nomes costumam migrar mais facilmente do que conteúdos estruturados, já que permitem flexões locais de sentido que afetam pouco a legitimidade do rótulo importado. Dessa forma podemos observar a importação recente da "ferramenta" governança corporativa no Brasil, um rótulo legítimo e poderoso no mundo empresarial e financeiro, mas que aqui serve para "consertar" situações diferentes daquelas que aparecem na cena original estadunidense.

trajeto percorrido e os suportes físicos e simbólicos que conduzem a sua difusão (Ginzburg, 1989). Mas, embora essa empreitada seja importante e instigante não é o nosso foco nem me aventurarei no momento nessa zona do espaço intelectual.

O outro plano diz respeito à qual realidade se trata e as razões situadas da estabilização do nosso suporte simbólico. Parafraseando Lévi-Strauss, a pergunta é refeita: Quais características singularizam Daniel Dantas diante dos outros candidatos para, a partir dele, a sociedade brasileira construir um totem "*melhor* para pensar" a sua relação com o mundo das finanças?

A resposta permite também delinear o processo de legitimação da nossa dominação financeira. Os eventos ocorridos em torno do depoimento de Daniel Dantas na CPI concentraram a atenção do sistema político e da mídia sobre o personagem, o que nos ajuda a responder a questão.[5] A sessão também foi integralmente filmada pela TV Senado e é disponível a pedido (Senado, 21.09.2005). A observação das posturas do depoente, seu séquito e dos parlamentares durante o depoimento possibilita uma socioanálise das formas verbais e gestuais de se fazer importante nos espaços financeiro e político e seus efeitos sociais. Uma das manifestações mais eloquentes do desvelamento da estrutura social que ocorreu no episódio foi a fala de Zulaié Cobra (PSDB-SP): "A minha pergunta, Sr. Daniel Dantas – eu já vi que Daniel Dantas é como todo rico: fala baixo. Eu preciso ser um pouco mais rica e falar baixo. Gente pobre fala muito alto. É uma desgraça! Vou fazer um curso para falar baixo" (Federal, 2005).

Naquele episódio o parlamento dividiu-se entre aqueles que o atacavam e os que o defendiam, todos com ardor e belicosidade, o que já de saída denota a importância do caso (Peña, 22.09.2005). Para

---

5   Disponível em: <http://www.senado.gov.br/sf/atividade/Comissoes/consComC-PI.asp?com=1335>. Acesso em: ago. 2006.

seus apoiadores, nele se concentrava todas as características que um empreendedor moderno deveria possuir. Muito além das prosaicas justificativas de "proteção aos nossos financiadores" ou "portador de segredos que poderiam embaraçar os partidos responsáveis pelo governo FHC", Dantas apareceu na CPI como um herói a ser preservado a qualquer custo da sanha acusatória dos passadistas "adoradores do ídolo Estado" e corporativos ligados ao PT.

Para os petistas do grupo majoritário daquela agremiação, ligados aos sindicatos, ele aparecia como o grande inimigo no "espaço financeiro". À medida que os sindicatos passaram a disputar o controle dos fundos de pensão, eles encontraram uma justificativa para essa atuação, arvorando-se em defensores dos interesses dos trabalhadores e do desenvolvimento econômico sadio no seio do mercado financeiro – os "domadores do capital financeiro" (Jardim, 2005). Esse grupo tem apresentado um discurso que parece abraçar a velha tese do *commerce doux* do século XVII, recuperada por Hirschman (Hirschman, 1992) e talvez por Hayek. Nesse contexto, Dantas representa a encarnação mesma da fera a ser enfrentada. Para os petistas não comprometidos com o mercado financeiro (provavelmente aqueles oriundos dos movimentos sociais de origem religiosa), ou para os atores políticos que abandonaram o partido naquele período de tensões, Dantas representava tal mercado em geral. E por isso ele era temido e rejeitado *in totum* (Cariello, 24.07.2006). Nas palavras da senadora Heloísa Helena (PSOL-AL):

> Durante toda a minha militância no PT, eu sempre ouvi falar sobre V. Sª. Era meio como o Lúcifer, o gênio do mal, alguém preparado para todas as piores coisas, ardilosas, para tudo aquilo que, na minha opinião, é da essência do capitalismo: a chantagem, o suborno, a espionagem, a corrupção. Só que a imagem que eu tinha de V. Sª é a mesma que eu sempre tive – e

tenho – do Sr. Henrique Meirelles também. Então, o que para mim é a expressão da excrescência do capitalismo é a mesma coisa: o Sr. Henrique Meirelles, indicado pelo Presidente Lula como Presidente do Banco Central... Para mim, é tudo a mesma coisa (SENADO 21.09.2005).[6]

Um totem polissêmico

Como vemos, produzindo pelo menos três imagens, Daniel Dantas tornou-se um símbolo ainda mais amplo do que Janus, o deus das duas faces. Essas ambiguidades seriam problemáticas para a construção social do símbolo da dominação financeira sobre a sociedade brasileira? A resposta seria afirmativa somente se essa nova ordem atraísse a adesão ou a repulsa geral, o que é praticamente impossível numa sociedade complexa. Como se trata de uma evolução controvertida da sociedade, as ambiguidades acabam se tornando uma solução para o problema da sua representação (Hacking, 1983; Ginzburg, 1991; Bourdieu, 1997; Goody, 1997). "Nosso" Dantas é, evidentemente, um totem polissêmico, que pode ser utilizado por diversos atores e estratégias retóricas, estruturando raciocínios econômicos e políticos diferentes e mesmo antagônicas. É assim que, ao contrário de seus predecessores, sua imagem apareceu, cresceu e se mantém na cena midiática dos últimos anos. Para o bem ou para o mal, seu protagonismo é sempre reconhecido. E se alguém ainda pudesse duvidar da importância desse personagem, bastaria lembrar que sua ausência no relatório inicial da CPI provocou a formação de uma frente suprapartidária para incluí-lo (Marques, 31.03.2006).

---

6   Disponível em: <http://www.senado.gov.br/sf/atividade/Comissoes>.

Tal sucesso, comparado à pouca aderência dos outros "candidatos", pode servir de algoritmo para entendermos as peculiaridades da configuração, inextricavelmente simbólica e econômica, que ganhou corpo no Brasil contemporâneo. Caminhando, assim, de trás para frente, podemos comparar Dantas e Nahas. Enquanto o último é visto com desconfiança, como um *outsider* completo, e mesmo um arrivista sem ramificações na sociedade, operando apenas nos mercados financeiros e para sua própria fortuna, o primeiro é nomeado como descendente do Barão de Jeremoabo (Gaspari, 19.07.2006) e entra no circuito financeiro por intermédio de Mario Henrique Simonsen (Leite 14.04.2005). Trata-se, assim, de um patrício com plenos direitos, digno de frequentar as elites e de obter a boa-vontade governamental para suas empreitadas. Seu banco serve a grandes investidores, e a ação de deputados e senadores oriundos do grupo que sustentava FHC durante o depoimento de Daniel Dantas na CPI tira quaisquer dúvidas a respeito de seu entrosamento na ordem financeira definida durante os anos daquele governo (Peña, 08.07.2005). Surge daí uma outra constatação importante: se a ordem financeira é um espaço do patriciado, quem não se encaixa nesse figurino, ou em alguma variante dele, tem de pagar um enorme preço para tentar legitimar-se, e o corolário é que qualquer erro nesse sentido faz o processo de legitimação retroceder. No espaço internacional, os novos financistas "metecos" pagam uma significativa taxa de adesão, bem como são compelidos a alimentar continuamente a sua imagem, trocando vultosas doações filantrópicas por legitimidade social (Guilhot, 2004; 2006). No Brasil, observamos, entre outros exemplos, a família Safra invocando uma tradição secular de atividade bancária no Oriente Médio, na Europa e nos Estados Unidos, e Edemar Cid Ferreira, ex-dono do Banco de Santos, tornando-se um patrocinador de alta visibilidade no terreno das artes visuais. Assim, por caminhos diversos, os dois grupos ensaiam pavimentar seu caminho rumo ao patriciado, ou pelo menos diminuir a estranheza pela sua presença no espaço (Carvalho, 25.07.2006; Guillén, 1991).

A "prova de contraste" seguinte opõe Dantas a Benjamin Steinbruch. Segundo a tradição europeia, este ator de origem e nome indisfarçavelmente judaicos deveria ser um forte candidato ao posto de primeiro plutocrata no Brasil. Nesse sentido, a comparação serve também para evidenciar algumas peculiaridades brasileiras sobre o fenômeno. Podemos constatar diversas tentativas de colar o rótulo neste personagem, como por exemplo um livro publicado por uma editora pertencente a jornalistas de alto perfil midiático e com prefácio de Paulo Pereira, o Paulinho da Força, que foi presidente, também de grande visibilidade, daquela importante central sindical (Tiezzi, 2006). Entretanto, ainda que não faltem empreendedores morais ensaiando criar tal associação, ela pode até ter uma forte repercussão local, mas não se difunde na sociedade brasileira como um todo. A origem industrial da saga econômica de Benjamin Steinbruch parece protegê-lo dessa associação infamante. Mas é interessante que sua trajetória preponderar sobre uma possível vinculação deste personagem ao mundo financeiro, mesmo que ele já tenha sido membro do Banco Fibra.[7] Com efeito, o antissemitismo não parece ter deitado raízes profundas na sociedade brasileira: mesmo numa conjuntura favorável para acionar aquele repertório, ele não funciona.[8]

---

[7] Na mesma chave, constatamos que a imagem pública do grupo Votorantim – sempre lembrado como o mais importante conglomerado industrial brasileiro – não é enfocada por sua presença no mundo financeiro, apesar da grande importância que na época o Banco Votorantim tinha no portfólio do grupo. Não é à toa que seu dirigente mais conhecido, Antônio Ermírio de Morais, era visto e festejado como "campeão" da indústria brasileira.

[8] Deparei-me com esse traço da sociedade brasileira num outro objeto completamente diferente: as formas como políticos de origem judaica se inserem no espaço do seu ofício GRÜN, R. "Identidade e politica: os judeus na esfera publica

Uma outra comparação recai sobre a figura de Armínio Fraga, que também foi objeto de intenso bombardeio moral, ao ser acusado de tentar ganhar proveito de sua relação com Soros, considerado na primeira metade da primeira década do século XXI como o grande vilão para os inimigos das finanças. Na época da ascensão de Fraga ao posto de presidente do Banco Central, Soros estava no centro de uma polêmica com o então Primeiro Ministro da Malásia, Mahathir Mohamad, que o acusava pela crise que seu país atravessara entre 1997 e 1998 (Economist, 27.09.1997). O grande especulador teria deflagrado uma corrida contra a moeda desse país, e as acusações chegaram até a flexionar o repertório do antissemitismo, quando Mahathir Mohamad discursou na Conferência dos Países Islâmicos (Cohen, 2002). Havia, assim, um halo de verossimilhança para produzir a associação. Mas Fraga não serviu ao estereótipo. Isso porque, de um lado, grande parte da imprensa e dos analistas de mercado contrastaram sua "flexibilidade" à "ortodoxia" de Gustavo Franco, de outro, ele obteve uma cobertura mundana muito favorável, destacando a sua origem patrícia e seu refinamento ascético (Dias, 08.12.00). Por fim, diversas notícias davam conta de tratativas para mantê-lo no cargo de presidente do Banco Central no início do governo Lula, denotando um reconhecimento ampliado de seu desprendimento patriótico (Dias, 08.12.00; Gaspari, 11.12.2002; EpocaOnLine, 13.11.2002; Traumann Edição, 18.07.2002).

  Vale destacar também que o personagem Armínio Fraga parece ter passado ao largo do processo de privatização, não se

---

  e a representacao da comunidade." *Revista Brasileira de Ciencias Sociais*, 26(8): 123-148, 1994.
  O que une os dois espaços é o fato de ambos serem espaços públicos, onde os agentes sociais acionam, e testam, os diversos recursos retóricos disponíveis na sociedade. A soma das evidências dá segurança à afirmação do caráter pouco importante do antissemitismo no Brasil.

envolvendo assim, ao menos publicamente, com a questão mais controversa do período. Posteriormente, já no governo Lula, Fraga aparecerá como gestor independente de fundos de investimentos e uma espécie de herói das novas gerações do espaço financeiro, indicando não só as boas estratégias de negócios, como também um *art de vivre* legítimo para os membros desses grupos. Já Daniel Dantas não parece ter realizado nenhum investimento de legitimação perante o grande público. Muito pelo contrário, ele é sido acusado de ter escolhido o caminho inverso de tentar manter o controle das situações delicadas por que passam seus negócios mediante a espionagem de seus eventuais adversários e assim alimentando o estereótipo do plutocrata (Michael, 04.08.2004; Helena Chagas, 31.07.2005). E mais do que isso, ele foi, talvez, a figura que vinha do setor privado mais saliente do processo de privatização e também dos rearranjos societários que o seguiram.

É possível então entender por que Daniel Dantas tornou-se "favorito" para assumir o papel social do plutocrata. De um lado, a confirmação dos atributos mais ou menos gerais que compõem tal papel: ele manipularia indivíduos, instituições e agendas para promover seus interesses particulares; disporia de recursos para isso e não hesitaria em usá-los, inclusive acaparando fundos das empresas que administra como delegado de interesses mais amplos do que os seus (Mendes, 03.06.2006). De outro lado, ao se tornar o grande "demiurgo" da privatização, ele interferiria diretamente numa esfera da vida econômica e social que deveria ser autônoma relativamente às finanças. Nesse caso, notemos que sua presença na configuração tem efeito social diferente daquele que poderíamos esperar em relação a Steinbruch ou Antônio Ermírio de Moraes, que, por terem vindo da ordem industrial, têm suas presenças legitimadas no processo de privatização.

Mundo das finanças e mundo das artes

A esfera política abre outros caminhos analíticos: vimos na CPI diversos atores atacarem Daniel Dantas de pontos de vista que claramente indicam o mundo financeiro visto pelo ângulo dos fundos de pensão; vimos também aqueles que, ao inquirir Dantas, lançavam um anátema a todo o sistema financeiro; e ainda aqueles que defendiam esse personagem, procurando resgatar sua "positividade". Temos, assim, dois contenciosos sobrepostos: um interno ao campo financeiro e outro opondo o espaço financeiro a representantes de outros setores da sociedade. No primeiro, há um claro jogo interno ao campo do poder. Schumpeter, nos primórdios da sociologia das finanças, já havia observado que as estruturas sociais das finanças são a ossatura das estruturas mais gerais das elites sociais e que seus contenciosos revelam justamente as disputas no seio das elites (Schumpeter; Swedberg, 1991, p. 101). Durante os oito anos da presidência de Cardoso, os "novos" banqueiros, dos quais Dantas é o exemplo mais acabado, gozavam de uma enorme boa-vontade do governo federal e de suas agências reguladoras e de fomento, à custa dos dirigentes de fundos de pensão e dos agentes tradicionais do mercado financeiro. No primeiro governo Lula, a gangorra inclinou-se um pouco mais para esses dois últimos grupos. O desvelamento dos episódios de espionagem empresarial e de dirigentes governamentais que teve Dantas e Kroll como acusados foram a face visível desse contencioso, que envolveu o comando e a propriedade de empresas privatizadas no governo Cardoso (Catherine Vieira, 23.07.2004; Online, 30.05.2006). Num primeiro momento, tudo indicava que o governo Lula favoreceria a inversão total do jogo. Posteriormente, parece que se chegou a uma acomodação (Romero, 14.09.2005). Afinal vivemos no paraíso da conciliação das elites.

Mas este exemplo permite avançar a análise no sentido de constatar uma componente constante da estrutura social brasileira. Se olharmos a morfologia social da disputa, percebemos que Dantas exemplifica um grupo que poderíamos chamar de "vanguarda financeira". Há, de fato, uma homologia entre a posição das nossas recém-denominadas vanguardas financeiras no campo econômico e as vanguardas literárias e visuais no campo da arte: de um lado, na produção de inovações no espaço em que atuam e nas condições sociais que permitem tal ousadia;[9] de outro, na libido que impulsiona tais práticas. No campo artístico, os interesses materiais têm de ser denegados para compor com as formas de legitimação do espaço (Bourdieu, 1992). Acontece o contrário no campo financeiro. Para serem legitimados, os interesses não econômicos têm de ser denegados e expressos pela retórica econômica da racionalidade. Uma vez que o campo financeiro é parte do campo do poder, a *libido dominandi* é a base da economia pulsional mais geral do espaço, ainda que apareça envolvida pela retórica da necessidade e do interesse econômicos (Rieder, 1990; Bourdieu, 1992; Lordon, 2002).

A atuação de Dantas pode ser entendida como uma postura vanguardista no espaço econômico e financeiro: ele leva ao extremo a tendência à financeirização dos espaços econômicos e usa os instrumentos financeiros, em especial a "alavancagem", de maneira muito mais ampla do que o padrão até então aceito nesse espaço.[10] Assim, como uma espécie de tipo-ideal de postura financeira, seu grupo utiliza mais capitais de terceiros do que o habitual; as empresas que ele

---

9 Não significa que a ousadia seja exclusividade de indivíduos de origem "patrícia", mas que estes pagam preços menores por ela não só na legitimação de seus atos mas também no custo de eventuais fracassos.

10 O volume de recursos mobilizado por Nahas nas ações bursáteis também denota o uso extremo da "alavancagem", mas num contexto em que sua legitimidade era mais precária, fragilizando o personagem e, muito provavelmente, levando à sua derrocada.

administra utilizam também com maior intensidade e amplitude tanto a terceirização de trabalho e de atividades como os recursos das empresas que atua como representante para realizar as finalidades específicas do seu grupo.[11] Seus antecessores ou não pensaram nas alternativas trilhadas por Dantas, ou consideraram-nas excessivas. Mas uma vez postas em uso, elas passam a fazer parte do arsenal de "ferramentas" aceitas, ao menos parcialmente, pelo mercado. Afinal, a concorrência obriga os demais agentes a levar em conta a *performance* das vanguardas, inclusive porque os clientes passam a exigir níveis de rentabilidade equivalentes. Dessa maneira, ou ele revoluciona o espaço em que atua, obrigando outros atores a alterarem suas práticas ou aceitarem a perda de espaço, ou seus adversários conseguem impugnar suas ousadias.

As transformações do espaço financeiro e econômico no Brasil seguem em grande parte um padrão internacional. Num primeiro plano, as inovações surgem de uma dinâmica social impulsionada por um contencioso geracional. Thompson (Thompson, 1997; 1997b) mostrou a força desse padrão nas transformações da City londrina londrinas depois do *Big Bang* financeiro dos anos de 1980. Mackenzie (2006), por sua vez, mostra como o desenvolvimento recente do mercado de opções nos Estados Unidos foi o resultado da ação de verdadeiros empreendedores morais, movidos por uma libido identitária que dificilmente poderia ser reduzida a um prosaico apetite financeiro, podendo mesmo ser contraposta a ele. Por fim, Galbraith

---

11 É justamente nesse ponto que seus concorrentes intervêm na esfera jurídica, impugnando o uso que Daniel Dantas faz dos recursos que administra como delegado Mendes, V. "Cresce cobrança da BrT sobre Daniel Dantas: Montante exigido do banqueiro a título de ressarcimento já supera R$ 600 mi". *O Estado de São Paulo*. São Paulo, 03.06.2006.
O desfecho desse contencioso pode ser entendido como uma prova de laboratório da aceitação social ou da reprovação das práticas "vanguardistas" no espaço econômico.

(1993) lembra que a memória financeira é excepcionalmente curta, pois as novas gerações atuantes naquele espaço tendem sistematicamente a subestimar os riscos da "alavancagem" (como manifestação do conservadorismo de seus antecessores), o que produz um efeito sistêmico de conduzir periodicamente o mundo das finanças a situações de crise.

Inferimos, então, que o desabrochar e a necessidade de controle das novas gerações são traços permanentes do campo financeiro. É assim que, nesse início do século XXI, Dantas personifica as "novas gerações" para o público externo. Para o público interno, tudo indica que Armínio Fraga seja a principal referência (Dávila, 18.01.2004). Ambos cultivam o anonimato e a ascese, que os distingue de "arrivistas salientes" como Nahas (ou Edemar Cid Ferreira, não oriundo de "nação comerciante", mas de origem social modesta) e que, dessa forma, realça suas condições de patrícios. Mas Fraga consegue evitar a cena pública, exceto em condições propícias para afirmar seu patriotismo quando, por exemplo, disserta sobre os rumos da política monetária ou cambial sem anatemizar o governo Lula. Já Dantas parece bem mais avaro no que diz respeito a manifestações que revelem seu interesse público. Suas disputas empresariais são excepcionalmente salientes pelo ardor com que defende seus interesses exclusivos, levando a lógica financeira ao seu extremo. Em analogia ao campo artístico, ele faz o papel do *enfant terrible*, odiado por muitos e admirado por alguns. É difícil saber se estamos diante apenas de um simples narcisista (ou avaro) ou de um verdadeiro inovador da prática financeira. Ou mesmo se essas características são excludentes ou não. De qualquer maneira o episódio de seu depoimento na CPI mostra que ele é defendido com ardor por um conjunto grande de representantes públicos, o que denota que sua atuação pode ser justificável na esfera pública (Senado, 21.09.2005).

As responsabilidades sociais

O relevo do campo financeiro revela-se, assim, mais rico e complexo. As diversas posturas e formas de legitimação indicam indivíduos e posições diferentes em concorrência, cujas interações diretas e indiretas dinamizam esse espaço e, dada a sua centralidade para a economia brasileira contemporânea, acabam influenciando o espaço social como um todo. O conjunto dos grandes bancos comerciais, que à primeira vista parece distante dos nossos personagens, adotou no início do século XXI políticas sistemáticas de "responsabilidade social" e posteriormente de "sustentabilidade", no sentido de torná-los atores legítimos da ordem social brasileira, apesar dos juros e *spreads* estratosféricos que aplicavam e cobravam de seus clientes no período (Cruz, 16.02.2006). Diante da constatação dessa prática, eles alegavam a excepcionalidade do momento vivido pela economia brasileira, corroída pela incerteza provocada por ações governamentais desastrosas. Uma vez "solucionadas" essas tendências, os bancos voltariam a seu papel tradicional de fornecer liquidez para os ciclos comerciais e de investimento, abandonando o papel de credores bem remunerados da dívida pública (Troster, 26.03.2004). Mas eles não personificam o mundo das finanças, como fazem nossos protagonistas "de vanguarda", mesmo se o volume de aplicação e de lucro do setor tradicional seja incomparavelmente maior do que o dos novos agentes, ainda que sejam os principais clientes da nova elite financeira, da qual solicitam a administração de carteiras de investimentos para atender suas clientelas mais sofisticadas (D'ambrosio, 16.10.2003; Angelo Pavini, 17.02.2004; D´Ambrosio, 19.01.2004).

A responsabilidade social e a sustentabilidade podem ser consideradas novas tecnologias de intervenção privada em questões sociais e ambientais. Em primeiro lugar, elas elevam o patamar de efetividade da gestão da imagem pública e da legitimação de um número cada vez maior de empresas que as adotam (Sartore 2006). Em segundo, representam um novo espaço social, um lugar neutro, propício para a convergência das elites. Como vimos da história da governança corporativa brasileira, elites empresariais encontram-se e se põem de acordo com os representantes de ONGs encarregadas de operacionalizar as questões a serem atacadas, assim como com as lideranças sindicais presentes nos fundos de pensão que também coonestam esse desenvolvimento. Por meio desse congraçamento, os setores estabelecidos restauram o balanço de reciprocidade social que a crise do Estado assistencialista levou de roldão ou as novas demandas que ele não consegue tratar. Nesse passo, restaura-se a hierarquia social apropriada para conferir deferência aos patronos das ações e estabilidade para sua proeminência. Mas não é só isso: a libido que pede esse tipo de atuação correspondeu a um *habitus* hierárquico alheio aos nossos novos financistas (é claro que, na eventualidade deles mudarem seu lugar no espaço social, esse *habitus* pode ainda se desenvolver). Nessa chave explicativa, não é surpreendente que Dantas e demais financistas pouco façam, ao menos publicamente, para preencher as novas funções do papel de dirigente de empresas estabelecido e responsável.

A oposição entre Dantas e os dirigentes dos fundos de pensão também pode ser explorada pelo lado das articulações em dois extremos do espaço financeiro. Mais do que qualquer outro evento, a ida de Lula à Bovespa, em 2002, jogou luzes na conexão que existia entre dirigentes dos fundos de pensão e setores menos dinâmicos do mercado financeiro, como os operadores tradicionais da Bolsa de Valores. De um lado, Lula ensaiava uma aproximação com os setores suscetíveis a apoiar suas propostas, objetivando evitar a intensificação da corrida contra o real, que poderia decretar um verdadeiro aborto de suas pretensões presidenciais ou de seu futuro governo (Ripardo, 01.10.2002; Sartore, 2006). De outro, os novos financistas claramente jogavam pela derrota do candidato do Partido dos Trabalhadores, "alertando" a população contra os riscos de ela ousar um voto rebelde, principalmente por intermédio de Soros, então convertido em seu ventríloquo (Gosman, 09.06.2002; Marques, 12.06.2002; Alencar, 12.10.2002; Economist, 13.06.2002). No momento em que a eleição de Lula virou fato consumado, a necessidade (e a capacidade) de acomodação dos diversos atores passou a se fazer mais presente. Dantas e seus companheiros estavam mais comprometidos com o espírito do período anterior, e provavelmente também foram mais diretamente beneficiados do que outros atores. Dessa forma, para eles, o caminho da conciliação seria mais longo, mas nem por isso impossível ou impalatável (Econômico, 07.06.2006; Recondo, 07.06.2006; Romero, 14.09.2005; Racy, 16.05.2006). Desvela-se aí mais uma característica do espaço financeiro. O *habitus* local tende a conduzir a uma neutralização de paixões que possam pôr em risco as posições econômicas. Ainda que as paixões mexam com os indivíduos, os mecanismos locais forçam-nos a relevá-las. Para o indivíduo que habita o espaço financeiro, o *homo œconomicus* não é simplesmente uma abstração heurística eficiente ou uma falácia empírica, mas sim um modelo de conduta legítima a ser perseguido. Porém, como qualquer identidade formada em tempos complexos, ele não opera livre e desimpedida, mas se choca diferencialmente com a *libido dominandi*, que nesse contexto funciona como uma espécie de "lado negro da força";[12] e também com as novas sensibilidades,

---

12   Lordon (2002) explora sistematicamente a disputa por controle entre os grandes bancos franceses. A variação das justificativas de cada um mostrou a plasticidade da "lógica" econômica, claramente transformada em uma retórica complacente e subsumida pela *libido dominandi*. No nosso espaço empírico, as constantes acusações sobre os atos de espionagem de DD/Kroll podem ser catalogadas como essa *libido dominandi* transfigurada em "necessidade de conhecer os próximos passos de nossos adversários".

parcialmente legitimadas, de responsabilidade social e sustentabilidade, que, por sua vez, entram em tensão com a filantropia fulgurante promovida por atores como Soros.

Uma nova elite

Outra característica do espaço aparece na localização geográfica dos nossos personagens notórios: tanto Fraga como Dantas mantêm a sede de seus negócios no Rio de Janeiro, invertendo uma tendência anterior de ver São Paulo como o centro das finanças do país, principalmente dos bancos comerciais, o setor "estabelecido" das finanças (Dávila, 18.01.2004; D´Ambrosio, 19.01.2004). Parte dessa situação pode ser explicada pela localização no Rio de Janeiro das escolas de economia mais identificadas com o pensamento ortodoxo (PUC-RJ; EPGE-FGV) (Loureiro, 1997) e também pelos investimentos correlatos em legitimação cultural da ordem financeira realizados por membros dessa nova elite.[13] Afinal, os operadores financeiros dessa vanguarda são recrutados em sua maioria entre os economistas formados no Rio de Janeiro (e que passaram pela administração financeira do governo federal) do que entre os administradores e economistas formados nas "grandes escolas" paulistas da FGV e da USP, de alguma forma contaminados pelo espírito industrial do período anterior e mais presente na região.[14] Essa separação

---

13 O mais interessante é o Instituto de Estudos de Economia Política, conhecido como a "Casa das Garças" (ver *site* http://iepecdg.com/DISK 1/paginaquemsomos.html). Não por acaso, os candidatos a adversário de Lula nas eleições de 2006 passaram pela "sabatina" do grupo Gois, A. "Aliás..." in coluna de Ancelmo Gois." *O Globo*, 21.02.2006.
Gois, A. "Passou na PUC" in Coluna de Ancelmo Gois. *O Globo*, 21.02.2006.

14 Evidentemente, a gênese desse "efeito de aglomeração" merece uma explicação em si mesma. Ainda que não comprovada, é sedutora a hipótese de que estejamos diante de algum tipo de continuidade do padrão da economia pré-industrial, em

geográfica torna mais fácil a diferenciação de padrões de sensibilidade e de atuação econômica e financeira, acrescentando maior complexidade ao campo do poder em âmbito nacional. Uma manifestação interessante da força desse novo agrupamento foi justamente a passagem obrigatória de diversos aspirantes a adversário de Lula pela Casa das Garças nas eleições de 2005 (Balthazar, 12.05.2005; Cotta, 22.03.2006). Esse fato tornou evidente o papel de *gatekeeping* que esse novo grupo de financistas-economistas exerce na relação entre o espaço financeiro internacional e o campo político brasileiro.

Na relação entre economia e tecnologia aparece outro traço marcante da visão de mundo do novo grupo e da atuação social que dela se depreende. Os anos de 1970 e 1980 foram marcados pela versão de que as economias industriais japonesa e alemã seriam arranjos sociais mais eficientes do que os anglo-saxões, fundamentalmente por causa da "concertação" de atores que elas ensejavam, permitindo a colaboração harmoniosa de esforços patronais, laborais e governamentais em torno de estratégias mais ou menos consensuais. Essa visão de excelência econômica ficou comprometida nos anos de 1990, quando os Estados Unidos passaram por um forte período de crescimento, ao lado da estagnação das duas outras economias. A primeira interpretação para este fato faz menção à liderança norte-americana de novas tecnologias na área de informática desenvolvidas no período. Os Estados Unidos dominavam a produção dos *softwares* e demais elementos da infraestrutura informática e telemática – daí sua primazia. Essa versão foi questionada por outra, de fundo financeiro, segundo a qual

que a produção agrícola era efetuada no interior de São Paulo, enquanto as operações financeiras correlatas (opções de futuro, empréstimos e adiantamentos etc.) eram realizadas no Rio de Janeiro ou em Santos. Mas, de qualquer maneira, creio ser lícito inferir que a continuidade do predomínio financeiro na economia e na sociedade tenderá a alinhar o ensino de economia e administração de São Paulo com a nova realidade.

a superioridade norte-americana residiria na maior capacidade de governança nos Estados Unidos por causa de seu mercado de capitais mais desenvolvido do que em outros países (Economist, 15.01.1994). Não por acaso, essa versão foi encampada por nossos novos financistas, que passaram a advogar o desenvolvimento de um mercado de capitais brasileiro mais próximo do exemplo de sucesso norte-americano (Agestado 07.09.2000). De um lado, seus investimentos culturais os predispõem a acatar tal versão; de outro, a expansão do mercado de capitais é, evidentemente, a situação social que melhor lhes convém para rentabilizar de modo mais efetivo o fundo de comércio já estabelecido. Uma consequência direta da predileção econômica e cultural é o tipo de estratégia que esse gênero de ator tende a empregar na gestão de empresas, em especial aquelas vistas como ineficientes, das quais as empresas estatais recém-privatizadas são o exemplo marcante.

Retomando a questão da responsabilidade social, pode-se fazer uma outra analogia com o campo artístico. As vanguardas costumam apresentar-se como o grupo que realmente cultiva e leva às últimas consequências os valores internos do meio, sem se deixar levar por compromissos espúrios. No caso da arte, a grande questão reside no compromisso entre o desenvolvimento da lógica especificamente estética, de discernimento difícil para atores fora desse ambiente, com a clientela privada e os governos, e uma arte menos comprometida com a vanguarda que normalmente é realizado pelos membros dominantes do espaço e repudiada pelos vanguardistas em nome da pureza da arte. No nosso espaço mais prosaico, a questão da responsabilidade social, adotada decididamente pelos bancos tradicionais, aparece como um compromisso entre a lógica econômica e financeira e a necessidade de reciprocidade social que emerge das tarefas de legitimação geral da atividade financeira perante a sociedade. Compromisso necessário para aqueles que têm de se justificar para o mundo externo, mas uma atividade doutrinariamente questionável para quem acredita nas virtudes sociais da *endurance* produzida pela atividade econômica e vê no funcionamento desimpedido das leis da economia a melhor forma de regulação social possível.[15] Na esfera internacional, essa questão foi discutida num longo artigo publicado em 2005 na revista *The Economist*, em que o autor questionava a ideia de responsabilidade social em nome da visão econômica tradicional, segundo a qual a função da empresa é gerar lucros (Crook, 20.01.2005). Uma vez que os lucros são taxados pelos governos, que empregam esses recursos nas necessidades sociais segundo critérios mais abrangentes do que os que poderiam ser levantados do discernimento dos capitalistas, a alocação da reciprocidade seria mais bem realizada no âmbito governamental. A ousadia dessa revista, ao publicar um artigo que desafia uma tendência social já legitimada e apoiada por arautos muito fortes, foi retrucada por uma impressionante barragem de críticas, oriundas de profissionais da área de responsabilidade social, mostrando o enraizamento de "nosso enxerto" na paisagem social.[16] Ficar de fora disso pode sair caro em termos de uma política inclusiva, mas representa um constrangimento identitário dificilmente evitável para o tipo de virtude que emana de ambientes como aquele em que se cria a nossa vanguarda financeira. Trata-se, assim, de um efeito de campo sociologicamente provável esperar que a vanguarda financeira se mantenha distante da ideia de responsabilidade social. Ao verificarmos a possível adesão de indivíduos ou empresas a esse tipo de atividade, talvez signifique sua "domesticação"

---

[15] Sobre a lógica mnemônica do raciocínio que faz nascer a virtude a partir da rigidez econômica, ver Lakoff Lakoff, G. (1996). Moral politics: what conservatives know that liberals don't. Chicago, The University of Chicago Press.

[16] Para as críticas e as discussões em torno dessa questão, ver o *site* http://www.economist.com/surveys/displaystory.cfm?story_id=3574392.

pelo ambiente social inclusivo – a prosaica ascensão dos "indigitados" ao papel social de "estabelecidos".

Uma acusação constante, no tempo e no espaço, contra o mundo financeiro, associa essa atividade a jogos de azar. Como vimos, os banqueiros estabelecidos encontraram recentemente na responsabilidade social uma nova ferramenta para lidar com a questão da legitimidade; já as novas gerações tendem a usar nessa direção a tecnicidade ou profissionalismo de sua atividade (MacKenzie 2006). Em termos da posição que ocupa cada um desses grupos, a divisão faz sentido, já que os primeiros lidam muito mais frequentemente com o grande público, ao passo que os últimos estão confinados ao pequeno mundo dos grandes investidores e das autoridades monetárias, os quais precisam ser convencidos da razoabilidade das complexas operações financeiras que nossa vanguarda propõe. No espaço das ações de benemerência que trazem legitimidade a seus protagonistas, observamos uma tendência internacional por parte dos titulares das novas grandes fortunas em adotarem posturas agressivas e individualistas, não por acaso análogas àquelas que empregam em seus negócios de origem. Soros é, mais uma vez, o exemplo flagrante, mas observamos um padrão análogo em outras "jovens fortunas", não necessariamente oriundas do setor financeiro (Strom, 13.08.2006; Miller, 20.09.1997); Guilhot, 2004; Guilhot, 2006). Vale lembrar que essas iniciativas, inusitadas e potencialmente controversas quanto ao objeto, como por exemplo a, doação de 1 bilhão de dólares de Ted Turner para a desacreditada ONU e ao tipo de apoio, como o combate às posturas internacionais do segundo presidente Bush patrocinado por Soros, passam ao largo do padrão do setor já constituído da responsabilidade social empresarial. Esse, em geral, patrocina causas que o bom senso julga consensuais e certamente as causas defendidas por Soros e demais *tycoons* provocam tensões com o pólo estabelecido do setor (Blumenfeld, 11.11.2003). Não havíamos observado esse padrão no Brasil, mas o exemplo internacional indicava que ele poderia aparecer. O depoimento de Dantas na CPI revelou então que ele e seu grupo também desenvolvem projetos na área da educação. Respondendo sobre seus contatos com integrantes do governo Lula, afirmou que seu interlocutor mais frequente foi:

> O Ministro Cristovam Buarque. Estávamos levando a ele um projeto que fizemos para a Educação, que era um projeto basicamente para tentar aproveitar um pouco da tecnologia gerencial privada e tentar desenvolver práticas de custo mais baixo para que fosse possível educar a um custo menor. Na verdade, de qualquer jeito, mesmo que haja verbas suficientes para a educação, se for possível gastar menos, é sempre melhor. Temos um instituto de desenvolvimento de práticas onde foi desenvolvido um programa em que basicamente há um pagamento, uma remuneração por cada aluno – aprovado numa prova feita pelo Estado ou por um órgão independente – mas quem ganha é o professor. E o professor ganha por aluno aprovado. Isso criou uma grande motivação; o conteúdo de educação é um conteúdo preparado, um conteúdo de alto conteúdo didático. Você não precisa de proficiência, do ponto de vista dos professores (FEDERAL, 2005).

Independentemente da qualidade intrínseca da solução que ele aponta para problemas educacionais, esse iconoclasta atenta contra as formas estabelecidas de remuneração e de motivação de professores, propondo incentivos típicos do universo financeiro. Podemos ser contra ou a favor da forma e do conteúdo da intervenção de Dantas na esfera educacional, mas temos de reconhecer que ela é controversa, aproxima seus patrocinadores do "padrão Soros" e, consequentemente, afasta-os do estilo "bom-moço" das ações de responsabilidade social padronizadas. Vemos, assim, o *habitus tycoon* agindo no Brasil contemporâneo também na esfera da benemerência.

O campo financeiro

As tensões internas do espaço financeiro, ao lado das cooperações diretas e indiretas, mostram a existência de um espaço em que as estratégias e os valores (monetários, sem dúvida, mas, como vimos, também simbólicos) são comparados e retroalimentados. Mais uma vez em analogia com o campo artístico, vale lembrar que os produtos da atividade financeira estão longe de obterem valor consensual na sociedade. Assim como a obra de arte, eles dependem de uma alquimia social complexa para ganharem verossimilhança (MacKenzie, 2001). Alquimia esta produzida em primeiro lugar no próprio espaço financeiro – talvez resida aí a principal fonte de solidariedade interna, que predispõe a maioria dos *players* a coonestar os artefatos produzidos pelos colegas/concorrentes, e praticamente obriga todos agentes a não ficarem indiferentes às obras dos outros, seja para aceitá-las, seja para refutá-las. O alargamento recente desse espaço, propiciado pela entrada das elites não financeiras, tornou o processo ao mesmo tempo mais complexo e mais eficiente: um investimento ou instrumento financeiro utilizado por um fundo de pensão torna-se mais verossímil, assim como um projeto industrial ou de intervenção social endossados por uma ONG pré-legitimada por atuações conhecidas pelo público.

A conquista das adesões de agentes externos à ordem e à lógica financeiras é um processo de negociação custoso, mas parece representar uma tendência irreversível na cena atual (Camba, 30.03.2005).

Como nas gravuras japonesas, os produtos financeiros passam por uma cadeia de endossos que lhes fornece o selo de qualidade; é difícil conseguir mais endossos, mas cada novo atestado, investindo o capital simbólico do endossante, acrescenta qualidade e segurança ao produto. É assim que, corroborando essa tendência, apareceram recentemente não só o Índice de Sustentabilidade Empresarial (ISE), como também um novo produto, qual seja, a gestão de risco de carteiras administradas pelos novos gestores, efetuada pelos grandes bancos estabelecidos (Vieira, 17.08.2006). Em planos bem distintos, as duas evoluções ajudam a soldar a cada vez mais longa cadeia de construção recíproca de verossimilhanças e de interdependência que produz a legitimação da ordem financeira.

Mas os endossos também não custam barato. Os endossantes tensionam suas posições em seus respectivos universos de origem. As ONGs cresceram em grande parte a partir de opções de militância esquerdista, e o pragmatismo de alguns continua sendo repudiado por outros. No caso recente do ISE, vimos o Instituto Brasileiro de Análises Sociais e Econômicas (Ibase) sair da comissão que o estava estabelecendo por discordar da inclusão de empresas que produziam produtos considerados nocivos, como, por exemplo, tabaco (Pavini, 07.04.2005). Para os sindicalistas gestores dos fundos de pensão, é sempre audível a voz daqueles que os lembram que vários dos empreendimentos em que investem não são exemplo de boas práticas trabalhistas ou que, mais doutrinariamente, condenam o sistema de aposentadoria por capitalização, promovido pelos fundos.[17] Em ambos os casos, os atores que aceitaram

---

17 Na "capitalização", cada participante do sistema tem uma conta particular que acumula suas prestações, as do seu empregador e os rendimentos delas (a capitalização), e o montante que ele receberá quando aposentado será calculado a partir dos resultados financeiros dessa acumulação individual. Na "repartição", os trabalhadores de uma geração "X" pagam as aposentadorias dos seus antecessores (geração "X-1"), que são atribuídas por critérios de justiça social e esperam

jogar o jogo da legitimação cruzada respondem dizendo que a sua presença naqueles universos possibilita a "domesticação das tendências agressivas do capital". E como essa configuração é recente, as consequências ainda não foram provadas: nos empreendimentos apoiados pelos fundos de pensão ou coonestados pelo ISE, por exemplo, não ocorreu ainda nenhum escândalo trabalhista ou ambiental, mas isso não quer dizer que não tenha já ocorrido fatos que mereceriam o repúdio da sociedade. A calmaria tanto pode significar o cumprimento da promessa de domesticação, como a incapacidade dos militantes contrários à convergência de criar um clamor público necessário para fazer a sociedade conhecer eventos e situações que atentariam contra a moral dominante na sociedade ou no seu espaço de atuação particular.[18]

---

que seus sucessores no mercado de trabalho (geração "X+1") façam o mesmo em relação a eles. Esse sistema é considerado mais eficiente em termos de manter a coesão social, ao passo que o primeiro é considerado melhor para induzir o desenvolvimento econômico, pois geraria excedentes em posse de particulares para serem investidos em negócios lucrativos. A quase totalidade dos atores contemporâneos considerados especialistas no tema é partidária da "capitalização", embora haja uma oposição, em geral advinda do catolicismo social europeu, que corrobora a crítica que muitos sindicalistas fazem do sistema Nikonoff, J. *La comédie des fonds de pension: Une faillite intellectuelle*. Paris: Arlâea, 1999.

Mais recentemente, a evidência de sérias crises em fundos de pensão tradicionais parece estar alterando a "doxa" pró-capitalização para posicionamentos mais nuançados Virard, P. A. e. M.-P. *Vers une guerre des générations*. Le monde, Paris, 15.08.06.

Olmos, M. «Montadoras esperam ajuda do governo Bush: Atoladas em imenso passivo trabalhista, americanas não conseguem vencer concorrência japonesa". *Valor Econômico*. São Paulo, 22/09/2003.

Grün, R. "O "nó"dos fundos de pensão e os dilemas da sociedade brasileira." *Novos Estudos Cebrap* 73: 19-31, 2005.

18 Os estudos sobre mobilização mostram que para "criar um escândalo" é necessário capacidade e tecnologia específicas –"saber e poder" – que refletem as assimetrias na distribuição de capitais social e cultural Champagne, P. "La manifestation. La production de l'événement politique." *Actes de la recherche en sciences sociales* (52-53): 18-41, 1984.

Talvez encontremos aí outro ponto que alimente nosso argumento em relação a Daniel Dantas. Até onde as informações públicas indicam – e nessa rubrica são elas que contam –, ele não participa do circuito longo de legitimação que aparece para o público externo. Ademais, seu contencioso com os fundos de pensão e com o governo Lula, além de produzir estragos na imagem do setor financeiro como um todo – por tornar uma disputa comercial pública e cheia de ingredientes de novela policial –, ajuda a dourar o brasão dos representantes dos trabalhadores nos fundos, sugerindo que sua ação "domesticadora" está sendo efetivamente realizada. No cerne da justificação apregoada pelos dirigentes dos fundos de pensão, a imagem de plutocrata ligada a Daniel Dantas é um suporte ideal para referendar a ideia de que eles funcionam efetivamente como controladores do potencial destrutivo dos mercados financeiros, não só no espaço econômico, mas também na esfera cívica. Nas palavras de Fernando Ferro (PT-PE):

> V. Sª [referindo-se a Daniel Dantas] faz parte de um grupo que, no Governo Fernando Henrique, junto com os Mendonça, Pérsio Arida e Elena Landau, constituiu um núcleo político e ideológico para se apropriar de uma parcela do Estado brasileiro. O processo de privatização foi uma investida no patrimônio do País para atender grupos de que V. Sª faz parte. E para fazer isso, usou-se dos expedientes políticos da interferência, das ações políticas, da

---

Garrigou, A. *Le scandale politique comme mobilisation. Action collective et mouvements sociaux*. F. Chazel. Paris: Presses universitaires de France: 267, 1993.
Neveu, E. *Sociologie des mouvements sociaux*. Paris: La Découverte, 1996.
Dessa forma, o fato de não haver escândalos pode indicar não só, ou simplesmente, a complacência moral da sociedade em relação ao evento em questão, mas também o enfraquecimento daqueles que se sentem incomodados por ele de Blic, D. A. L., C. "Le scandale comme épreuve: éléments de sociologie pragmatique". *Politix* 18(31): 9-38, 2005.

pressão do Presidente da República, de aliados, até da (Inaudível.), que no final foi utilizada para esse tipo de ação política (SENADO, 21.09.2005).

Assim, querendo ou não o indivíduo de carne e osso que lhe dá suporte, o nosso "totem" adquire uma força simbólica ainda maior. Sua face "maligna" é invocada sistematicamente pelos sindicalistas e políticos inseridos no circuito financeiro que se justificam como promotores do *doux-commerce* redivivo. Mas a polissemia está sempre presente, fertilizando nosso símbolo, pois há aqueles que acreditam que os fundos de pensão não passam de um braço disfarçado do execrado corporativismo getulista. Nessa chave, o mesmo papel dos fundos de pensão é visto negativamente, e Dantas ganha o *status* de herói civilizador, que ousa manter a luta contra o que seus cultuadores julgam ser um anacronismo que teima em manter-se vivo no mundo globalizado.[19] Nas palavras do senador César Borges (PFL-BA), também expressas no depoimento em 21/9/2005: "É um empresário de sucesso. E, hoje, acho que ele é até mais que um empresário, passa a ser um mito, em nível nacional, diante dos seus negócios, e a controvérsia sobre muito desses negócios".

Quando inquirido sobre as fontes de seu sucesso empresarial, em especial, sobre o quê justificaria ser ele o operador do processo de privatização, Daniel Dantas, além de proverbialmente omitir as respostas sobre as condições sociais de seu sucesso

---

19 Além da atuação recente da "bancada Daniel Dantas" no Congresso Nacional, manifestações de integrantes do governo FHC mostraram que muitos agentes daquela constelação partilham da ideia, ainda que os fundos sejam considerados cidadãos de pleno direito da república internacional das finanças FUTEMA, F. "Ex-ministro diz que Previdência 'afrouxou' a fiscalização dos fundos". *Folha de S.Paulo*. São Paulo, 04.06.2002.
Grün, R." Fundos de pensão no Brasil do final do século XX: guerra cultural, modelos de capitalismo e os destinos das classes médias." *Mana* 9(2): 7-38, 2003.

(pergunta feita muito claramente por Gastão Vieira – PMDB-MA), qualifica-se afirmando que:

> [...] na época que montei o Opportunity, tínhamos o fundo mais rentável do mundo. O Opportunity tinha ganho quase todos os prêmios por ter sido um fundo extraordinariamente rentável. Eu já tinha passado por várias experiências na área de investimento: fui diretor do Bradesco, fundei o Banco Icatu, tínhamos uma empresa de participações, já tinha passado por muitos negócios.

Sobre a inovação que estaria trazendo à economia brasileira, ele afirma:

> Eu, em conjunto com os representantes do Citibank, fomos ao Governo brasileiro, inicialmente ao Presidente Fernando Henrique Cardoso, e pedimos e sugerimos que, se fosse possível, criar uma linha e uma estrutura que pudesse apoiar esse tipo de iniciativa. Fizemos uma primeira explanação do que se tratava esse tipo de fundo, que, em inglês, chama-se um fundo de private equity, mas, como acho melhor usar o termo em português, se pudesse arriscar uma tradução, um fundo de participações privadas. Hoje, nos países desenvolvidos, essa talvez seja a grande mola do capitalismo inovador nos Estados Unidos e na Europa. Existe mais ou menos US$1 trilhão investidos nesses fundos. Toda a costa oeste americana é povoada de iniciativas que são fomentadas por esse tipo de estruturas, que são especializadas em captar recursos institucionais e aplicar recursos fomentando empreendedores, empresas, quer viabilizando novas iniciativas, quer mudando a equação gerencial de

iniciativas já existentes, ou seja, reestruturando operações que já existiam (Senado, 21.09.2005).

A outra possível "mãe das novidades"?

Voltando à análise geral do campo financeiro, é interessante notar que os "fundos de *private equity*" foram realmente considerados uma inovação importante, tendo sido inclusive "apadrinhados" pelos órgãos financeiros internacionais como um dos principais instrumentos que as economias em desenvolvimento devem se dotar para acelerar virtuosamente o seu crescimento. Não é assim por acaso que o governo brasileiro assinou acordo com o FMI comprometendo-se a estabelecer uma legislação específica para regulamentar essa novidade (Econômico, 16.12.2003). Vejamos: de um lado os agentes financeiros privados propõem a inovação para resolver a questão do financiamento das privatizações, o que resolveu um dos maiores problemas do governo de Fernando Henrique; do outro, os órgãos internacionais insistem no estabelecimento das condições institucionais para criar um mercado mais seguro, ajudando na generalização do novo produto financeiro, do qual nossos agentes privados são os especialistas confirmados.

Num outro plano, de história das ideias, notemos que a lógica que rege os "fundos de *private equity*" representa uma forma de acumulação de recursos e de repartição de lucro e risco já conhecida desde os primórdios do capitalismo, tendo sido usada, por exemplo, pelos armadores para financiar as grandes navegações. No Brasil, grupos étnicos, religiosos e elites locais promoveram diversos empreendimentos a partir desse princípio, em especial a construção de edifícios. Mas essas empreitadas, baseadas numa lógica social da confiança "pré--capitalista", estão limitadas aos espaços sociais protegidos dos quais emergiram. Os inovadores financeiros dos tempos atuais são capazes de produzir as condições institucionais (de início, como vemos, as estritamente jurídicas; resta saber se também no plano da *taked-for-grantedness*) que generalizam e normalizam aquelas práticas.

Assim, ao falarmos de "inovação" no setor que estamos analisando, é importante ter em mente que uma boa parte do jogo se trava na esfera política, reforçando a ideia de que o campo financeiro é uma parte do campo do poder. E aí aparece outra característica desse mundo das finanças: as habilidades sociais necessárias para os agentes financeiros trafegarem eficientemente no espaço político não são enunciadas como tais, nem suas ideias como políticas. Pelo contrário, ao investirem sobre o campo político, eles aparecem como empreendedores e suas ideias como uma espécie de "senso comum" da contemporaneidade. Assim, eles "não fazem política" no sentido pejorativo que a atividade ganhou nos últimos tempos. Ao contrário, para seus partidários, eles merecem ser celebrados porque conseguem vencer as barreiras que o mundo da política impõe à sociedade, ajudando-a a evoluir. Para muitos de seus inimigos, como vimos na CPI, eles encarnam Lúcifer. Aí aparece outro ardil da dominação financeira. Enquanto os detratores atacam os atores da estirpe de Daniel Dantas acusando-os de não só fazerem política como também de corromperem profundamente aquele espaço cívico, a sua defesa se organiza em torno do argumento de que eles não só não são políticos, mas encarnando a racionalidade econômica, eles são o próprio motor do progresso da sociedade. Assim, a batalha cultural das representações se concentra em torno da aceitação, ou não, da atuação dos financistas como política ou econômica. A vencer a primeira, eles teriam complicações à frente. Ao contrário, se prevalece a segunda interpretação, sua ação ganha espaços ilimitados.

Os nossos "plutocratas" tornam-se figuras públicas a partir do que, provisoriamente, chamamos de "escândalos".[20] Segundo os estudiosos que se ocupam das técnicas de "escandalização", a melhor maneira de medir o sucesso dos empreendedores morais que se utilizam do escândalo como forma de fazer avançar seus propósitos é o impacto produzido na cena pública, alterando, ou não, procedimentos, leis, hábitos e costumes. Periodicamente, a sociedade brasileira ensaia "escandalizar-se" com algumas consequências da dominação financeira, como, por exemplo, os lucros e as margens do sistema bancário. Entretanto, até a inflexão da crise financeira que examinaremos no próximo segmento, pouco se fez efetivamente para alterar o preço da intermediação financeira. Seguindo essa lógica, poderíamos dizer que os protestos antifinanceiros são produzidos por uma coalizão de empresários, sindicalistas e intelectuais tradicionais que se insurgem contra o que consideram ser o maior impedimento ao desenvolvimento econômico do país. Mas eles são neutralizados pelos empreendedores morais da "causa financeira" – economistas *mainstreamers* e pelo *establishment* –, que os ridicularizam, esvaindo qualquer possibilidade de protesto mais eficiente. Novos anúncios sobre os resultados financeiros dos bancos, o acaso da publicação de algum estudo sobre o *spread* bancário, ou, ainda, uma tentativa de criar ou de esvaziar algum escândalo ligado a problemas financeiros, quaisquer desses fenômenos reproduziriam a discussão anterior. Previsivelmente, elas também seriam enquadradas pelos novos

---

20 Os escândalos produzem ondas de choque que vão bem além das intenções de seus deflagradores e expressam as próprias dinâmicas culturais e sociais a que estamos submetidos. No caso do "mensalão", vimos surgir algo inesperado: a reprovação social ao processo de privatização das empresas estatais, empreendido durante a presidência de Fernando Henrique Cardoso Grün, R. "Escândalos, tsunamis e marolas: apontamentos e desapontamentos sobre um traço recorrente da atualidade." *Revista Brasileira de Ciências Sociais* 26: 151-174, 2011.

guardiões da racionalidade societária. Duas possibilidades podem ser extraídas dessa aparente abulia: a primeira, mais concreta, é que a sociedade brasileira já naturalizou a dominação financeira; qualquer abalo nessa ordem simbólica seria rapidamente controlado pelos "intelectuais da ordem". A segunda, menos evidente, indica que esse movimento periódico das marés está produzindo um novo formato da estrutura simbólica da sociedade, criando categorias para expressar as sensibilidades antifinanceiras. E, guardem o fôlego, veremos no próximo segmento como a questão se reconfigura a partir da crise financeira internacional que eclodiu em 2008.

Originária dos extremos do espectro político, a figura do plutocrata afigura-se como uma espécie de espantalho, construído de maneira puramente oportunista, por agentes ilegítimos na competição eleitoral. Enfim, uma obra espúria por excelência. Entretanto, nosso exemplo brasileiro atual mostra que, não importando tanto quem lança a imagem, se o momento é propício, a recepção pode ser "entusiástica".

Evidentemente que a fama, justa ou injusta, do personagem "de carne e osso", contribui para dar verossimilhança ao papel que lhe atribuímos. Mas a astúcia do encantamento está justamente aí: a partir da parte se conclui o todo e está produzida uma falácia indutiva. Corroborando a sociologia durkheimiana da ciência, o personagem se presta; muita gente quer e precisa acreditar (Fleck, 1979, orig. 1935). Logo, acredita. Quem pertence aos grupos que "devem" crer e a princípio não entra na rede de verossimilhança, corre o risco de condenar-se ao ostracismo ou a idiossincrasia, como um novo Flavio de Carvalho indo contra o sentido da Procissão. Jornalistas e políticos pagariam um preço muito caro por essa ofensa à opinião pública. Assim, quaisquer que sejam suas desconfianças ou opiniões iniciais, dificilmente deixariam de aderir.

O silêncio dos intelectuais

Os intelectuais, que normalmente estão menos sujeitos à sanção cotidiana de seus pares-concorrentes, estariam em melhor posição estrutural para produzir explicações desencantadas. Mas será que a necessária "torre de marfim" continua de pé? Ou será que os anos de contato estreito com a imprensa e com o mundo político não a corroeram? No decorrer do mês de agosto de 2005, pudemos observar a imensa pressão que os outros setores exercem sobre eles, cobrando dos intelectuais o fim do seu silêncio (Amorim, 22.08.2005). E os intelectuais dobrando-se a ela, acabam produzindo explicações no ritmo e padrão de simplicidade exigido pelos jornalistas e políticos, mas sem a qualidade que poderia vir da reflexão pausada, ponderada, e também da crítica dos pares. Um primeiro sumário indicava então que a própria ereção do totem representava a falência da intelectualidade e da crítica social em geral. Mas a razão social ainda não tinha apresentado toda a sua complexidade. E foi justamente a evolução dos fundos de *private equity* no Brasil que demonstrou como o governo oriundo da esquerda do espectro político e os intelectuais e agentes militantes que o sustentavam inscreveram sua pauta e sensibilidade no campo financeiro do país. E eis que surge no horizonte a nossa provocativa "financeirização de esquerda".

Passado o mensalão e as eleições de 2006, chegamos a maio de 2007, um bom ponto para analisarmos a inflexão. A economia brasileira parece começar um novo ciclo de crescimento. Depois de quase duas décadas consideradas de estagnação econômica, a notícia entusiasma a imprensa e os políticos. Segundo alguns, o novo período alvissareiro teria sido deflagrado pela conjuntura internacional, em especial pelo crescimento da China, grande compradora das *commodities* brasileiras. Outros atribuem o papel central à "lição de casa bem feita" pelo primeiro governo petista que teria, ou não, aprofundado a política econômica de seu predecessor e rival. Para os partidários da primeira versão, o presidente Lula e sua equipe simplesmente copiaram a lição de FHC, mas sem inspiração e de maneira malcuidada. Para os segundos, há inflexões tanto na indução microeconômica quanto na política econômica e monetária propriamente dita. Obviamente, os primeiros atribuíam a boa situação a seus feitos dos anos 1990 e os últimos às suas realizações na quadra que começou em 2003. O debate econômico foi assim eivado por preocupações diretas ou sensibilidades partidárias e por *habitus* em conflito. Daí ser pouco provável que dali imergisse algum consenso sobre as causas da situação favorável.

Numa primeira observação, se percebe que a maior parte das notícias que, naquele momento, conotavam as boas novas diziam respeito a assuntos que refletiam à mudança de atitude dos mercados financeiros em relação ao Brasil: queda do "risco Brasil", valorização do real frente ao dólar norte-americano, quedas discretas, mas constantes das taxas básicas de juros, investimentos maciços de fundos de *private equity* na agroindústria canavieira e balanço de pagamentos com o exterior superavitário. Não é assim por acaso que o setor menos afetado pelo otimismo daquele momento tenha sido o dos empresários industriais (CNI, 2007).

Em seguida, exumemos duas notícias dos jornais de maio de 2007: na primeira delas nosso já conhecido Armínio Fraga e Luís Fernando Figueiredo, exemplos dos mais típicos dos novos financistas que surgiram no panorama econômico dos anos 1990, abrem caminho para mais uma inovação financeira: o alongamento de prazos de carência para os fundos de investimentos, permitindo aos seus gestores o estabelecimento de estratégias mais amplas. E, mais uma vez, enquanto eles tomam a dianteira os grandes bancos adotam uma postura cautelosa esperando os resultados da "ousadia", para depois avaliar a conveniência de adotá-la (Pavini,

17.05.2007). Na segunda notícia, mais notada, os principais jornais diários do país davam espaço a um "desabafo" de Lula, no qual ele lembrava ao mesmo tempo as dificuldades que enfrentou para se aproximar da Bovespa e também o desenvolvimento dessa entidade durante o seu governo (Damé, 18.05.2007; Dianni, 18.05.2007; Veríssimo, 18.05.2007).

Como antevimos no segmento anterior, durante os governos de FHC a Bovespa viveu uma fase "anêmica" em que ela parecia fadada a desaparecer, uma vez que os seus principais clientes, com a notável e obrigatória exceção dos fundos de pensão, pareciam desertá-la, em prol de suas homólogas mais "eficientes" de Nova Iorque e Londres (Ciarelli, 25.02.2002). No primeiro período de Lula, depois do compromisso explícito do candidato com a entidade, essa tendência se inverteu (Murphy, 01.09.2002; Ripardo, 01.10.2002). No início do seu segundo termo, ela apresentou mesmo um crescimento expressivo do volume de negócios (Veríssimo, 18.05.2007). E no início de junho de 2007 a inversão parecia total, pois a Bovespa foi apontada como potencial centralizadora dos negócios bursáteis de toda a América Latina (Barbieri, 04.06.2007). Num primeiro olhar, poderíamos dizer que o governo Lula criou um ambiente de negócios particularmente favorável ao desenvolvimento do mercado financeiro.[21] Mas mesmo assim, as eleições de 2006 mostraram que a desconfiança dos "mercados" diante do caráter inerentemente *outsider* de Lula e de seu grupo não parece ter se desvanecido completamente (Rosa, 17.08.2006; Bergamo, 22.08.2006). Eis que esse setor da sociedade, tido como o mais próximo da racionalidade econômica parece relevar seus interesses materiais em prol de algum tipo de consideração de outra natureza, impõe-se a análise sociológica da peculiaridade de suas características e dinâmicas que

---

21 Ainda que seus críticos assinalem o papel benfazejo da conjuntura econômica mundial favorável ao Brasil.

estariam desviando os "mercados" da perseguição de seus interesses econômicos. Seriam esses "mercados" uma outra coisa que não o cenáculo mesmo da racionalidade, entendida como a busca do maior retorno possível dos esforços despendidos, rigorosamente medidos em unidades monetárias?

Como no exemplo anterior de Dantas, nosso deus "mercado" dá sinais de ser ainda mais caprichoso do que pensávamos. Insinua-se a evidência que estamos diante de uma lógica sociológica subsumindo a esperada e intuitiva lógica econômica. Gostos, *habitus*, atrações & repulsões estéticas e questões identitárias em geral têm claramente um papel explicativo nessa trama.

Como vimos o mundo das finanças costuma mostrar à sociedade uma face "democrática" e "inclusiva", na qual ele se alinha em torno da ideia de governança corporativa (Grün, 2003; Brender, 2004; Grün, 2005; Joseph, 2005). Mas não podemos deixar de observar a abrangência cada vez maior do uso de "fundos de *private equity*", tanto no espaço, quanto na magnitude dos capitais mobilizados e empregados (Economist, 10.02.2007; Cançado, 15.01.2007; Edmonston, 15/05/2007; Boucher, 17/06/2007; Economist, 27.11.2004). No Brasil, que não deixa de seguir a tendência internacional, vimos como alguns atores do campo, os dirigentes dos fundos de pensão e os dirigentes da Bovespa notabilizam-se socialmente por advogarem a extensão cada vez maior da governança corporativa, primeiro no tecido econômico e mais recentemente nos âmbitos social e ambiental através das ideias de responsabilidade social e de sustentabilidade. Já os atores que têm impulsionado a propagação dos fundos de *private equity*, mormente aqueles "novos" banqueiros de investimentos com maior ou menor passagem na administração da política econômica federal e internacionalmente conhecidos como os "Chicago Boys", costumam atuar de maneira discreta, pelo menos em relação à opinião pública que se informa através da grande mídia ou da especializada e aberta.

Já sabemos que a governança corporativa tem sua origem na militância cívica em prol dos direitos dos consumidores e que desenvolve a sua retórica a partir de conteúdos típicos da esfera pública, como transparência e respeito às minorias (McAdam, McCarthy et al., 1996; Davis, 1994; Joseph, 2005). Assim, não é por acaso que ela oferece bons argumentos para dourar a imagem dos mercados financeiros nas sociedades e na esfera interna das finanças acaba sendo apropriada por atores cujos capitais iniciais para a entrada nas elites são oriundos do campo político ou da militância social. Já os fundos de *private equity*, que para Dantas são a principal contribuição das finanças para o desenvolvimento da sociedade, elas são uma criatura interna do espaço financeiro. Mais do que isso, têm a sua origem moderna associada à emissão dos mau afamados *junk bonds* utilizados na década de 1980 para a aquisição de empresas antigas e o seu subsequente "fatiamento" para a venda de seus ativos a preços cujo somatório seria mais elevado do que os valores de mercado das empresas, fazendo desaparecer a empresa, os empregos e o bem-estar das comunidades das quais elas faziam parte. Essa prática foi considerada imoral e fraudulenta e alguns dos seus patrocinadores, em especial Michael Milken, acabaram sendo presos.[22] E mais adiante, durante a campanha norte-americana à presidência de 2012, vimos o passado de empresário de *private equity* do candidato republicano Romney ser revirado para mostrar o caráter antissocial desse tipo de empreendimento (Creswell; Published, 22.06.2012). Mas, além da má fama

---

22 Ver na Wikipedia: http://en.wikipedia.org/wiki/Michael_Milken (acesso em 20/06/07). No verbete transparece a guerra de reputações que têm sido travadas recentemente na mídia eletrônica. Ver a respeito Sunstein, C. R. A Brave New Wikiworld. Washington Post, 24.02.2007.

social, o esquema "original" dos fundos de *private equity* também é associado a lucros muito acima da média daqueles proporcionados por outras alternativas existentes nos mercados na mesma época. Dessa forma, ele se mantém no leque de alternativas razoáveis de investimento, o que pode ser explicado pela teoria contemporânea da construção de portfólios de investimentos, nos quais convivem alternativas mais seguras e menos lucrativas com outras mais lucrativas e mais arriscadas (Warner, 05.07.07; Poston, 09.01.2006; Williams, 2007).

A sociologia de um espaço hostil

Nesse espaço social que denominamos de "mercados", o senso comum coloca diversas armadilhas específicas para o percurso analítico. Uma questão interessante, e que concorre para sustentar a ideia da existência de um tipo de dominação especificamente financeiro, é a capacidade demonstrada pelos instrumentos financeiros contemporâneos de apagar o traço das condições sociais de sua existência e desenvolvimento. Eles se naturalizam rapidamente e tudo se passa como se elas sempre representassem um estágio mais elevado da racionalidade econômica e que a sua não existência eterna fosse apenas um acaso já reparado pela ação "natural" do mercado. Trata-se assim de uma institucionalização das relações de força simbólicas, que são enxergadas como parte da natureza e por isso são inquestionáveis (Douglas, 1986).

Um corolário da institucionalização é o automatismo que faz "óbvia" a irrelevância de uma possível pesquisa empírica sobre a lógica social na qual os atores do mercado estão submetidos. Além disso, é voz corrente que os mercados financeiros seguem uma dinâmica ditada pela "globalização". Por isso, pouca atenção se dá aos seus agentes nacionais, cujas pautas parecem não ter nenhuma independência diante dos constrangimentos internacionais. Entretanto, o olhar sociológico sobre os mercados financeiros nacionais mostra que o seu real funcionamento dificilmente seria compreendido se não mirássemos os diversos tipos de intermediários nacionais e regionais que contextualizam as transformações nas línguas e culturas locais. Mais do que isso, como vimos para a governança corporativa brasileira, as variações nacionais e específicas de cada subsetor das finanças se mostram relevantes para a explicação das peculiaridades nacionais e setoriais de amplitude societal (Godechot, 2001; Beunza, 2004; MacKenzie, 2006; Folkman, 2006). É assim que vemos nossos dirigentes de fundos de pensão importarem as tendências internacionais de seu segmento, como o sistema de contribuição definida e a própria ênfase na "boa" governança corporativa. E do seu lado, nosso Daniel Dantas, o exemplo mais conhecido da nova safra de banqueiros e os seus pares trazem para o Brasil as novas ferramentas da financeirização mais aguda, em especial o uso intensivo de fundos de *private equity* e outros mecanismos de concentração de recursos e de pulverização de riscos para o capital. Ao realizar essa tarefa, cada um dos grupos deixa a sua marca, selecionando e dando sentido nacional para as novidades. Mas também é obrigado a levar em conta os constrangimentos produzidos pela presença dos outros no espaço. E, esquematicamente, ao assinalarmos os dois extremos do nosso tabuleiro, poderemos lapidar a análise do campo financeiro.

Sugiro então que a oposição governança corporativa x *private equity* é um bom caminho para encontrarmos e trabalharmos a tensão essencial que dinamiza o espaço estudado. Preliminarmente, deve ser considerado que ela não seria diretamente reconhecida pelos participantes do "mercado" e realmente só faz sentido se nos ativermos à esfera simbólica da legitimação da ordem financeira e de seus artefatos ou aos extremos de cada polo. Afinal, no entendimento que prevalecia no "mercado" em maio de 2007, "boa governança corporativa" é um atributo desejado para qualquer empreendimento, seja ele aberto ao público como as empresas das quais se compra ações, seja ele privado como a compra de participação em negócios através da emissão e compra de *private equity*. Mas, seguindo a inspiração da filosofia de Nelson Goodman (Goodman, 1988; McCormick, 1996), estamos diante de uma questão de ênfase. Os mesmos elementos podem estar presentes em diversas construções simbólicas, mas a ênfase com que cada um deles é citado faz distinguir um edifício cultural do outro, dando consistência lógica e sociológica à oposição (Bourdieu, 1997). É assim que, tanto na análise sociológica, quanto na esfera simbólica, a oposição entre governança corporativa e *private equity* faz sentido, pois aqueles que gastam seu tempo, energia e dinheiro defendendo cada uma das "ferramentas" são indivíduos e grupos cujos comportamentos públicos permitem-nos situá-los nos extremos opostos do mercado financeiro e também sustentando propostas políticas e sociais distintas para o país.

A situação que observamos em maio de 2007 representou uma evolução do contencioso e das interações sociais no espaço empírico escavado pelas finanças e pelos novos entrantes no círculo do poder. Acompanhar a evolução e historiar as mudanças de atitude e de sentido fez transparecer o jogo social que dá vida ao campo financeiro e mesmo ao campo do poder. Num primeiro momento, os maiores defensores públicos da governança corporativa são os gestores de fundos de pensão, enquanto os fundos de *private equity* límpidos, destituídos dos atributos considerados como característicos da boa governança corporativa, são propagandeados somente por financistas notórios pela cupidez, como Daniel Dantas. Para os primeiros, é a "boa" governança corporativa que deflagraria no Brasil a dinâmica econômica capaz de nos levar ao "Primeiro Mundo". Já para o segundo, seu depoimento na CPI nos fez saber que ele considera os fundos de *private equity* como o principal instrumento para a construção de empreendimentos capazes de revolucionar o capitalismo brasileiro e torná-lo mais próximo do sonhado modelo norte-americano, tido como modelo de dinâmica econômica e social virtuosa.

À primeira vista, e graças à opacidade que o mundo financeiro consegue produzir face ao resto da sociedade, as diferenças entre os atores, estratégias e instrumentos para efetivá-las parecem superficiais e fornecem argumentos para a crítica generalizada das atividades financeiras, como a fala de Heloísa Helena transcrita anteriormente. Mas para avaliar a sua relevância empírica, lembremos a disputa pelo controle das empresas de telecomunicações privatizadas que foi deflagrada no primeiro governo Lula, com as acusações mútuas entre os dirigentes dos fundos de pensão e Dantas, bem como os episódios corolários de acusação de espionagem e tráfico de influência (Michael, 04.08.2004; Duailibi, 26.04.2001). Verificamos assim que estamos diante de um enorme contencioso. Para os dirigentes dos fundos de pensão e seus representantes políticos, como Fernando Ferro que transcrevemos acima, Dantas é a personificação do novo capitalismo selvagem de base financeira que eles têm por missão controlar e debelar.[23] Para Dantas e os seus, os dirigentes dos fundos de pensão nada mais são do que a nova faceta do famigerado corporativismo brasileiro,

---

23 E nesse nosso maio de 2007, quando o segundo mandato de Lula parecia ter "aparado as arestas" dos diferendos, eis que a nomeação de Roberto Mangabeira Unger, indicado e já anunciado para uma secretaria do governo federal é posta em risco por causa de sua ligação com DD Gerson Camarotti, C. d. G. e. L. D. "Daniel Dantas elogia Mangabeira; PT tenta impedir nomeação: Assessores dizem que Lula está indeciso em manter indicação; Alencar afirma que não é 'padrinho' do filósofo". *O Globo*, 02.06.2007.
ALENCAR, K. "Lula quer que Mangabeira desista de cargo: Presidente espera que filósofo, que move processo contra Brasil Telecom, recuse convite para secretaria". *Folha de São Paulo*, 31.05.2007.

contra o qual qualquer golpe é válido, porque eles personificariam o atraso econômico e social do país. E para completar o esboço, os dois grupos se hostilizavam pública e crescentemente pelo menos desde o advento das privatizações de empresas públicas ocorrido no governo de Cardoso.

É claro que a disputa pode ser considerada uma guerra restrita aos objetivos declarados dos contendores. Mas a hipótese que sustento é mais ampla: estaríamos diante de uma manifestação da disputa básica em torno da configuração que o capitalismo brasileiro deve adotar no presente e no futuro imediato. Nele, o campo financeiro, no sentido que a sociologia de Bourdieu dá a essa noção, adquiriu centralidade e sua dinâmica interna é decisiva para a conformação dos demais setores da economia. Os outros setores da economia veem cada vez mais restrições à sua autonomia e capacidade de engendrar políticas específicas. Consequentemente, só lhes resta se aliar direta ou indiretamente com um dos adversários dessa contenda na qual o espaço financeiro é o principal objeto e campo da disputa.

As tensões internas do campo financeiro do Brasil, menos evidentes em momentos anteriores, ganharam muita relevância nos governos petistas, na medida em que os dirigentes de fundos de pensão conquistaram espaços políticos e econômicos sem precedentes. A análise de diversas situações nacionais mostra que esses agentes são, normalmente, subordinados e dominados nos espaços financeiros nacionais e, mais ainda, no campo internacional (Montagne, 2006). Não seria demasiado conjecturar que a primeira forma que as *private equity* tomaram no Brasil do primeiro governo FHC, totalmente restritiva quanto à capacidade de alguns dos seus adquirentes interferirem na administração dos negócios adquiridos ou associados aos fundos, tenha sido desenhada especialmente para conter qualquer veleidade executiva dos fundos de pensão nas empresas recém-privatizadas (Santos, 18.06.2007).

Já no eixo das comparações internacionais, vale mostrar a fragilidade da posição dos fundos de pensão em ambientes capitalistas menos propensos a legitimar essas construções. Nos anos 1990 o Calpers, considerado o maior fundo de pensão do mundo e principal referência da atuação desse tipo de construção social, passou por um período de militância em prol de causas legitimadas no espaço social, mas não no financeiro (Walsh, 13.10.2002). Nesse contexto Arnold Schwarzenegger, o governador recém-eleito da Califórnia e seu Partido Republicano teriam aproveitado para interferir na sua administração, destituindo o seu presidente, sem que se percebessem grandes protestos (Walsh, 02.12.2004; Leser, 03.12.04; Walsh, 13.10.2002; Santos, 18.06.2007). Além disso, a própria história dos fundos de pensão brasileiros no período de FHC também mostrou a sua fragilidade, quando, entre outros constrangimentos, se tornou público que seus dirigentes foram forçados a aceitar aqueles contratos leoninos na formação dos grupos que iriam disputar a compra das estatais a serem privatizadas que referimos acima (Duailibi, 26/04/2001; Grün, 2003). E mesmo em tempos de governo Lula, a boa estrela dos fundos de pensão não brilhou sempre, como mostrou o episódio da nomeação de Roberto Mangabeira Unger para a secretaria de ações de longo prazo e que foi rapidamente registrado pelos *players* do mercado financeiro como um sinal de fraqueza do grupo, a ser eventualmente explorada nas disputas futuras (Romero, 11.06.2007).

No caso brasileiro, uma vez postos na situação "anômala" de dirigentes e responsáveis por parte da condução da economia e do mercado financeiro, os dirigentes dos fundos de pensão e os demais petistas e sindicalistas próximos aos "mercados" terão essa oportunidade, bastante singular em termos internacionais, de revelar e desenvolver o seu projeto econômico e social. Em outros governos de corte socialdemocrata os quadros dirigentes costumam sair da "ala esquerda das elites tradicionais", como é o caso proverbial francês, no qual se alternam diferentes grupos de egressos da ENA (Ecole Nationale d'Administration). No Reino Unido, a situação é ainda mais adversa aos sindicatos, uma vez que o grupo de Tony Blair fundou o seu "neo-trabalhismo" na negação da preponderância tradicional das *trade unions* no Labour Party. Nesses casos, a ligação das equipes dirigentes na política nacional com os sindicatos e os fundos de pensão que eles patrocinam ou disputam é bem mais distante do que aquela que observamos nos governos petistas.

E eis que, ainda numa primeira mirada, esses agentes *sui generis* na cena do poder contemporâneo acabaram gerando uma dinâmica de expansão dos serviços financeiros formais para os estratos menos privilegiados da população. Tivemos assim, entre outras iniciativas ou ênfases, a explosão do crédito subsidiado, a tentativa de "bancarização" universal através do Banco Postal e a extensão das iniciativas de crédito solidário e cooperativo (Cypriano, 02.04.2005; Carvalho, 08.06.2007; Romero, 11.06.2007; Vieira, 16.05.2007; Ribeiro, 23.05.2006; Thomé, 29.05.2007). Já essa primeira onda mostra que a tensão simbólica que assinalamos adquire uma importância inédita na configuração brasileira. Em primeiro lugar, porque ela parece ser uma das principais fontes de dinamização dos mercados financeiros; e em segundo lugar, porque ela pode ser responsável por alterações significativas nas esferas econômica e social do país como um todo. Paradoxalmente, poderíamos então adiantar que essa "financeirização de esquerda" do governo petista e de seus sustentáculos sindicais é um componente importante que concorre para a autonomização do campo financeiro brasileiro e para a subordinação dos outros espaços aos seus ditames.

No espaço das ações de legitimação, lembramos aquele padrão no qual o primeiro grupo participa de um longo entrelaçamento cruzado, juntamente com os estabelecimentos já tradicionais, como grandes bancos comerciais e empresas de seguros que cultivam a responsabilidade social e a sustentabilidade (capítulo anterior). Essas ações compõem com as moralidades já enraizadas e tendem a manter o campo financeiro mais próximo das outras esferas de sociabilidade. No outro lado do tabuleiro, no qual estão situados nossos novos banqueiros, enxergamos um padrão mais voltado para o público interno, no qual os agentes e empresas se legitimam pela tecnicalidade de suas condutas. Quando vimos uma ação de benemerência aparentemente análoga às da responsabilidade social do outro grupo, verificamos que ela tem um sentido completamente diverso, e mesmo oposto. Esse lado do tabuleiro parece assim pressionar o campo no sentido inverso, da sua maior autonomia e da consequente subordinação direta dos outros espaços e interesses à lógica interna das finanças, sua "filosofia de vida", seus *habitus* e critérios de excelência e de extração de produtividade. E ainda que tal gênero de atuação pareça problemático quando visto de fora do espaço financeiro, é sempre bom lembrar que ele se legitima internamente e, principalmente, fornece modelos de atuação para os recrutas do campo e constitui-se também em uma espécie de laboratório a céu aberto para testar as novidades do ofício e da ideologia que o acompanha. Poderíamos mesmo dizer que a análise das ações engendradas desse lado do espectro financeiro poderia generalizar a ideia, contida em Zelizer (1979), sobre a progressiva "moralização" de práticas precificadoras, que acabam produzindo novos mercados para produtos financeiros, dos quais o seguro de vida analisado pela autora seria então apenas um exemplo de uma tendência contínua e secular.

O internacional e o nacional

Os fundos de pensão brasileiros se inspiram e invocam diversas experiências internacionais. Quando diante dos mercados financeiros e tematizando a governança corporativa, sua principal referência é o Calpers (California Public Employees Retirement System) norte-americano (Vieira, 09.07.2004; Walsh, 13.10.2002). Esse maior fundo de pensão do mundo guarda características que o aproximam da experiência brasileira; a primeira delas sendo o fato de representar trabalhadores do setor público da economia (no caso, dos funcionários do estado da Califórnia). Entretanto, no espaço sindical a referência mais presente é a europeia, em especial a francesa da CFDT, que preconiza um sistema de *épargne salariale* que se apresenta como uma alternativa coletivista e socialmente mais defensável do que os sistemas norte-americanos (Jardim, 2007). Como vimos, a ideia mesma de permitir e incentivar a formação e crescimento de fundos de pensão não é integralmente aceita na Europa sindical, pois ela evoca o neoliberalismo, o primado do indivíduo sobre o coletivo, por serem problemáticos para a manutenção da coesão social e intergeracional, além de ter a sua efetividade econômica questionada (Nikonoff, 1999; Lordon, 2000). É assim que se faz uma apresentação dessas instituições na qual o caráter individualista e o sistema de capitalização são consideravelmente eufemizados (Jardim, 2007). Os fundos de pensão brasileiros, em especial aqueles que congregam cotistas oriundos das empresas estatais irão seguir essa orientação ideológica quando seus dirigentes circulam no espaço sindical. Mas quando mostram a face diante do mercado financeiro, o exemplo norte-americano é que é evocado. No primeiro subespaço, a principal questão levantada é a da solidariedade entre trabalhadores e aposentados, já no segundo, a questão da governança corporativa enquanto "ferramenta" econômica ganha o máximo relevo.

Por sua vez, nas raras aparições públicas de Dantas, vimos que ele se justifica para a sociedade invocando o seu papel na importação dos fundos de *private equity* no Brasil. Nosso *tycoon* não fala sozinho. No período anterior ao da deflagração da crise, os fundos de *private equity* foram apontados como a grande novidade do capitalismo do século XXI, principalmente pela sua capacidade de concentrar rapidamente grandes quantidades de recursos em empreendimentos considerados promissores, evitando os atrasos e as inércias imputados aos fundos de investimentos tradicionais, que precisam justificar detalhadamente suas aplicações para seus aplicadores (Economist, 27.11.2004). Num primeiro momento, essa rapidez é justificada pela necessidade de aproveitar oportunidades que poderiam escapar, em especial nas aplicações nas *start-ups* da alta tecnologia. Rapidamente, a mesma justificativa é empregada para evitar embaraços em aplicações de outras naturezas.[24] A crítica dirige-se em especial às questões associadas à governança corporativa. E, previsivelmente, a novidade começa a receber fortes críticas pelo seu caráter pouco transparente e pela voracidade dos seus operadores, que se apropriariam de imensas comissões e rendimentos associados sem se comprometerem proporcionalmente com os riscos do negócio e/ou mascarando os riscos vis-à-vis os aplicadores, em especial os fundos de pensão (Economist, 10.02.2007; Lambe, 2007; Stelzer, 2007; Williams, 2007). Os principais operadores internacionais dos fundos de *private equity* registram as críticas e começam a ter de lidar com elas, lançando uma ofensiva de relações públicas no intuito de melhorar a imagem social de seu ofício (Smith, 26.01.2007; Lerner, 2007). E, como vimos, a situação atinge seu

---

24 Uma crítica penetrante a esse entrelaçamento retórico em Mazzucato, 2014, #6003.

auge quando Mitch Romney se torna o candidato republicano às eleições presidenciais norte-americanas de 2012 (Lattman, 10.01.2012; Smith, 26.01.2007; Lerner, 2007).

Na escala nacional, Dantas, da mesma forma que seus êmulos internacionais, responde às críticas sobre a administração das empresas de telecomunicações que dirigia, assinalando que se levasse em conta as vontades e as hesitações dos fundos de pensão que se tornaram seus parceiros compulsoriamente, os resultados econômicos de sua gestão não seriam satisfatórios (Senado, 21.09.2005). Mas para precisar a cartografia do espaço social que estudamos e entender a alquimia recente, é interessante confrontar a postura de Dantas com a de Fraga e outros *players*. Enquanto o primeiro enfatiza a necessidade de liberdade do gestor, que lhe confere agilidade, mas traz como consequência a pouca *accountability* de seus passos, Fraga assinala a necessidade da "boa governança corporativa" para os empreendimentos de *private equity* em que participa (Ribeiro, 09.05.2007). Essa diferença de opinião revela tensões importantes no polo "inovador" das finanças e faz sentido quando examinamos as posturas públicas anteriores dos dois atores: enquanto o primeiro aparece para o público como uma espécie de *enfant térrible* das finanças, que leva ao extremo a lógica interna das ponderações financeiras e nada concede aos seus oponentes e críticos, o segundo dá seguidas mostras de sua ponderação e devoção a causas mais amplas. E enquanto Dantas constrói uma imagem social próxima à do "plutocrata" da primeira metade do século XX, Fraga aparece para a sociedade, e mesmo para os integrantes mais jovens do mercado, como um paradigma da boa conduta do agente financeiro (Dávila, 18.01.2004; Grün, 2007).

Os fundos de pensão, a *private equity* e a convergência dos atores

Quando os fundos de *private equity* começam a ganhar visibilidade na cena econômica brasileira, notamos uma forte relutância no seu uso pelos fundos de pensão, que alegavam a pouca liquidez, a falta de transparência e o risco desse tipo de investimento. Mas eles também indicavam as modificações que tornariam aquele tipo de investimento atraente e passível de ser adotado pelos fundos de pensão (Fortunato, 08.08.2003; Diniz, 2003). Posteriormente, as apreciações se nuançaram, mostrando uma aceitação crescente do novo instrumento, que também vai mudando as suas características. Primeiro, uma reapreciação do instrumento pelo Calpers (Anson, 2004). Em seguida, a "tropicalização" da nova avaliação no Brasil (Mercantil, 05.05.2004; Carnier, jul./ago., 2005). E finalmente observamos o "sinal verde" da Abrapp – Associação dos fundos de pensão – e a sua adoção entusiástica por alguns membros do setor, mais uma vez em consonância com uma tendência internacional do setor, (Mercantil, 05.05.2004; News, 08.06.2007; Santos, 18.06.2007; Martins, 27.04.2006; Carnier, jul./ago., 2005; Gilmore, 2007; Pensão, 2007). Temos assim um gradiente de posições que torna o nosso campo financeiro um espaço mais complexo e mais entrelaçado do que ele parece a primeira vista.

A análise dessa trama da adoção dos fundos de *private equity* no Brasil recente também pode facilmente escorregar em alguns automatismos sobre o jogo das elites e as formas como elas lidam com as lideranças populares. Numa primeira análise, a progressiva aceitação dos fundos de *private equity* pelos fundos de pensão poderia indicar simplesmente a capacidade de cooptação exercida pelos novos financistas sobre os dirigentes dos fundos de pensão e os partidários de Lula em geral. Mas esse ponto de vista não contempla a dimensão legitimatória e mesmo "domesticadora" que os últimos têm exercido no capitalismo brasileiro contemporâneo. Se atentarmos para a cronologia, verificaremos que os fundos de *private equity* que se tornaram atrativos para os fundos de pensão não são os mesmos que Dantas preconizava para "alavancar" o processo de privatização das estatais. Agora, e em grande parte por causa das disputas ao mesmo tempo jurídicas e morais entre Dantas e os fundos de pensão em torno da direção das empresas de telecomunicações, os fundos de *private equity* ganharam um nível de *accountability* e de governança corporativa muito mais amplo do que na década anterior (Santos, 18.06.2007).

Mais uma rodada de aperfeiçoamento na noção de campo financeiro

Podemos agora lapidar mais um pouco a noção de campo financeiro: tanto a análise da cena nacional quanto a da internacional nos sugerem a pertinência de estabelecermos uma categorização dos atores e do espaço nela baseada (Bourdieu, 2000). Querendo ou não, se detestando e invejando-se mutuamente, os atores e grupos inseridos no espaço financeiro acabam engendrando um entrelaçamento o qual, visto diretamente, parece um simples processo de competição. Mas quando observamos a cena mais detalhadamente, encontramos uma cooperação objetiva, a ponto de podermos dizer que nossos diversos *players* vivem num estado de equilíbrio dinâmico. Como em outras cartografias sociológicas de espaços econômicos, temos um setor estabelecido, formado principalmente pelos grandes bancos comerciais, mais interessados na estabilidade das posições relativas do que na mudança da configuração (Fligstein, 1990). Ao seu lado temos um grupo de "vanguarda", formado de novos agentes estabelecidos no ramo há pouco tempo (Thompson, 1997), que se instalam propondo serviços ainda não oferecidos pelos atores tradicionais, e que são, em geral, adaptações para o Brasil de produtos financeiros já existentes nos mercados mais desenvolvidos, em especial o norte-americano e o inglês. Situam-se nessa rubrica as *private equities*, mas também outros produtos recentes, com o os fundos de recebíveis, os fundos de hedge e os imobiliários (Dávila, 18.01.2004). E no setor mais dominado do espaço, encontramos pequenas empresas de corretores independentes tradicionais e os nossos atores ligados aos fundos de pensão. Os primeiros chegaram ao "fundo do poço" no final do período FHC (Ripardo, 20.08.2002; Ripardo, 20.08.2002). Os últimos manejam montantes expressivos de capital, mas, fora da "temporada atípica" dos governos Lula, (ainda) não demonstraram muita capacidade de fazer a sua pauta influir no campo.

Na calmaria social posterior à queda do comunismo europeu, as "vanguardas financeiras", representando o setor desafiante do campo, detiveram um enorme poder de sedução sobre as demais elites da sociedade capitalista, só impedido em momentos como os dos escândalos financeiros, mas rapidamente recuperado. Poderíamos então levantar duas questões, em diferentes níveis de generalidade. A primeira delas diz respeito ao canto de sereia que as finanças entoam e que inebria parte das elites tradicionais e também atrai decisivamente setores recém-chegados ao campo do poder, como é o caso dos sindicalistas e políticos brasileiros oriundos dos sindicatos. Vimos que a sociabilidade financeira fornece boas localizações sociais para a construção de teodiceias dos novos entrantes, justificando as suas posições e mesmo conferindo-lhes referências identitárias fundamentais para sua manutenção no espaço recém-conquistado. Mais genericamente, o atual predomínio da razão financeira pode ser associado à solução de diversos problemas, tanto novos quanto tradicionais, que são ou podem ser resolvidos pela expansão e refinamento dos serviços financeiros. No espaço estritamente econômico, vimos que a difusão dos arranjos de *private equity* fornece um novo e atraente quadro de referência que propicia a aplicação de enormes magnitudes de capital que têm sido aplicados no agronegócio no início do século XXI e também em várias reorganizações societárias (Rosa, 08.02.2007; Palhano, 16.04.2007; Economico, 25.01.2007) combustível e investimento. Num plano paralelo, eles também fornecem ferramentas econômicas e cognitivas que tornam os patrimônios familiares das elites econômicas mais mensuráveis e líquidos, abrindo espaço para reposicionamentos dentro dos clãs familiares. Essas novidades poderão beneficiar principalmente os membros tradicionalmente "não ativos" das famílias, como as herdeiras e mulheres em geral.

Generalizando, poderíamos dizer que a nossa "precificação" é um corolário recente do ato tradicional de "botar um preço" em propriedades, serviços ou atitudes, que indica a transformação de um objeto ou evento de sagrado em profano. Ao abrir novas maneiras de engendrar essa possibilidade, a financeirização recente constrói um quadro de referências distinto dos anteriores para disputas e negociações não só entre empresas e setores das elites, mas também internamente às famílias dinásticas, criando novas formas de mensuração e repartição de patrimônios. No seio dessas famílias, observa-se assim a possibilidade de novos tratamentos de contenciosos potenciais ou já deflagrados e de manutenção de concentração de capitais que, em outros tempos, estariam fadados a serem pulverizados por disputas intestinas (Anaya, 12.12.2002; Cavalcanti, 26.02.2004; Econômico, 31.08.2001).

Mas será que a sociedade aceita o padrão de sociabilidade econômica que as finanças estão tentando lhe impor? Ainda que a atual falta de reação pública visível e mesmo a nossa "financeirização de esquerda" indiquem que sim, o acumulado histórico é mais nuançado. A adoção generalizada das *private equities* significa uma intromissão direta da razão financeira na esfera industrial cuja aceitação é longe de ser bem absorvida. Uma curiosa notícia, dando conta da preocupação dos financistas ligados às *private equities* em relação à imagem pública de seu ofício quando a dinâmica das eleições norte-americanas trouxer esse tema para a agenda, é bastante significativa nesse sentido (Lattman, 10.01.2012). Como quer o ditado muitas vezes proferido pelos financistas, "mico que pula muito quer chumbo".

Uma hipótese interessante, reforçada pelo desfecho da eleição presidencial de 2006, é que o processo de privatização das indústrias estatais brasileiras, ocorrido fundamentalmente na década de 1990 tenha despertado, ou feito aflorar, esse gênero de sensibilidade. Numa primeira visão, integralmente tributária da doxa econômica, ela seria apenas a reação à forte tendência de aumento das tarifas dos serviços públicos que ficou associada à reorganização societária das privatizações. Evidentemente que, no espírito da doxa, os argumentos contra a privatização e seus operadores são respondidos pelo aumento da oferta de serviços de telefonia, que por sua vez, são creditados à maior agilidade das companhias que teria resultado das reorganizações pós-privatização (Anuatti-Neto, 2005). Mas a cena cultural revela um contencioso muito maior, quando a fricção ideológica produz, ou faz ressurgir, personagens exóticos ou aparentemente anacrônicos para a sociedade brasileira do início do século XXI. O surgimento de figuras públicas a partir do roteiro associado ao do plutocrata indica esse gênero de *malaise* social.

A configuração acima sugere uma divisão interessante, na qual as diversas elites brasileiras crescentemente aceitam e utilizam essa versão contemporânea do *commerce doux* como mecanismo de resolução de seus diferendos, mas também que esse enquadramento cultural não é integralmente aceito pelos demais setores da sociedade. Mais do que isso, percebendo essa ruptura cultural, os setores recém-chegados, quando colocados na situação limite em que estão por ser expulsos daquele espaço, utilizam o mal-estar popular para negociar seus lugares no campo do poder, ainda que não fique claro se eles renegam a doxa elitista ou utilizam o discurso contrário à privatização apenas situacionalmente (Rodrigues, 05.11.2006). Sendo ou não uma "traição", essa configuração revela um mecanismo interessante de integração social que age simultaneamente na esfera das elites e na esfera social mais ampla, e que pode ser a matriz para mudanças importantes na sociedade brasileira contemporânea.

Nosso *doux commerce* redivivo é a sociabilidade engendrada pela lógica da atividade econômica na sua forma mais direta que são as finanças, aplainando progressivamente as arestas entre os diversos setores das elites, que mantém seus interesses e sensibilidades distintas, mas encontram na linguagem financeira um ponto de convergência mutuamente vantajoso, capaz de valorizar os diversos capitais específicos (Hirschman, 1986; Grün, 2005). Assistimos assim essa dupla entrada das novas elites oriundas do sindicalismo e dos movimentos sociais e ambientais no campo do poder. Elas adentram aportando uma caução importante na esfera legitimatória, reforçando o predomínio das finanças ao estender essa teia a novos e vastos setores da população. Ao lapidarem diversos instrumentos financeiros e assim permitir a sua difusão muito mais ampla em benefício próprio e também dos seus concorrentes no espaço econômico, eles estão construindo um nicho para eles mesmos no espaço financeiro e no campo do poder.

Através da história da governança corporativa e das *private equities*, estamos assistindo o roteiro concreto da forma através da qual se realiza a ação profilática das elites nacionais no sentido de proteger o tecido social da infecção generalizada que seria a utopia do mercado autorregulado se tornando a medida para toda a sociabilidade. Financeirização sim, mas com salvaguardas: teríamos assim achado a micropolítica da versão brasileira contemporânea dessas defesas que o ardil da razão social acaba produzindo e assim estaríamos coonestando e contextualizando a análise seminal de Polanyi (2001, orig. 1944). Mais genericamente, estaríamos também confirmando a intuição de (Schumpeter, 1991), para quem a esfera das finanças revela a ossatura da sociedade capitalista contemporânea, em especial da sua esfera política e das disputas entre suas elites. E nada mais razoável do que ter em conta que, numa sociedade tangida pelo modo de dominação financeiro, tal profilaxia só pode ser engendrada a partir desse constrangimento estrutural.

Através da nossa "financeirização de esquerda", o ardil da razão social empurra para o âmbito das finanças e do campo do poder em geral lideranças de setores da sociedade que em estados anteriores do campo do poder poderiam opor severa resistência aos seus ditames. Essas novas elites freiam e filtram as pressões sociais, em especial aquelas específicas de seus espaços de atuação iniciais, ao mesmo tempo em que escavam seus lugares na nova configuração. Assim fazendo, eles aumentam a estabilidade e a legitimidade do campo financeiro e o campo de poder na sua generalidade. Mas essa recomposição das elites não pode se fazer sem reação dos antigos ocupantes das posições de intermediários, que subitamente, perdem parte das suas atribuições e reagem à nova situação. Já acostumados com a sociabilidade das elites, também nada mais previsível do que assistí-los deplorarem a "falta de compostura" de seus substitutos. E assim assistimos os escândalos do primeiro governo Lula, que nessa chave se tornam fenômenos sociologicamente previsíveis. Diversos tipos de intermediários políticos e intelectuais já estabelecidos têm a sua função e posição posta em julgamento e os escândalos passam a ser a sua forma de expressão e luta para a conservação da "reserva de mercado". O contencioso não é pequeno, pois se trata do reconhecimento social em diversas dimensões, indo desde a esfera profissional no seu senso estrito até o direito de frequentar as elites exibindo a condição de intérpretes dos anseios e das opiniões do público ou dos deserdados. E então a sociedade brasileira assiste essa guerra de reputações, configurada como uma sucessão de escândalos virulentos, na qual um episódio parece sempre suscitar a sua continuação, trazendo essa impressão de autoflagelação permanente do campo político (Grün, 2008). É assim que avoco aos escândalos do primeiro período da Presidência de Lula o caráter de verificadores da tensão social que perpassa o campo do poder brasileiro nesse processo de inclusão de novos grupos e de seu inevitável questionamento por outros segmentos já estabelecidos. E o prosseguimento da escandalização no seu segundo termo e no governo subsequente de Dilma realça ainda mais a tendência.

Numa esfera mais microssituada, as evidências sobre a importação e posterior difusão dos fundos de *private equity* no tecido econômico brasileiro mostram e corroboram a relação complexa que as ferramentas financeiras têm dos contextos sociais que as aprovam, filtram, lapidam e legitimam. De um lado, elas são o objeto da ação de diversos setores da sociedade, que progressivamente, nela vão deixando a sua marca. Mas, por sua vez, elas também contribuem para rearticular as práticas e, consequentemente, as consciências e *habitus*. Na sua versão original os fundos de *private equity* instituem, na esfera sócio-cognitiva e social, uma diferenciação aguda entre dinheiro e empresa e dessa forma, também entre a figura do investidor e a do empresário. Ao produzir essa divisão, ela contribui para reconfigurar uma série de comportamentos sociais, em especial na esfera das elites econômicas. O retrabalho posterior realizado pelos agentes "sociais" talvez tenha diminuído a oposição cognitiva, mas é matéria empírica a sua apropriação na esfera das famílias dinásticas e outros grupos que podem fazer uso da ideia de *private equity* para tratar seus contenciosos.

Um ponto interessante é que o caminho traçado pelos fundos de *private equity* mais recentemente guarda forte analogia com o empreendido pela governança corporativa no passado um pouco menos próximo. Vimos no segmento anterior como essa última "ferramenta" surgiu no Brasil como um produto importado por economistas e advogados recém-chegados de períodos de estudos nos Estados Unidos, precisando se estabelecer no espaço nacional e usando seu conhecimento desse instrumento como um fundo de comércio para sua instalação. Posteriormente, no seu processo de difusão e aclimatação, o fundo de comércio foi sendo perdido pelos primeiros, mas a sua apropriação por diversos conjuntos de atores produziu o enraizamento da novidade, primeiro no tecido econômico e depois, através da responsabilidade social e da sustentabilidade, no espaço social. E tanto no primeiro movimento da governança corporativa quanto no segundo, a ação dos atores cujos capitais originais são advindos da esfera política e social, ao mesmo tempo se apropriando da novidade e moldando-a no contexto brasileiro, foi decisiva para a sua difusão.

Os fundos de *private equity*, mesmo sendo criaturas na origem muito mais internas ao mundo das finanças e mesmo um forte candidato a exemplo maior da húbris do setor, irão escavar esse caminho análogo. A sua incorporação e transformação pelos atores que fazem a interface entre os "mercados" e o mundo da militância política, social e ambiental virou condição necessária para a sua aclimatação e desenvolvimento em solo brasileiro. Podemos então afirmar com mais segurança que a "mágica" da introdução dos novos instrumentos financeiros no Brasil é realmente um fenômeno bem mais amplo do que a simples adoção de um nível de racionalidade econômica e financeira mais elevados do que no passado. Antes, ele é o resultado de um complexo processo de interações sociais que altera posições relativas no campo econômico, no campo sindical e também no campo do poder. E ao gerar essas alterações, ele também produz novos enquadramentos cognitivos para dar conta e alterar os equilíbrios em diversas esferas, como a das vidas domésticas de diversos segmentos da população e da noção mesma do que consiste a atividade econômica e empresarial. Aqui, as "ferramentas" acabam sendo utilizadas para propósitos que não são coincidentes com aqueles de seus formuladores originais e também produzem resultados inesperados. E uma armadilha analítica comum é a de procurar sistematicamente apenas os resultados que são esperados nos ambientes de origem dos novos instrumentos financeiros, obliterando todo esse rico processo de pesquisa das apropriações diferentes e diferenciais que lhes dão vida nos trópicos.

Capítulo IV

A crise financeira como indutor e revelador das transformações no espaço financeiro

As análises sucessivas da governança corporativa, do plutocrata e dos fundos de *private equity* à brasileira mostraram de um lado o alargamento do campo do poder e do outro a robustez do envelope retórico com que as finanças se revestem. O resultado lógico dessa configuração é que as alternativas de poder e de práticas políticas concretas estão circunscritas pelo espaço retórico construído pelas finanças. Mas sempre é bom relembrar que o espaço social, como estamos vendo, não é homólogo ao das finanças e essa dissimetria produz um complexo ardil social e sociológico.

Mas como compor esses aspectos que foram abordados nos capítulos anteriores? Vimos que os agentes que se incorporam à ordem financeira aceitam vários dos seus pressupostos, mas são capazes de imprimir nuanças à dominação financeira. Nossa governança corporativa tem "tempero de feijoada" e nossos banqueiros de investimentos têm de compor com o risco de sofrerem uma crítica agressiva no estilo daquela que Dantas experimenta e vivem com esse peso que provavelmente torna suas vidas mais vigiadas e controladas do que alhures. E tais detalhes não ocorrem por acaso. Antes, são constitutivos da ordem financeira que se construiu no Brasil. No mínimo, temos de aceitar que o espaço das finanças é dotado de muita plasticidade.

A análise do desenrolar das repercussões no Brasil da crise financeira internacional que começou em 2008 permite ampliar ainda mais tanto a análise simultânea da dominação financeira exercida sobre a sociedade brasileira quanto as sugestões sobre as nuanças que são pouco notadas a respeito da dominação financeira. No decorrer das diversas fases que a crise repercutiu no Brasil entre 2008 e 2012, observamos algumas mudanças importantes na robustez da dominação e na relação entre aqueles que podemos chamar propriamente de financistas e os outros atores do campo financeiro. Houve uma mudança no espaço empírico em que a dominação financeira se estabelece. Trata-se assim de uma reconfiguração do espaço no qual a análise das ações e reações recíprocas dos três grupos de agentes se movem e interagem (os do "mercado", aqueles estabelecidos nas diversas agências dos governos e os que circulam de maneira mais clara nos espaços culturais da sociedade e do campo do poder em especial).

Entrar nesse espaço multidimensional que tem se alterado bastante nos anos de crise financeira para dar conta dos acontecimentos tanto na esfera econômica propriamente dita, quanto na da legitimação social das condutas permite reforçar a análise do "modo de dominação financeiro". Isso através do estudo das estratégias e coalizões que se formam e se desfazem e, principalmente, demonstrar os graus de liberdade que estão disponíveis para a ação social e política. Tal caminho, além da evidente repercussão política que carrega, tem também o intuito de questionar a tendência a enxergar a dominação financeira como um determinismo inescapável e o espaço no qual ela se produz como uma caixa preta inescrutável. Assistimos nos últimos anos a diversas situações em que a acuidade da análise sociológica foi obliterada pela aceitação de determinismos. No espaço em que trafeguei ficaram claros o determinismo tecnológico que travou a sociologia do trabalho nos anos 1980 e o mais recente determinismo da "globalização" que incide nos mais diversos espaços analíticos.

Num primeiro momento a crise financeira que se anunciou no início do segundo semestre de 2008 desafiou o mundo das finanças. Seria ele capaz de contê-la, tratá-la e manter sua autonomia? As linhas de força do período imediatamente anterior seriam mantidas? Em caso de alteração, em que sentido e intensidade?

A sociedade foi obrigada a socorrer diversas instituições, financeiras e outras, que chegaram próximas do ponto de insolvência por causa de problemas diagnosticados como "excessos" ou "egoísmo" dos agentes financeiros. Como evitar que as repercussões da crise façam cancelar os privilégios materiais e morais que os "mercados" e seus participantes gozaram até a eclosão da crise?

Os agentes ligados ao sistema financeiro, evidentemente, ressaltam as vantagens e alavancagens que ele propicia à sociedade e as benfeitorias que ele promove. Por sua vez, os críticos irão chamar a atenção para os custos diretos e indiretos da crise e incitar a possível repulsa à remuneração exorbitante atribuída aos financistas. Assistimos também uma disputa mais direta sobre os custos da contenção da crise, cujo *trailer* pôde ser visto no Brasil nos anos 1990 quando, especialmente entre 1994 e 1995, o governo federal interveio em diversos bancos que apresentavam problemas diagnosticados como possíveis deflagradores de "crise sistêmica".

Naquele momento, os maiores conglomerados em apuros foram os bancos Nacional, Econômico e Bamerindus, mais tarde extintos e absorvidos por outras entidades.[1] Eles eram bancos grandes e de alta visibilidade midiática e, para reorganizar o sistema, o governo federal da época criou o Programa de Estímulo à Reestruturação e ao Fortalecimento do Sistema Financeiro Nacional, o Proer.[2] As enormes somas de dinheiro necessárias para realizar o "saneamento" se tornaram motivo de controvérsias públicas e, já naquele momento, várias questões embaraçosas foram colocadas[3] (Nóbrega, 04.04.1997; Patury, 12.09.2001). Entre elas destacam-se as seguintes, que costumam aflorar durante crises financeiras que eclodem em diversos momentos e países: Os diversos credores dos bancos deveriam ter seus prejuízos aliviados pela intervenção estatal ou, ao contrário, os governos deveriam deixar os bancos "quebrarem" para manter o *moral hazard*?[4] O dinheiro gasto foi subtraído de outras possíveis despesas? Ele será

---

[1] Os três bancos tinham como acionistas principais famílias muito ligadas à política: o banco Nacional à família do ex-governador mineiro Magalhães Pinto cuja filha, na época, era casada com um filho do então presidente Fernando Henrique; o Banco Econômico à família baiana Calmon de Sá, sendo Ângelo seu presidente e ex-ministro no governo Geisel; o Bamerindus à família Andrade Vieira, do Paraná sendo que José Eduardo, considerado seu principal acionista e mentor, também apresentava no momento um extenso currículo de senador e ex-ministro.

[2] Uma introdução da época, evidentemente causídica (e que valeria a pena discutir o porquê da sua permanência no site até, pelo menos, 01/03/2015), disponível em: http://www.bcb.gov.br/?PROER. Acesso em: 08.08.2009.

[3] Ainda que seja necessário um contraponto importante: naquele momento a convergência de elites em torno do campo financeiro ainda não estava se produzindo.

[4] Segundo o dicionário econômico de *The Economist*: One of two main sorts of market failure often associated with the provision of insurance. The other is adverse selection. Moral hazard means that people with insurance may take greater risks than they would do without it because they know they are protected, so the insurer may get more claims than it bargained for. ["moral hazard" é um dos dois principais tipos de falha de mercado. Significa que as pessoas que têm seguro podem assumir maiores riscos do que aqueles que não o tem, porque eles sabem

recuperado? O preço pelo qual os bancos enfraquecidos ou seus ativos foram vendidos posteriormente refletia o valor justo ou o interesse público? O custo do salvamento do sistema financeiro é maior ou menor do que os benefícios que ele aportou à sociedade? Seria melhor aproveitar a fraqueza momentânea do sistema e estatizar aquelas instituições, já que o crédito, dadas as suas repercussões sobre a economia e a sociedade, deve ser conceituado como uma função eminentemente social?

Na especificidade da crise internacional, é também bastante previsível a deflagração de uma discussão sobre a continuidade da tutela que os pontos de vista financeiros têm exercido sobre a sociedade em geral, a nossa "financeirização". Como vimos atrás, o bom senso financeiro instituiu uma série de verdades praticamente indiscutíveis, um senso comum compartilhado na sociedade, sobre como os governos, as empresas, os indivíduos, as organizações da sociedade civil devem se portar, destacando-se um determinado tipo de rigor orçamentário, que privilegia algumas despesas e formas de cálculo sobre outras.

Na doxa imposta pela dominação financeira é óbvio que, acima de tudo, os Estados devem ter credibilidade para manter as condições de rolar a dívida pública: os credores financeiros do Estado, aqueles que lhe emprestam dinheiro ou simplesmente poderiam fazê-lo, jamais devem ter dúvidas sobre a capacidade e desejo do Estado em cumprir rigorosa e prioritariamente as obrigações que com eles contraíram. A cautela na manutenção de altas taxas de juros para os empréstimos públicos que garanta com alguma folga que os investidores continuem emprestando ao Estado

---

que estão protegidos, por isso o segurador pode acabar tendo de bancar mais demandas do que havia negociado].
Disponível em: http://www.economist.com/RESEARCH/ECONOMICS/alphabetic.cfm?letter=M#moralhazard. Acesso em: 12.06.2009.

sobrepuja a eventual necessidade de gastos públicos nas diversas aplicações não financeiras.

Como a crise explicitou de maneira dramática nos países da Europa mediterrânea, o horizonte temporal e a prioridade máxima geralmente aceitos são os do repactuamento da dívida pública. Levando mais adiante essa ideia-força, os ideólogos das finanças propõem (e executam) o Estado mínimo com o caixa vazio. Nessa construção os mercados financeiros podem exercer permanentemente a sua tutela sobre o Estado, sua burocracia e protagonistas políticos através da rolagem contínua da dívida pública. Dessa maneira, os agentes ligados ao Estado vistos implicitamente nesse contexto como ineficientes e potencialmente desonestos são controlados pelos mercados, que garantem um mínimo de racionalidade para o confuso mundo da burocracia governamental. Não é assim por acaso que assistimos no início da década de 2010 um rápido e relativamente pouco combatido encolhimento do Estado do Bem-Estar justamente nos países com maior dificuldade de fazer frente ao "serviço" das suas respectivas dívidas públicas (Barber, 23.04.2012).E isso mesmo se o custo social das medidas de austeridade possa ter efeitos trágicos e bem identificados sobre a população dos países (Carvajal, 16.04.2012).

Quanto menor o horizonte de repactuação e maior a necessidade de vender ou "rolar" títulos públicos, mais de perto os financistas podem controlar os governos e impor o que consideram ser a racionalidade econômica (Guex, 2003). Eventos que escapam à doxologia, como a eleição do socialista francês François Hollande em 2012 são interpretados como desvios a serem corrigidos. Na linguagem temperada pela derrota do candidato dóxico, disse um professor da famosa HEC: "On n'ira pas à la catastrophe. Si Hollande fait trop de bêtises, les marchés financiers réagiront, la dette deviendra insoutenable. Le bon côté de la globalisation, c'est qu'on ne peut plus refaire 1981!"(Hopquin, 07.05.2012).⁵

Continuará prevalecendo o tipo específico de viés, ou de cegueira institucional consagrados pelas habitualidades produzidas nos mercados financeiros? Lembrando um princípio basilar da filosofia analítica (Hacking, 2002), a própria definição do que é a crise atual é dependente da capacidade do espaço financeiro manter a sua autonomia e impor um sentido favorável para a interpretação da crise. Nesse sentido, é um bom procedimento epistemológico que a sua sociologia não avance uma explicação peremptória para a crise e que, ao invés disso, examine justamente as linhas de força, as estratégias de manutenção da autonomia financeira e as formas como elas se compõem ou são desafiadas na sociedade.

No sentido acima, a faceta brasileira da crise internacional é um excelente ponto de entrada para discutir a crise. Aqui, seus resultados também se fizeram sentir, mas a resposta governamental foi distinta e muitas vezes antagônica àquela que assistimos especialmente nos países europeus. Lá assistimos a generalidade de uma conduta contracionista, uma espécie de versão macro da postura individual "sábia" diante de uma crise. Aqui, escapamos em grande parte dessa política inspirada pela doxa. E isso, como veremos adiante, apesar das tentativas de enquadrar a ação governamental pelos tenores da doxa financeira nacional.

Feita a ressalva, teremos alguma mudança da convenção cognitiva que traz familiaridade à ortodoxia econômica num contexto no qual ganha espaço a ideia de que "desempoçar" a liquidez no circuito interbancário e aumentar os gastos públicos em

---

5 Não teremos nenhuma catástrofe pois, se Hollande fizer muitas bobagens os mercados financeiros reagirão e a dívida pública se tornará insustentável. O lado bom da globalização é que não voltaremos mais a 1981 (quando o governo Mitterrand tentou uma política considerada análoga).

infraestrutura são medidas adequadas para atenuar a crise? À primeira vista o bom senso diz que sim. Mas é conveniente se ter em conta que às vezes as habitualidades mentais se mantêm vivas muito tempo depois que deixaram de "fazer sentido".[6] É o acaso que responde a essa pergunta? Ou será que a sociologia pode nos ajudar a estabelecer as linhas de força para estimarmos as probabilidades de tipos de resposta?

O campo financeiro

Mais uma vez invoco a noção de campo financeiro para balizar o conjunto de respostas possíveis. Temos diante de nós a versão brasileira de uma configuração social que tomou forma nos últimos anos em muitas sociedades desenvolvidas ou em desenvolvimento. Para entendermos a lógica e a força dessa construção social voltemos ao ponto contraintuitivo, segundo o qual o campo financeiro engloba e dá sentido para a ação e forma as sensibilidades de vastas parcelas das elites nacionais, indo bem além dos financistas propriamente ditos. A análise da gênese e desenvolvimento das chamadas "ferramentas financeiras estratégicas" – aquelas que transformam significativamente o espaço organizacional em que são aplicadas - especialmente a governança corporativa - abriu a

---

6 A História nos fornece vários "exemplos de referência" de situações análogas. Por exemplo, as análises de Duby (1978)sobre codificação e enriquecimento do feudalismo europeu justamente quando seus fundamentos estavam esmaecendo, e a de Reddy (1984) das habitualidades contratuais e do senso de justiça nas relações de trabalho na França pós-revolucionária. Um ponto acessório é que tais mudanças são particularmente sentidas no espaço da produção cultural da sociedade, pois intelectuais estatutários perdem a segurança tradicional ligada ao monopólio das formas de expressão que entram em decadência. A sua reação à perda acaba gerando espasmos que repercutem em toda a sociedade, como nos mostram os escândalos que sacudiram a cena política e midiática do Brasil dos governos Lula (Grün, 2008 a e b).

janela desse jogo intrincado e nada óbvio de competição e cooperação entre os diversos setores das elites, que desemboca nas inovações financeiras. Elas são também inovações sociais, que uma vez postas a funcionar, servirão de plataforma para alterações importantes nos *habitus* e nas formas de sociabilidade vigentes no espaço que estudamos. Como veremos, no quadro explicativo da crise a governança corporativa voltará a se apresentar.

A armadilha do bom senso atrapalha e facilmente conduz à obliteração da análise sociológica que pretende reconstituir a lógica de funcionamento e dinâmica de espaços como o nosso campo financeiro. A suposição espontânea nos induz a crer que o seu principal produto é simplesmente a produção de riqueza material ou a sua transferência de uns para outros. Para entender esse espaço precisamos reforçar a ideia de que, como quaisquer outros campos, o principal resultado das interações desse espaço é a produção de sentido. É esse sentido que permite a acumulação de riquezas e confere legitimidade e, portanto, estabilidade, para os ganhos econômicos. E finalmente, a identificação do campo financeiro com o campo do poder é uma boa medida da capacidade de fazer espraiar esse sentido ali produzido pela sociedade e assim produzir a hegemonia das finanças, da qual a opulência dos financistas é uma consequência, e não a causa.[7]

Mas como se produz esse sentido? Não é evidente que nossos financistas sejam produtores culturais, nem tampouco que suas vidas sejam vistas como epopeias dignas de serem glorificadas pelos profissionais da mídia e seguidas pelo resto da população. Muito menos que a intrincada engenharia financeira que se tornou

---

[7] Podemos mesmo dizer que a generalidade dessa posição separa a sociologia econômica baseada em Bourdieu de diversas outras propostas mais ou menos contemporâneas, em especial aquelas diretamente inspiradas no marxismo (Bourdieu, 2000; Lebaron, 2000).

o fundo de comércio específico dos financistas nos tempos atuais seja vista como o apogeu das realizações científicas ou intelectuais da humanidade. Entretanto, o que está em jogo não é a glamorização direta do espaço, de seus personagens e de seus feitos, mas antes a sua capacidade de impor uma maneira de representar a sociedade brasileira, seus problemas, potenciais, e, principalmente, a própria definição do que é progresso e de como alcançá-lo. A cronologia da crise no Brasil indica claramente que seus desdobramentos são subordinados à disputa cultural e ideológica que atingiu intensidade inédita desde a ascensão de Lula e em especial depois dos escândalos de 2005.

A guerra cultural e sua cronologia recente

A colonização imposta pela predominância financeira convive dinamicamente com outras tendências no seio de um processo de guerra cultural que produz resultantes contingentes que se alteram no tempo e espaço. Na operacionalização da ideia na crise é possível traçarmos diversas cronologias que marcam as disputas e transações culturais que ocorrem no seio do campo financeiro e mesmo fora dele, mas impactando o seu funcionamento. Na análise das consequências da crise um primeiro sequenciamento "curto" é eficiente. Ele vai do início de 2003, e do primeiro governo Lula, até o final de seu governo e está mais diretamente ligado a alguns resultados recentes e surpreendentes da crise financeira na cena econômica brasileira.

No primeiro momento (t1) temos uma situação de submissão do senso comum ao bom senso produzido nos mercados financeiros, no qual o principal marco é a discussão da PEC (proposta de emenda constitucional) 192 de 2003, a chamada PEC do mercado financeiro, ocasião em que o primeiro governo Lula claramente se curvou diante da força cultural daquele bom senso (Leonel, 26.03.2003; Grün, 2004). Um momento (t2) pode ser caracterizado quando, diante da ofensiva escandalizadora antigovernamental que começa em 2004, observamos uma oscilação inesperada, na qual a defesa possível do governo começa a alterar as linhas de força culturais prevalecentes, enfraquecendo a doxa econômica (Alencar 30.10.2006; Grün, 2008). Um pouco mais adiante, no momento quente das eleições presidenciais de 2006, mais uma oscilação (t3), que representou o aprofundamento da inflexão do quadro imediatamente anterior (Grün, 2008, 2008b; Gois 06.01.2007).

A sequência acima é fortemente explicativa dos desenvolvimentos que se produziram a partir da crise financeira internacional. Diversas mudanças que surpreenderam o ceticismo das esquerdas desencantadas com o pragmatismo do governo e também os analistas de "bom senso", locutores do senso comum até então prevalecente nos mercados, tiveram a sua semente plantada na sequência de episódios acima e, creio eu, seriam incompreensíveis sem levarmos em conta aquela inflexão que foi produzida antes da crise, quando a capacidade de impor sentido à realidade nacional começou a vacilar. Naquele momento os economistas e comentaristas ortodoxos, envolvidos cultural e economicamente na manutenção da doxa e até então ungidos na condição de donos da verdade econômica sentiram e registraram o golpe que impactou o debate público e realinhou as linhas de força da disputa simbólica (Sardenberg, 01.11.2006; Lamucci, 24.10.2006).

Assistimos então um raro fenômeno de histerese das elites tradicionais, inclusive daquelas que normalmente pontificam na cena econômica. Esquecendo a configuração cultural que tornou possível a sobrevivência de Lula diante do escândalo do "mensalão", começou um pesado fogo de artilharia visando mostrar a inépcia do governo petista. E quando a crise financeira internacional passou a ser manchete obrigatória na imprensa brasileira, sua primeira caracterização, tributária da guerra cultural interna e da tentativa de manter a autonomia do espaço, foi com a intenção de criticar e ridicularizar o diagnóstico do presidente Lula. Em especial sua frase dizendo que seus efeitos sobre a economia nacional não passariam de umas "marolinhas", que foi repercutida, à exaustão (Galhardo, 04.10.2008). Afinal, a crise se anunciava internacional e gigantesca e dizer que o Brasil poderia ser poupado só poderia revelar uma profunda incompreensão da economia mundial.

Um pouco mais tarde, fomos informados de outras provas inequívocas da baixa compreensão de Lula sobre a situação. Talvez a mais expressiva tenha sido a crítica à sua tirada sobre a crise ter sido provocada por "gente loira de olhos azuis" (Godoy, 27.03.2009). Outro episódio marcante ocorreu em torno da divulgação de prejuízos substanciais de algumas grandes firmas nacionais com derivativos cambiais, causados pelas alterações súbitas nos valores relativos das moedas nacionais que a crise provocou, desvalorizando a moeda brasileira depois de um período longo de valorização em relação ao dólar. Os responsáveis financeiros das empresas apostavam na continuidade da valorização da moeda brasileira, mas a crise recolocou o papel de "refúgio de valor em última instância" da moeda norte-americana, "derrubando" o Real. E nesse momento aparece mais uma rodada de críticas, dessa vez à sua reprimenda aos empresários que perderam nas posições com derivativos cambiais (Ninio 22.05.2009). Essa sequência de críticas reforça a pretendida visão rústica que Lula teria da cena financeira internacional e mostraria que os desafios mais recentes ao bom senso financeiro perpetrados por diversos membros do governo federal não passariam de aventuras irresponsáveis.

No âmbito do campo financeiro foi corroborado o argumento da sua forma seminal de legitimidade: as perdas das empresas com os papéis cambiais foram atribuídas à falta de boa governança corporativa. A ação individual independente ou desimpedida de alguns executivos financeiros que agiram sem consultar os acionistas teria causado o problema. Os financistas das empresas teriam assumido riscos muito maiores do que poderiam e os acionistas não teriam sido devidamente informados dos níveis de exposição cambial/financeira que as empresas estavam incorrendo. Assim, se a governança corporativa estivesse funcionando como se deve e espera, tais passos comprometedores e a os grandes percalços que posteriormente as empresas foram obrigadas a fazer frente teriam sido evitados (e não "a ganância dos empresários" que teria, segundo Lula, causado as dificuldades) (Ninio, 14.10.2008). É claro que não nos interessa discutir substantivamente a justeza desses diagnósticos e julgamentos, mas sim a invocação da "boa governança corporativa" como critério de conduta empresarial legítima no período em que estávamos atravessando. Isso sem falar na corolária ridicularização da posição de Lula, que não convergia integralmente com a crença engendrada no campo.

As dificuldades mais expressivas foram anunciadas pelo grupo Votorantim, pela empresa Aracruz Celulose e pela empresa agroindustrial Sadia, todos gigantes industriais de reputação consagrada e muito se especulou sobre outras empresas que teriam enveredado pelo mesmo caminho (Online, 10.10.2008; Vieira, 11.02.2009; Ribeiro, 12.01.2009; Onaga, 16.10.2008; Tereza, 26.11.2008; Friedlander, 30.11.2008). Nas três empresas, operações financeiras mal sucedidas por causa da súbita reversão de expectativas puseram em xeque a solidez tradicional dos negócios (Barbosa, 11.10.2008; Vieira, 27.11.2008). E o "erro" apontado, aceito pelos seus porta-vozes e largamente divulgado na mídia, foi a falta de boa governança corporativa das empresas (Salles, 20.01.2009; Vieira, 21.01.2009, 27.11.2008). Dificilmente encontraríamos manifestações mais expressivas e evidentes da impregnação desse dispositivo financeiro no espaço das discussões econômicas e, portanto, na cultura econômica brasileira recente.[8]

O "conselho dos anciãos"

No mesmo período, nos deparamos com artigos e manifestações públicas de alguns atores importantes no debate econômico que antes da crise se notabilizaram por criticar os excessos da "financeirização". Dentre eles, registremos o ex-ministro e ex-deputado federal Antonio Delfim Neto no âmbito nacional e na esfera internacional, Georges Soros, que é muito traduzido e comentado no Brasil. Delfim consegue a legitimação inédita de ser simultaneamente colunista de publicações importantes que representam pontos divergentes e mesmo opostos do espectro ideológico, como *Valor Econômico*, *Folha de São Paulo* e *Carta Capital*. No âmbito internacional, vemos Soros colunista ao mesmo tempo da *New York Review of Books* e do *Financial Times*, profusamente citado em *Le Monde* – o cotidiano que é registrado pela sociologia como o mais próximo representante do consenso entre as elites francesas, além de ser considerado uma das "estrelas" do Fórum Econômico de Davos. No Brasil verificamos que Soros publicou 3 colunas na *Folha de São Paulo* em 2009 e foi citado oito vezes em *Valor Econômico* apenas no mês de dezembro de 2009. Em notável sintonia, eles lembram que a crise financeira não pode servir de pretexto para reações generalizadas contra os instrumentos financeiros ou seus usuários, em especial, o fantasma do excesso de regulamentação que tolhe a criatividade dos financistas.

---

8   Posteriormente surgiram notícias sobre problemas análogos em outras empresas tradicionais, como por exemplo, o grupo Vicunha, proprietário da Companhia Siderúrgica Nacional (Adachi, 14.05.2009).

O "caso de amor eterno" entre os financistas e os economistas às vezes se abala em momentos de crise aguda, mas ele tende a se recompor. Há uma razão especificamente analítica que provoca a aproximação. Para os últimos, os primeiros seriam os agentes "práticos" encarregados de pensar e executar a alocação ótima de recursos econômicos, que por sua vez iria gerar a maior riqueza possível a partir da base material existente na sociedade. Assim, em princípio, os financistas são agentes benfazejos e sua ganância é enquadrada na chave "vícios privados, virtudes públicas". Ainda que, aos olhos dos leigos, os valores absolutos das rendas auferidas pelos financistas possam ser considerados "obscenos", o reflexo do economista é considerar essa despesa como um custo social razoável para se atingir a finalidade da alocação ótima de recursos econômicos. E o corolário dessa postulação é forte: aqueles que criticam os financistas sem reconhecer sua contribuição para o bem-estar econômico e social são os nostálgicos de tempos arcaicos, de uma sociedade estagnada e conservadora e suas razões só podem ser as do rancor social.

Vamos então aos "mestres". Disse Delfim no início da crise (Oliveira, 05.10.2008): [As crises] *...nunca têm as mesmas causas, porque a teoria econômica ajuda na construção de instituições que previnem a sua repetição. Mas o fato é que a superação de uma delas já traz em si o germe da próxima. A última, fortíssima (1979/83), foi supostamente causada pelo "excesso de regulamentação"; a atual é, aparentemente, produto da "falta de regulamentação" [...] O pêndulo vai para o outro lado, agora. Eles estão propondo restabelecer a regulação. O drama é o seguinte: aquela desregulamentação produziu resultados extremamente positivos e terminou numa desgraça. Não se pode jogar fora a criança junto com a água do banho. É claro que é preciso regular, mas é preciso manter a iniciativa, a capacidade que o sistema tem de inventar coisas novas e, ao mesmo tempo, impedir que ele repita os*

erros. Vamos entrar num período que levará uns dois ou três anos de correção dos erros. Vamos moer tudo isso.
E George Soros (04.12.2008), por sua vez:

> Dadas as tremendas perdas sofridas pelo povo em geral, há um perigo concreto de que a desregulação excessiva acabe virando uma re-regulamentação punitiva. Isso seria lamentável porque devemos considerar que as regulações são piores do que os mecanismos de mercado. Como eu tenho sugerido, os reguladores não só são humanos, mas também são burocráticos e susceptíveis à corrupção. Seria portanto desejável que as reformas aqui delineadas possam evitar uma regulação excessiva.

Notemos a sintonia entre as postulações dos dois atores, que contribui para revelar a mecânica social engendrada pela configuração que chamamos de campo financeiro. O primeiro na esfera nacional e o segundo na internacional, ambos vistos atualmente como consciências críticas do mundo econômico, depois de um período anterior em que foram, cada um no seu âmbito, considerados a expressão mesma da rapacidade ou do cinismo econômicos. A notável coincidência de posicionamento pode ensejar diversas análises sociológicas. Aqui, registremos simplesmente que o capital simbólico dos atores é posto para trabalhar e assim engendrar um produto preciosíssimo durante a crise, que é a contenção dos estragos produzidos pela perda de legitimidade da ordem financeira.

O que leva esses agentes a, nesse momento delicado, emprestarem a sua legitimidade e avocarem a defesa do mundo financeiro diante do ambiente claramente hostil? O ponto é que, na linguagem de Goodman (1978) e Bourdieu (1997), o campo financeiro constrói um mundo em que vale a pena viver. Para isso ele engendra uma libido específica que impele seus participantes a tomarem posição em sua defesa, mesmo os nossos anciões que têm a vida já completamente estabilizada em níveis invejáveis de riqueza material e reconhecimento social. E esse fato nos ajuda a aceitar que há um combustível menos evidente impulsionando os agentes e que é ainda mais poderoso do que o dinheiro.

As formas e conteúdos que a defesa assume irão variar com as posições dos agentes naquele espaço, mas serão compreensíveis quando levarmos em conta os constrangimentos que a configuração exerce sobre seus participantes. Iremos assistir a uma interessante e funcional divisão do trabalho de dominação. À primeira vista, essa "orquestração sem maestro" pode parecer o enredo de uma daquelas conspirações dos poderosos que nos acostumamos a ler e ver. E toda uma vasta e diversificada literatura sobre golpes e cabalas espetaculares acaba fornecendo quadros de referência para pensarmos a situação a partir dessa chave (Weber, 1999; Taguieff, 2005; Boltanski, 2012). No Brasil, como vimos no capítulo anterior, a presença constante do financista Daniel Dantas nos noticiários econômico, político e policial dá forma local à tendência internacional. Mas essa situação é explicada pelos movimentos e percepções engendrados pelo campo e bem além das possibilidades de manipulação e controle de algum agente ou grupo particular. E é esse mecanismo, formado de um conjunto automático de ações e reações engendradas pela sociabilidade contemporânea, que confere a enorme resistência que as finanças mantêm na sociedade, contrastando com o esperado e intuitivo enfraquecimento dos seus agentes e ponderações.

O fantasma do comunismo

A crise econômica fez crescer as esperanças dos indivíduos e grupos que se incomodam com a proeminência que as finanças ganharam na cena econômica e política das últimas décadas. Uma vez que ela foi deflagrada pelos mercados financeiros, parece que ela põe em questão os mecanismos de governança econômica e social que esses últimos delinearam ou apoiaram. Evidentemente que esse desfecho não pode ser sumariamente descartado, mesmo que a análise sociológica do espaço das finanças aponte que ele não é muito provável. Mas sem se fiar nas salvaguardas da sociologia, os financistas cheiraram um perigo, real ou imaginário, e reagiram a ele. E aí, no espaço nacional, assistimos à ação, entre outros, de Gustavo Franco (Franco, 01.11.2008) e Dionísio Dias Carneiro (Carneiro, 02.11.2008), dois economistas/financistas do núcleo duro do pensamento dominante, oriundos do curso de Economia da PUC/RJ. E o fantasma do comunismo acabou despertando, sob o curioso estímulo cruzado dos defensores mais ferozes da ordem financeira precedente e dos seus críticos mais agudos (Zeleny, 07.03.2009; Heffer, 09.10.2008).

O despertar do velho fantasma não é apenas uma curiosidade dos tempos da crise. O espectro do comunismo, em parte provocado ou justificado pela crítica esquerdista mais aguda, alimenta as disputas econômicas centrais da crise, que dizem respeito à socialização dos prejuízos do sistema financeiro e à apropriação dos eventuais lucros produzidos nas operações de salvamento e nos momentos posteriores a elas. Como devem ser contabilizados os enormes montantes disponibilizados pelos governos aos agentes financeiros? Como aporte de capital? Como aquisição dos chamados "ativos podres", ou "ativos tóxicos"? Como uma injeção provisória, contabilizada à parte para não diluir o valor das ações e o patrimônio dos acionistas originais das organizações? Como ficam as remunerações dos dirigentes das organizações que foram ou serão socorridas pelo Estado? E as remunerações anteriores? Deverão ser devolvidas?

Enormes transferências de renda serão realizadas num sentido ou noutro, dependendo de quais critérios prevalecerem. Mesmo os mais fervorosos crentes da racionalidade econômica terão de admitir que estamos na era da "contabilidade política". E o fantasma do comunismo é uma peça fundamental nas tentativas de "passar o mico" (essa expressão que tem origem no jogo infantil e que os financistas usam muito quando se trata de repassar os prejuízos de sua ação). A acusação de "comunismo" para a ação pública previne formas de contabilização que desfavorecem os financistas originais: ela ajuda a passar o mico para frente! Nesse contexto a ideia de objetividade econômica se mostra uma fantasia distante.

Mesmo para os céticos, a crise revela que a "racionalidade econômica" é um produto intelectual engendrado pelas disputas sociais e se altera no mesmo sentido que suas linhas de força, produzindo enquadramentos cognitivos específicos, que nos conduzem a conferir racionalidade a determinadas proposições e condutas e a refutar outras (Fleck, 1979; Hacking, 2002; Daston, 2007). E uma das maiores manifestações de força da dominação é a de conferir a verossimilhança de racionalidade para os produtos atuais do campo financeiro (Lordon, 2008). Concretamente isso significa induzir a sociedade a esquecer de cobrar dos agentes financeiros os prejuízos coletivos provocados pela derrocada de diversos grupos e esquemas.

Em termos internacionais, a complexidade da relação entre o sistema político e o campo financeiro ficou ainda mais bem revelada na crise: as antes pouco conhecidas e depois famosas hipotecas *subprime* (de risco e juros altos e mensalidade variável) foram a solução encontrada para financiar a casa própria de parcelas da população que antes estavam distantes dessa conquista (Becker Jo, 20.12.2008; Fligstein, 2009). Desde o programa para o primeiro governo Thatcher, possibilitar essa aquisição foi um dos pilares da estratégia neoliberal anglo-americana de tornar aqueles países "nações de proprietários" e assim induzir os cidadãos/eleitores de meios mais modestos a mudarem definitivamente a sua identidade de trabalhadores para a de proprietários (Party, 04.10.1976). Pode assim haver interesse político na rotulação, mas é factualmente incorreto e uma temeridade intelectual dizer que as *subprimes*, consideradas o deflagrador imediato da crise, são simplesmente o produto da ganância dos financistas.

Posteriormente também ficamos sabendo da situação financeiramente delicada da Grécia e da Itália. Ela provocou sérios solavancos nos mercados internacionais desde fevereiro de 2010 e a surpresa é que tinha sido em grande parte produzida pela ação conjunta dos governos daqueles países com grandes banqueiros norte-americanos. Esses aconselharam os governos a realizarem operações financeiras que mascaravam déficits profundos através da emissão de papéis lastreados nas receitas futuras dos sistemas de loterias e dos aeroportos (Louise Story, 13.02.2010). Vemos assim claramente que, como no caso da governança corporativa à brasileira, quaisquer instrumentos financeiros de largo espectro são o resultado de longas cadeias de negociação e de legitimação cruzada, não só internas à esfera financeira, mas também a outros âmbitos. Reconhecendo essa complexidade, dificilmente poderemos separar a esfera financeira dos outros circuitos de sociabilidade, em especial, o campo do poder. E essa ponderação entre os papéis dos agentes financeiros em senso estrito e outros segmentos das elites separa essa análise sociológica da crise daquela "internalista", oferecida pelos Estudos Sociais sobre as Finanças, baseada em circunstâncias internas ao mundo dos financistas e exposta originalmente em Mackenzie (2009).

Os solavancos e a aceleração das disputas no espaço financeiro do Brasil

No Brasil, o primeiro momento da crise foi uma verdadeira "benção" para os banqueiros tradicionais, que na situação encontraram boas justificativas para avançarem no processo de concentração bancária. Reparemos que os críticos do *spread* bancário (principal mecanismo de remuneração dos bancos) apontam justamente a oligopolização do crédito como a causa estrutural e fundamental para explicar o fato de o Brasil ser o "campeão mundial do *spread* bancário": apresentar a maior diferença entre a remuneração dos investidores que aplicam seus capitais nos bancos e a remuneração dos bancos auferida pelos empréstimos propiciados por esses aportes (Godoy, 01.02.2009; Tereza, 21.08.2006). É então que vimos, no início da crise, a aquisição das carteiras de empréstimos dos pequenos bancos pelos bancos maiores com o dinheiro antes imobilizado dos depósitos compulsórios recolhidos no Banco Central (Nakagawa, 03.10.2008; Grinbaum, 07.11.2008; Martello, 26.03.2009). Outro movimento na mesma direção foi o anúncio da fusão entre os Bancos Itaú e Unibanco (Online, 03.11.2008), seguida da esperada "resposta" de outros gigantes, como o Banco do Brasil, que se apressou em negociar a aquisição da "Nossa Caixa" (Online, 20.11.2008) e um pouco mais cedo, a mídia nos fez tomar nota da fusão entre o Banco Santander e o Banco Real, que estava em banho-maria depois da aquisição da matriz do segundo pela do primeiro (Ribeiro, 24.07.2008). Passaram assim pelos nossos olhos processos ineditamente rápidos e intensos de concentração bancária, que em outros momentos seriam questionados e possivelmente impedidos. Em especial, a fusão entre os bancos Itaú e Unibanco que factualmente foi facilitada pela "corrida" contra o Unibanco no início da crise (Balarin, 10.11.2009). Mas a solução proposta pelos grupos proprietários dos dois conglomerados, que implicava um aumento significativo da concentração bancária, só poderia ser aceita no pano de fundo do medo generalizado de uma corrida contra o sistema financeiro como um todo.

No outro lado do tabuleiro montado por essa mesma conjuntura, vimos que os porta-vozes da indústria passam a criticar uma nova elevação do *spread* bancário e do outro, o próprio Presidente da República alçou o tom da crítica contra os bancos a um nível inédito (Alencar 01.03.2009; Rehder, 13.02.2009). Mas o novo estágio da concentração bancária se instalou e sua reversão seria um fato inédito, ainda mais em momentos de crise, já que o entendimento prevalecente é que a concentração em torno de poucos bancos muito capitalizados produz a necessária solidez para o sistema financeiro do Brasil. E, diante da crítica à concentração, Roberto Setubal, presidente do Banco Itaú declara sem aparente oposição que "a maioria dos países tem quatro ou cinco bancos de varejo. É normal" (Dezem, 12.08.2009).

Numa ação oposta, surgem duas evidências sobre a "ofensiva" do governo federal contra o *spread* bancário. A primeira foi a substituição do presidente do Banco do Brasil, tido como excessivamente focado na rentabilidade do banco e, portanto, contrário à política desejada (Galvão, 09.04.2009; Ribeiro, 09.04.2009). Mais surpreendente foi o improvável engajamento público de Henrique Meirelles, então Presidente do Banco Central, na causa do rebaixamento dos juros, já que sua biografia pregressa de "homem do mercado" o afastaria dessa pregação, tida como "populista" pelo bom senso financeiro (Rosas, 15.04.2009).

É interessante notar que a postura governamental, mais aguda e sistemática e aparentemente dissonante em relação ao seu comportamento dos anos do seu início, que foi caracterizado como conivente com os interesses do mercado financeiro, pode ser considerada uma tentativa de retomada de uma tendência inicial. Recuperemos então a nossa cronologia, que começa em (T1) com o episódio da malsucedida tentativa de alterar a ordem financeira que o primeiro governo Lula ensaiou logo no seu início (Oliveira, 19.02.2003; Leonel, 26.03.2003; Grün, 2004). Aparentemente, diante da falta de apoio para a iniciativa, o governo teria "jogado a toalha" naquele momento, se conformando com um padrão de convivência com a esfera econômica que preservaria os privilégios que os *players* têm extraído da economia nacional nas duas últimas décadas (Grün, 2007). Mas olhando a cronologia da micro-história do período somos obrigados a ir mais além. Naquele momento apareceu de maneira bastante clara uma sequência iniciada pelas tentativas governamentais de regulamentação, seguida das críticas cada vez mais elevadas e diversas tentativas de acordo sugeridas pelo governo, que na verdade eram episódios de capitulação parcial (Oliveira, 19.02.2003; Leonel, 26.03.2003). E esse tango foi sendo dançado num pano de fundo caracterizado pelo estado aparentemente catatônico dos possíveis apoiadores do governo, imobilizados diante da violência simbólica perpetrada pelos críticos ligados ao mercado financeiro. Naquele episódio, as linhas de força da disputa cultural fizeram a sociedade enxergar as tentativas governamentais como a simples tentativa de "tabelar os juros" – fazer valer a Lei da Usura (Decreto nº 22.626 de 07.04.33), que existia não regulamentada desde a década de 1930, pretensão "jurássica", descabida, regressista e reveladora de um pensamento econômico medieval, segundo os comentaristas, financistas e economistas midiáticos. E também podemos registrar naquela ocasião um ótimo exemplo da capacidade de imposição das representações surgidas no campo financeiro sobre o resto da sociedade e assim a pouco intuitiva produção de sentido que ele produz, no "duplo sentido" de significação propriamente dita e de um enquadramento da situação que favorece a atividade financeira (Grün, 2004).

O fantasma do comunismo: versão brasileira

Retornando ao episódio da troca de comando do Banco do Brasil, já no nosso momento (T3), a primeira reação do "mercado" foi atacar as pretensões governamentais invocando o fantasma da "ingerência política", que estaria abalando a credibilidade econômica do banco estatal e do governo como um todo (Camba, 09/04/2009). Aí a dinâmica cultural que subsume as disputas econômicas e políticas mostra sua envergadura. Surge então com toda a força a versão brasileira do fantasma do comunismo. Ela estava apenas sugerida no final de 2008, mas o episódio da mudança de comando do Banco do Brasil permite que nossos comentaristas retirem esse recurso de sua caixa de ferramentas culturais e façam uso extenso de suas virtualidades.

Quando o banco dito estatal, mas tendo acionistas minoritários privados, pode imprimir à sua ação uma lógica menos diretamente entendida como financeira? Há uma lógica econômica de maximização dos ganhos "para o acionista" que é geralmente aceita como correta, no seio da qual o espaço para ações de fomento governamentais é muito reduzido. A rotina da política brasileira nos acostumou a aceitar o atendimento de alguns grupos de pressão, ditos incontornáveis, como os grandes proprietários agrícolas que se beneficiam do crédito rural e, em especial, de condições privilegiadas de refinanciamento de dívidas passadas. Ainda que tal "desvio" não encontre guarida em termos doutrinários, ele é costumeiramente aceito como uma compensação razoável para o fato de que os bancos estatais estão protegidos da falência pela garantia em última instância que o governo federal lhes aporta.

É claro que cabe uma discussão sobre as causas da tolerância em beneficiar esse grupo específico das elites que são os grandes proprietários rurais, em geral próximos dos principais protagonistas dos partidos políticos mais tradicionais, como pelo menos indicam as revelações saídas da celeuma periódica que o tema suscita (Ribeiro, 05.08.2009; Tenório, 19.10.2006). No início da crise o governo pedia ao banco uma ação bem mais ampla, que altera as linhas mais gerais das atividades nas esferas da economia em geral e financeira em particular: que ele abaixasse suas taxas de juros em diversas linhas de empréstimo, de maneira a deflagrar uma dinâmica concorrencial que obrigaria os bancos privados a realizarem reduções análogas. Como os bancos estatais manejavam naquele momento quase 40% do total da oferta de crédito, essa solicitação, se cumprida, poderia efetivamente afetar o mercado de dinheiro.

Até o deflagrar da crise a resposta a essa demanda seria um sonoro **não**, amplamente apoiado por todos os intermediários culturais que costumam intervir em situações análogas. A sociologia das finanças contemporânea insiste no papel desses intermediários culturais ou diretamente financeiros na constituição do espaço social favorável àquela atividade. Esses agentes que ganharam evidência nos estudos sobre a internacionalização dos diversos espaços sociais são responsáveis não só pela tradução de conteúdos oriundos de línguas diferentes, mas também de linguagens oriundas de espaços profissionais e culturais anteriormente incomunicáveis. Os mais conhecidos são as chamadas agências de *rating*, que avaliam a solidez e desempenho dos diversos emissores de títulos financeiros a partir de pressupostos que, supostamente, são os da avaliação prudencial que privilegia a solidez dos entes avaliados e portanto a minimização das perdas dos investidores (Sinclair 2005). Mas, além desse grupo que faz a tradução explícita (e, evidentemente, enviesada), há também os consultores empresariais em áreas que vão desde as relações públicas até a governança corporativa, que circulam tanto entre diversos ramos econômicos como nos países e o enorme contingente de comentaristas oriundos das academias e da mídia.

Podemos ver duas facetas importantes do problema no texto inglês de Folkman (2006) refletindo um contexto de forte autonomia financeira, e no francês de Montlibert (2007) para um espaço mais regulado externamente. Sobre o papel das agências de *rating* na crise dos *subprimes*, ver Poon (2009). No Brasil há, entre outros, trabalhos sobre consultores empresariais que fazem circular a cultura gerencial entre empresas (Donadone, 2009); sobre "gurus financeiros" que traduzem conteúdos oriundos do espaço empresarial e financeiro para o mundo doméstico (Leite, 2009), além de trabalhos em curso sobre jornalistas econômicos (Pedroso Neto, no prelo). Até o deflagrar da crise esses intermediários, seja no contexto brasileiro seja no internacional, exerciam um papel muito forte de ventríloquos da razão financeira. Não por acaso, um dos maiores contenciosos do momento dizia respeito à continuidade ou ruptura desse posicionamento e ação (Lordon, 2008).

É interessante notar que a crise diminuiu a eficiência das "ações práticas" dos intermediários, o que ficou bem evidente no desenrolar da questão do Banco do Brasil. Em tempos pré-crise, assistiríamos a uma sequência já conhecida. Nela, os economistas e comentaristas econômicos ridicularizariam as pretensões do governo, que seria caracterizada como jurássica e resquício do negro passado socialista do Partido dos Trabalhadores. Em seguida surgiriam boatos de que o *rating* do banco iria se degradar. Finalmente a própria burocracia interna dos bancos se identificaria com o bom senso profissional dos financistas derrubando a pretensão do governo federal na ponta final do processo no qual ele deveria ser viabilizado.

Num primeiro momento, a presidência do banco manteve a postura esperada. Deviam prevalecer os interesses dos acionistas e o ganho do governo relativo à propriedade majoritária das ações do Banco, corresponde fundamentalmente aos dividendos que sua atividade gera ou a venda de suas ações. Mas, e no novo panorama que tem a crise financeira internacional como pano de fundo? Os exemplos do "primeiro mundo" que até agora forneciam os scripts de atuação "racional" parecem ter perdido o encanto costumeiro. Isso significa que a violência simbólica tradicional perdeu um pouco da sua eficácia. Não foi então surpreendente notar que nesse momento se reforçam as argumentações "genuinamente nacionais". A tese da incerteza jurídica foi recuperada com toda a força e assistimos a uma reiteração de seu enunciado e, principalmente, da ênfase nos indícios que ajudam a lhe conferir verossimilhança e na tentativa de controlar as fontes de informação sobre o tema. Já que a "inadimplência" é considerada como o principal componente do custo dos empréstimos, não é por acaso que se explicitou naquele momento uma disputa em torno do controle das informações sobre a qualidade do crédito bancário, em especial, sobre quem são os "bons pagadores" (Estado, 02.02.2009). Rapidamente se forma um contencioso sobre o famoso "cadastro dos bons pagadores". Ele deveria ser operado pelo governo federal ou por um consórcio formado pelos bancos e suas associações patronais (Iglesias, 22.07.2009)?

Os efeitos perversos

No momento delicado para a legitimidade do sistema apareceu uma variante apropriada da tradicional retórica dos "efeitos perversos da ação governamental voluntarista" descritos por Hirschman (1991). Em que pese a sua boa-vontade e a necessidade social reconhecida, do preço do dinheiro abaixar no país, em especial nesse período de crise, ... "se o governo insistir com essa medida antinatural de tentar forçar os juros para baixo, apenas criará uma ainda maior escassez de crédito" (Sciarretta, 18.04.2009).

Mais adiante, quando a pressão governamental se intensificava e a magia tradicional se mostrava cada vez menos eficiente, o setor financeiro deu mostras – depois soubemos, provisórias – de se conformar com a situação simbólica. Ainda que o *spread* tenha se mantido, parece que começamos a entrar numa nova situação em que essa forma básica de remuneração da intermediação bancária teria que se inclinar para baixo (Safatle, 03.07.2009; Iglesias, 22.07.2009).

O conformismo não durou. Em seguida apareceram outra série de atores, os "grandes homens do mercado" do momento e reconhecidos na sociedade. Primeiro, Armínio Fraga, o herói dos jovens financistas que observamos anteriormente, naquele momento investido da condição de presidente do conselho da nova entidade que reúne a Bolsa de Valores e sua homóloga de Mercadorias & Futuros. Ele cobrou do governo federal que o "desmame o mercado", diminuindo as atividades comerciais do BNDES, que balizam e limitam as taxas de juros para empréstimos de prazo mais longo (Moura, 07.08.2009). E, logo em seguida, o presidente do Banco Itaú, outra voz considerada moderada e porta-voz das elites tradicionais, vem completar a homília, nos lembrando que "a redução do *spread* de bancos públicos não é sustentável" (Leopoldo, 12.08.2009).

Mas, no mesmo dia, eis que também ficamos sabendo de outros dados. O primeiro é que o setor bancário como um todo não chegou a estar descontente com a atuação governamental. Por exemplo, quando apareceu a revelação que os bancos médios "de varejo" estão satisfeitos, pois o governo federal alterou as regras para a outorga de crédito consignado, de maneira a ampliar essa carteira de crédito, fonte de lucro praticamente garantido para o setor (Carvalho, 12.08.2009; Moreira, 12.08.2009). O segundo é que o mesmo BNDES preparava um "fundo garantidor de investimentos", que diminui o risco que os bancos incorrem ao emprestarem para os pequenos empresários, substituindo as tradicionais taxas astronômicas por valores mais alinhados com as médias internacionais (Romero, 12.08.2009). O terceiro, diante de outra manobra dessa aparente ofensiva governamental contra o *spread*, a tentativa de diminuir as taxas diretas que os bancos cobram pelos serviços que prestam aos clientes, esses últimos estariam recorrendo ao seu anteparo mais tradicional, o Partido Democratas, ex-PFL (Ulhôa, 12.08.2009).

E por fim, outra subsérie de movimentos pouco previsível: Depois de uma defesa veemente da ação financeira governamental pelo presidente do BNDES, no dia seguinte à declaração de Setúbal, o ministro da Fazenda contradiz diretamente nosso presidente do Itaú na questão central do *spread* bancário: "BB vai pressionar e fazer bancos privados 'comerem poeira', diz Mantega" (Ciarelli, 06.08.2009; Camarotto, 08.20.2009; Cucolo, 2009).

Com quem fica o mico?

O jogo da legitimação fica incompreensível se não lembrarmos a cronologia dos últimos anos, mostrando que não é só da fria lógica econômica que se nutre a imagem positiva dos grandes bancos. Se recuarmos para momentos anteriores do campo, verificamos que, como explorado no capítulo anterior, os grandes bancos comerciais de varejo, representando o polo dominante do espaço, adotaram formas densas de legitimação diante da sociedade, que lhes permite "manter a moral" – utilizar o capital simbólico acumulado – mesmo nesses tempos que se mostram muito difíceis para seus correspondentes do "primeiro mundo".

Olhando o campo financeiro em "condições normais de temperatura e pressão" lembramos que, no contexto da implantação da "boa governança corporativa" esses bancos investiram maciçamente nos últimos anos em atividades de responsabilidade social e de sustentabilidade, que de alguma forma compensavam o clamor deflagrado pelas críticas ao *spread* bancário "mais elevado do mundo". Essas ações, nas mais diversas zonas do trabalho social e preocupações ecológicas, se caracterizam por serem consensuais em termos das suas conotações morais. Assim, os bancos acabam sendo lembrados por diversos setores da sociedade, em especial pelos operadores das boas causas sociais e ambientais por eles patrocinados, como entidades bem situadas moralmente (Grün, 2005; Sartore, 2006; Grün, 2007). E, na esfera pública brasileira da primeira década do século XXI, em que a escandalização sistemática conduziu os políticos profissionais e seus mecanismos de decisão a sofrerem um contínuo processo de deslegitimação, os membros das ONGs se transformam em arautos e garantidores em última instância da moral e bons costumes. Dessa maneira, naquele momento de perigo para a sua legitimidade, obter a simpatia ou, pelo menos, o silêncio dos operadores reconhecidos das boas causas sociais, cívicas e ambientais foi um grande trunfo.

Do seu lado, vimos que os "jovens financistas" apresentavam mecanismos de legitimação diferentes. Eles se definem como inovadores no espaço que trazem soluções para problemas econômicos e mesmo políticos, como a viabilização dos consórcios que disputaram a privatização das empresas estatais nos anos 1990, fundos de recebíveis, que formalizaram e expandiram o crédito popular via cheques pré-datados e a mais recente expansão da produção de etanol através da instalação de novas usinas, usando fundos de *private equity* (Neto, 2008). Ainda que a pesquisa de campo mostre uma enorme interação entre esses "inovadores" e os bancos tradicionais – que se beneficiam das novidades adotando-as assim que elas se mostram viáveis, e sem correr os riscos da inovação – as críticas contra a "financerização" acabam recaindo sobre nosso polo inovador. E esse também acaba sendo o principal prejudicado pelo súbito arrefecimento do fluxo de recursos financeiros para as suas atividades de "vanguarda", que no novo contexto perdem o rótulo de "inovadoras" e passam a ser caracterizadas como "aventureiras" ou, no mínimo, como "arriscadas".

Num primeiro momento prevaleceu internacionalmente a caracterização de que a crise foi deflagrada pelos excessos de "criatividade" do setor financeiro (Wolf, 15.04,2009 ;Lordon, 2008). Logo, seus culpados seriam justamente os "inovadores" do campo financeiro. Ainda que o segmento brasileiro desse grupo internacional seja apenas um *player* pouco expressivo no jogo, mais "tropicalizando" inovações concebidas no mundo anglo-saxão do que propriamente as inventando, algumas repercussões diretas apareceram.[9] As primeiras delas, já referidas, foram as perdas expressivas com derivativos cambiais que algumas empresas exportadoras declararam logo no início da crise, que foram atribuídas à má gestão de seus executivos financeiros. Em seguida, os boatos sobre a

---

9   Outro ponto notável do período é a pouca atenção da mídia sobre a possível, e muito provável, ligação do execrado banqueiro Daniel Dantas com outros participantes do campo. Tudo se passa como se nosso "boneco de Judas" fosse um ator completamente independente do espaço no qual nasceu e se desenvolveu e que suas atividades devem ser catalogadas apenas no espaço policial ou político partidário. Entretanto, dados os mecanismos atuais de compensação de riscos e distribuição de lucros, o banco de Dantas certamente empresta, toma emprestado, terceiriza e realiza diversas outras operações em cooperação com outras organizações financeiras. A omissão desse encadeamento óbvio é então um dado claro que indica o controle da agenda e, mais genericamente, dos enquadramentos possíveis para a sociedade brasileira pensar a crise.

exposição de afortunados brasileiros na famigerada pirâmide de Madoff, a partir de investimentos que teriam sido aconselhados pelos financistas nacionais. Em ambos os casos uma primeira bateria de notícias atribuía essas operações malsucedidas aos conselhos e apoio organizacional dos grandes bancos. Mas elas foram rapidamente estancadas e substituídas por outra versão, que imputava os erros a banqueiros menos estabelecidos, que operavam em escala mais reduzida e que no subespaço social que investigamos, se situam no polo inovador (agora aventureiro) do campo financeiro (Wolf, 15.04.2009; Cançado, 18.12.2008; Monteiro, 20.02.2009). Assim, ainda que a situação brasileira se distinga bastante daquela observada nos países centrais, a predisposição de caracterizar um tipo bem definido de culpado no polo sociologicamente mais jovem do espaço, aquele que automaticamente consideramos impetuoso e aventureiro, também foi observada no Brasil.[10]

Vimos que uma resultante dessa configuração é o avanço do processo de concentração bancária. Ele é normalmente combatido porque, segundo a crítica, torna mais fácil o controle do fluxo de recursos econômicos da sociedade por um número cada vez menor de banqueiros. A partir desse oligopólio eles ganham força para arbitrar os juros de acordo com a sua conveniência. Mas no contexto da crise a evolução acaba se justificando como medida "excepcional". E correspondentemente prevalece na esfera das retóricas aquela que reza as virtudes da "economia de escala" na

---

10 Essa constatação, entre outras, poderia servir de entrada para uma análise da formação das pautas jornalísticas e a formação de agendas de discussão econômica. Os exemplos acima sugerem uma forte dependência da imprensa econômica brasileira à pauta internacional. Mas os escândalos também são reveladores. No final da década de 2000 e início da de 2010, enquanto a imprensa internacional apontava o bom desempenho econômico e social do país, assistíamos internamente a autoflagelação permanente que refletia a indisposição dos antigos portadores de capital cultural diante da transformação do espaço em que se movem. Voltaremos a essa questão no final do capítulo.

atividade financeira, que tornaria os bancos mais seguros pelo volume de recursos que poderiam mobilizar diante de alguma situação adversa. E a visão alternativa que tenta acautelar a sociedade contra a "oligopolização do crédito", que chama a atenção para as assimetrias entre ofertantes e tomadores de crédito praticamente sai de cena. É interessante que internacionalmente a crise deflagrou o debate sobre o *moral hazard*, a necessidade de evitar que as instituições financeiras sejam grandes demais para falirem e aproveitarem sistematicamente desse determinante, mas esse debate praticamente não se faz no Brasil (Chan, 02.02.2010; Sorkin, 2009) Saddi, 23.12.2009). Mas a pouca ressonância daquela advertência foi outro efeito previsível do regime de verdade produzido pelo campo financeiro e difundido através da sociedade.

Flexões semânticas e formas de argumentação

O argumento da "economia de escala" apresenta nuances que revelam muito das formas de legitimação e, consequentemente, dos desfechos mais prováveis para a crise. Primeiramente, ele é invocado num momento que por diversos motivos é pouco favorável ao mundo financeiro e às suas causas. A ideia de se conseguir robustez e maior produtividade dos recursos disponíveis através da economia de escala é, em geral, um argumento do setor industrial quando se defronta com a razão financeira. Essa prefere buscar produtividade através de mecanismos de mercado: a concorrência extrai o melhor dos agentes, obrigando-os a, como quer a linguagem indígena do espaço financeiro, "correrem atrás do prejuízo". E mais do que isso. Em geral os financistas e os economistas que os vocalizam tendem a desbancar os argumentos baseados na economia de escala, vendo neles principalmente uma desculpa para mascarar o excesso de burocracia, a falta de comprometimento com a lucratividade das operações empresariais e, portanto, o mau uso dos recursos econômicos axiomaticamente escassos e a consequente queda de produtividade. Para eles, o protótipo da boa organização é aquela "enxuta", implicitamente pequena, na qual os incentivos propiciados pela concorrência têm mais condições de prevalecer (Douglas, 1996).

É claro que não podemos exigir coerência lógica ou semântica dos banqueiros e seus porta vozes. Mais do que isso, como mostra Lordon para a França contemporânea, os grandes banqueiros têm uma especial capacidade de travestir e envelopar os seus idiossincráticos interesses particulares e políticos menos defensáveis numa argumentação que parece a da lógica econômica. Entretanto, ela se desnuda rapidamente quando os interesses políticos ou ameaças a projetos pessoais se alteram, pois as argumentações mudam junto e mesmo se opõem às anteriores (Lordon, 2002).

Além do aparente imbróglio, podemos extrair algumas consequências sociológicas do uso da argumentação "fora do lugar" da economia de escala. Ela distancia os banqueiros tradicionais das posturas mais radicalmente financistas, ou do chamado "fundamentalismo de mercado", ao mesmo tempo em que sugere a possibilidade da "economia de escala" baixar o preço do dinheiro enquanto produto. Além disso, nada mais natural do que nossos banqueiros desejarem se distanciar daqueles que são imputados como os causadores da crise. E essa distinção se realiza tanto na esfera ideológica quanto na prática. Em períodos de euforia financeira, o "arrojo" e a "novidade" fazem parte de um estilo de argumentação sincrônico e são louvados como as características mais favoráveis dos financistas, que elevam seus investimentos aos mais altos patamares de rentabilidade – e a sociedade ao rendimento mais elevado de suas potencialidades. Mas no momento da crise, "arrojo" e "novidade" viram sinônimos de "desregramento" e "aventura". E "economia de escala" é um argumento diacrônico, que só pode ser utilizado pelos grandes banqueiros (e não pelos financistas de vanguarda) e remete à ordem industrial, à tradição e segurança da vida econômica regrada e previsível (Boltanski; Thévenot, 1991; Douglas, 1996). Assim fazendo, os banqueiros também se aproximam dos industriais e mesmo dos governantes, enfraquecem a crítica (e o argumento) da oligopolização e isolam a crítica adversa.

Nesse processo os "jovens banqueiros", num primeiro momento, são deixados para trás, tanto ideologicamente quanto na mais dura esfera comercial: os clientes fogem deles. Como ficam então as inovações que, pelo menos até agora, são eles que trazem para o campo? O campo das finanças denomina "inovações" os novos títulos de crédito, genericamente, papéis, que sistematicamente são concebidos com a intenção declarada de conferir maior liquidez e segurança para a vida econômica, transferindo e pulverizando os seus riscos e liberando mais recursos para aplicações que redundem em aceleração das atividades. Quando se escuta o termo "inovação", normalmente ele é associado ao desenvolvimento científico e tecnológico, que se traduz em progresso, melhoria das condições de vida e de convívio. "Inovação financeira" tem assim uma conotação positiva, pelo menos no período anterior à crise.

Um dos primeiros efeitos da crise foi provocar a suspeição sobre a ideia de "inovação financeira", quando a mídia se tornou veículo para muitos atores expressarem suas dúvidas quanto à qualidade das novidades introduzidas pelos financistas (Lordon, 2008; Julie Froud, 2009; Ewald Engelen, nov., 2008). Alguns desses atores já faziam críticas em períodos anteriores, mas não tinham espaço e outros, que anteriormente eram mais simpáticos às causas das finanças, passaram a criticá-las. Em especial os agentes governamentais de diversos países, inclusive o presidente Lula, que pareciam reféns do campo financeiro, alçaram o nível de críticas que em momentos anteriores pareciam esquecidas ou "guardadas na gaveta" (Alencar, 01.03.2009; Sawer, 05.04.2008). Num momento seguinte, aparece a imprensa de negócios. Nos periódicos mais respeitáveis sempre houve um crítico de plantão, mas até a eclosão da crise, ele era pouco saliente ou pior, as advertências sobre a "exuberância irracional" dos mercados tinham pouca audiência e eram associadas ao rancor dos perdedores na ordem financeira.[11]

Uma vez eclodida, a crítica ganha algum espaço. E mais uma vez observamos como se fazem coisas com palavras: nesse quadro diminui a complacência taxonômica que aproxima as novidades financeiras das inovações científicas e tecnológicas. Em termos práticos, uma vez desfeita essa aproximação, cada novo papel emitido por um agente financeiro, ou mesmo aqueles ainda não totalmente conhecidos, encontrarão um ambiente desfavorável. Nesse contexto a desconfiança será a primeira reação dos diversos agentes estatais e intermediários que precisam referendar a qualidade do produto para que ele entre no leque de alternativas seguras de investimento.[12] A primeira reação a essa tendência é uma "simplificação" dos produtos financeiros, no sentido de torná-los mais evidentes para o investidor não profissional e, consequentemente, diminuindo o fundo de comércio dos produtores de papéis mais sofisticados.[13] Outra reação se coaduna com o tópico "economia de escala": como no exemplo aci-

---

11   Martin Wolf, periodista do *Financial Times*, e os economistas Nouriel Roubini, Robert Shiller e Paul Krugman, traduzidos e reproduzidos em muitas línguas e veículos são, muito provavelmente, os mais conhecidos indivíduos dessa espécie. Além disso, os acima citados Delfim Neto e Georges Soros são também invocados e solicitados.

12   Na linguagem interna do espaço, é a volta ao *plain vanilla* (por analogia aos sorvetes de massa), os produtos mais conhecidos e menos sofisticados, que podem ser compreendidos e operados por investidores e profissionais menos preparados.

13   Lordon (2008) faz um bom registro crítico e acessível sobre a construção e a lógica desses papéis financeiros.

ma citado dos grandes bancos brasileiros que adquiriram as carteiras de crédito ao consumidor dos bancos pequenos, também no mercado internacional as grandes empresas financeiras aproveitaram a crise para absorver as corretoras menores que apresentam boas performances ou são especializadas em algum produto com demanda crescente (Macdonald, 18.06.2009).

Nesse ponto é importante lembrar que os administradores de investimentos são altamente constrangidos por regras de isomorfismo, que na maioria das situações os obrigam a "seguir a manada" e agir de acordo com seus pares, uma vez que problemas encontrados em decisões de investimentos diferentes das tendências do mercado, quando fracassadas, culpabilizam quem as decidiu ou programou. E o mesmo não se aplica a fracassos ocorridos quando as decisões foram tomadas seguindo aquele vetor. Assim, agir contra as tendências mais claras de um mercado, principalmente quando os riscos de tal ação são públicos, é um procedimento duplamente arriscado (Power, 2006). No contexto da crise as capacidades analíticas e de convencimento do gestor de fundos de investimentos ou do conselheiro individual, mesmo se utilizadas à exaustão, não serão suficientes para fazer retornar a demanda por produtos financeiros complexos.

Traçado o quadro geral dos primeiros impactos da crise, vemos a tendência ao repúdio da "criatividade financeira" e a tentativa de volta a períodos anteriores, nos quais "ao invés da sociedade servir aos financistas, esses é que serviam a todos". Essa temática é recorrente nos períodos de crise aguda e nos imediatamente posteriores (Cowing, 1965). Mas o campo financeiro tem uma lógica incontornável, que entrelaça seus participantes e seus destinos. A complacência taxonômica não surge por acaso. Segundo a versão dos financistas,[14] que é acatada normalmente,

---

14 Ver Mazzucato, 2014 #6003, que apresenta diversas evidências e argumentos que mostram os governos financiando as grandes inovações e as finanças

diversas inovações tecnológicas recentes foram propiciadas por formas de investimento inovadoras, realizadas pelos nossos financistas de vanguarda através do *"venture capital"* e essa conexão é sempre lembrada (Rusli, 08.05.2012). No espaço especificamente brasileiro, o processo de privatização das estatais nos anos 1990 também dependeu de uma complexa engenharia financeira inexistente até então. Evidentemente, podemos pensar que os governos e suas agências de fomento poderão ocupar esse espaço, como vimos o BNDES atuar através da BNDESpar, que centraliza as participações do banco em investimentos de risco, principalmente através de *private equity*.[15] Boa parte do capital amealhado para financiar o boom recente dos biocombustíveis, uma das principais políticas de fomento do governo Lula, é financiada ou alavancada pelo banco através dessa engenharia financeira complexa, que assim deixa de ser um instrumento específico dos novos banqueiros (Mundo Neto, 2008). Nesse quadro, não parece uma suposição razoável pensar que as inovações financeiras possam ser postas de lado. E tampouco imaginar que elas possam ser postas em prática sem a colaboração de membros da "vanguarda financeira" ela mesma, como vimos no capítulo anterior, já suficientemente diferenciada para incorporar a dinâmica, a demanda e as sensibilidades dos outros subespaços do campo.

Podemos então notar a ação persistente do campo financeiro, moldando e explicando as ações e configurações recentes. Não importando muito suas afinidades ou desavenças iniciais, ele enlaça os interesses e sensibilidades dos indivíduos e grupos e produz sentido. Esse sentido engendra e legitima produtos, posturas

---

simplesmente aproveitando suas potencialidades sem, entretanto, devolver à sociedade nem parcela dos recursos governamentais empregados no fomento científico e tecnológico.

15 E, como vimos, a crítica dos *players* privados não tarda a chegar, e através de Armínio Fraga, um porta-voz de peso nesse espaço (Moura, 07.08.2009).

e carreiras, além de induzir e justificar tomadas de posição e inflexões de fora para dentro do campo financeiro. O sentido não é integralmente compartilhado, mas, quando examinamos a crise financeira internacional, é sociologicamente necessário dar ênfase à parcela de consenso que ele engendra. Reparemos que as duas soluções polares, normalmente expostas pelas correntes de direita e de esquerda não integradas ao campo financeiro, podem ser lançadas, mas o campo trabalha para descartá-las. A tradicional postura direitista de fazer funcionar o *moral hazard*, posta em prática pelo governo republicano norte-americano de Bush para o caso Lehmann Brothers é registrada sistematicamente como deflagrador ou, pelo menos, como um dos principais complicadores da crise (Sorkin, 14.09.2008). A postura inicial análoga do governo conservador alemão diante da crise também foi estigmatizada e "enquadrada" (BBC, 06.10.2008; Dempsey 29.03.2009). Do outro lado do tabuleiro, a estatização dos serviços financeiros, típico reflexo das esquerdas tradicionais, também está no rol das posturas "insensatas" e, como vimos no nosso exemplo do Banco do Brasil e em diversos momentos do debate internacional sobre a crise, contra ela se joga a memória negativa do comunismo (Ribeiro 02.03.2009; Wilchins 16.01.2009; Karydakis 17.02.2009; Kartográfiai Vállalat; Papp-Váry *et al.*, 1993)(Ribeiro, 02.03.2009; Wilchins, 16.01.2009; Karydakis, 17/02/2009).

A cronologia dessa primeira fase da crise no Brasil indica que seus desdobramentos são subordinados à disputa cultural e ideológica que atingiu intensidade inédita desde a ascensão de Lula e particularmente depois dos escândalos de 2005. O campo financeiro produz e incorpora sentido produzido alhures e vem daí a força ou fraqueza que em última instância irão decidir a sua autonomia, a riqueza e status de seus participantes e as formas que irão produzir o futuro do país. A primeira onda de choque foi bem absorvida pelo seu setor estabelecido, que "lucrou" com a concentração bancária e através dela impôs condições estruturais ainda mais favoráveis nas suas disputas com o governo e outros atores econômicos. Mas a reação não tardou e o debate político se reacendeu em proporções inéditas, ameaçando o predomínio das finanças. A retórica empregada para explicar a nova situação e dar conta das críticas foi construída em torno da ideia de "economia de escala", que normalmente é vocalizada pelo setor industrial e outros grupos que não participam do mesmo espaço e por vezes se opõem aos seus produtos. Ela sinalizou uma variante da mesma estratégia de compromisso com outros setores sociais que sustenta a "responsabilidade social e ambiental", indicando que o "fundamentalismo de mercado" que caracterizou a financeirização dos últimos anos talvez esteja se desvanecendo. Mas essa estratégia se choca com a dinâmica fundamental de autonomização do campo, que ainda tem combustível.

Nas esferas política e cultural, tivemos um resultado palpável: por algum tempo a discussão passou a ser se o PAC (Plano de Aceleração do Crescimento) está ou não se concretizando. Se ele poderia ou não contar com maiores recursos se o governo federal "enxugasse a máquina". Mas a pertinência do papel indutor do Estado na economia ficou bem estabelecida. Da mesma maneira, no período pós-crise no qual nos debruçamos agora, não se ousou questionar a necessidade dos bancos estatais para a economia brasileira. Essa configuração contrastou com aquela que vivemos durante os governos de Cardoso e que perdurou até 2006 e alterou drasticamente as referências fundamentais que balizam a atividade econômica.

Mas a situação que descrevemos foi apenas um hiato conjuntural ou pode perdurar? O setor financeiro conseguirá restabelecer o "fundamentalismo de mercado" como ideologia dominante? Ou podemos pensar num "novo paradigma financeiro" que abandonaria aquela tendência mais exacerbada? O caso brasileiro é bastante interessante porque o pano de fundo de um governo oriundo da esquerda do espectro político, contínuo por pelo menos 12 anos, acabou engendrando um tipo específico de dominação financeira, na qual o papel dos intermediários oriundos dos espaços político, sindical e das organizações não governamentais é mais saliente e direto. Essa situação pode se estabilizar ou é totalmente dependente do governo federal favorável àqueles agentes?

A narrativa é a chave do jogo

Proverbialmente, depois das diversas voltas, o próprio campo financeiro também indicou a saída para uma sociologia da crise financeira que dê conta dos seus diversos desenvolvimentos. Passados quase três anos, assistimos um *remake* do filme tradicional: os bancos e casas de investimentos internacionais voltaram a pagar bônus enormes aos financistas ainda que os críticos na imprensa, na esfera política e na academia condenem essa prática e a considerem não só imoral como responsável pela própria crise. E esses mesmos atores "críticos" acabam constatando com ar de desolação que nada nem ninguém podia impedir o fato. Aqui e ali diversas vozes começavam a dizer que os mercados financeiros conseguiram um enorme feito na sua relação com a sociedade. Surgiu então na imprensa especializada a expressão altamente indiciária: [Os financistas e seus aliados teriam conseguido] "controlar a narrativa" sobre o que é a crise, como sair dela ou evitar a próxima (HARPER, 05.01.2011; YERGIN 20.10.2009). Nessa expressão que parece ter sido pinçada das Ciências Humanas pode residir a chave para a sociologia da crise financeira. Trata-se de explicar a dominação financeira sobre a sociedade, seu enfraquecimento durante a crise e a progressiva recuperação do "controle da narrativa": a volta da capacidade do campo financeiro de impor para o conjunto da sociedade a sua visão não só sobre como são, mas também como devem ser a economia e a justiça.

Para os jornalistas, imersos no dia a dia da política e da economia, a imposição é fundamentalmente o resultado do lobby das finanças e da inteligibilidade dos argumentos financeiros. De um lado, os financistas dispõem de dinheiro suficiente para pagar "um exército de lobistas". E, além disso, como a atividade financeira contemporânea é extremamente complexa, os membros do governo e dos parlamentos que poderiam questionar as causas das finanças ficam inseguros no debate e acabam se rendendo aos argumentos financistas, aceitando suas explicações sobre as causas da crise e as maneiras de evitar uma próxima. O resultado maior desses constrangimentos exercidos pelas finanças sobre o espaço político seria que as tentativas de aumentar a regulação sobre a atividade financeira são consideravelmente diminuídas e, principalmente, a questão altamente sensível das remunerações dos financistas se mantém em quadros favoráveis a esses últimos.

Entretanto, a leitura conjuntural vinda da pena dos jornalistas só encontra amparo sociológico quando justamente focamos nossa atenção sobre os diversos fios que ligam as finanças ao resto da sociedade. Porque não há lobby eficiente advogando as causas daqueles que são prejudicados pela crise? Porque os legisladores não procuram criar capacidades de processamento e inteligibilidade de informações financeiras independentes do "lobby de Wall Street"? No espaço acadêmico e intelectual anglo-saxão, altamente diversificado, certamente essa capacidade está disponível, sedenta de reconhecimento e apresenta "narrativas" e soluções alternativas aos dilemas sociais causados pela crise financeira.[16]

---

16   Ver, por exemplo, o interessante relatório do grupo de pesquisadores reunidos na Universidade de Manchester. Disponível em: http://www.cresc.ac.uk/sites/

Já no caso brasileiro, pudemos acompanhar a evolução do início do governo Dilma, nesse "interessante" momento em que o espaço financeiro tenta refazer a narrativa sobre as formas como, no seu início, a crise foi tratada pelo governo federal. Aqui aparece o esforço de reenquadrar as medidas tomadas pelo governo, antes consideradas corajosas e virtuosas, como "gastança promovida por Lula para eleger Dilma". Consagrada essa inflexão, teríamos não só a restauração do predomínio intelectual dos pontos de vista exarados do espaço financeiro, como também a ampliação da corveia que o setor financeiro extrai da sociedade brasileira. Afinal, o remédio para a gastança é o aumento da taxa básica de juros e do superávit monetário do governo federal, necessário para pagar esse acréscimo no manejo da dívida. Quem paga é o governo federal, retirando recursos que iriam para a mão esquerda, para os setores menos aquinhoados da sociedade. Quem recebe são os rentistas das mais diversas naturezas, desde os aposentados e pensionistas vinculados aos fundos de pensão até os banqueiros e acionistas individuais dessas organizações, os quais, no país dos juros mais elevados do mundo, auferem rendimentos polpudos que representam a transferência para as suas mãos de uma parcela significativa das riquezas produzidas no país. Episodicamente, depois da eclosão da crise, pudemos notar essa tendência de maneira mais nítida nos momentos quentes (para o campo financeiro) quando se avizinhava uma reunião do Comitê de Política Monetária (Copom) que estabelece a taxa básica de juros que remunera os empréstimos da dívida pública, que assim se torna o piso das taxas praticadas no mercado interno. É quando os locutores dessa tentativa de "restauração narrativa" se apresentam mais intensamente na mídia *mainstream* e praticamente ocupam todo o espaço locutório disponível. As manifestações que coletei datam, não por acaso, dos dias que

default/files/Alternative%20report%20on%20banking%20V2.pdf.

antecedem aquela programada para os dias 1 e 2 de março de 2011.[17] Esse estilo dos "recados" dos porta-vozes do campo financeiro foi configurado, evidentemente, antes da crise e costuma enfatizar os perigos de aumento, ou da volta, da inflação e os riscos de desorganização da atividade econômica que lhe seria correlato. No período pós-crise os recados vinham com uma especificação. A ousadia anterior do combate à crise, agora assimilado a um descalabro que teria sido promovido para eleger a sucessora de Lula, e a desconfiança em relação ao novo governo federal vindo da esquerda do espectro político deve ser purgada com medidas "heroicas" de aumento das taxas e de restrição orçamentária.

Naquele período "pré-reunião" do Copom, surgiram dois argumentos contrários ao aumento da taxa básica de juros: o primeiro dizendo que a inflação do início do mandato de Dilma era exógena, produto de uma tendência internacional de aumento de preços que também se reflete no Brasil e para a qual um eventual aumento de juros internos seria inócuo; o segundo tentando introduzir uma variante no combate à inflação, as medidas "macroprudenciais", que acrescentariam novos instrumentos para a tarefa, como elevação dos depósitos compulsórios para as diversas captações dos bancos e exigências que diminuíam a capacidade de alavancagem dos bancos (BCB, 03.12.2010). Mas, pelo menos no momento quente em que os "mercados" foram auscultados para evitar que a ação governamental cause uma reversão de expectativas que pudesse redundar em dificuldades para instituições bancárias ou mesmo para o mercado interbancário de títulos, esses argumentos e ações não chegaram a ser realmente debatidos. E se impôs mais uma vez a doxa do bom senso financeiro que prevaleceu nos últimos anos. A antropoformização seguida de infantilização reassumiu seu papel

---

[17] https://www3.bcb.gov.br/normativo/detalharNormativo.do?N=110088521&method=detalharNormativo.

na retórica que favorece os rendimentos financeiros: quaisquer outras medidas ou ponderações são invencionices de devedores contumazes que não querem pagar a conta de seus excessos. No país da bagunça e da preguiça, que insiste em "não fazer a lição de casa", temos de purgar seus pecados através da flagelação dos juros altos (GRÜN, 2007).

Realidades e representações

Uma forma de compor os fatos descortinados nas facetas norte-americana e brasileira da crise é recuperar dinamicamente a "velha" postulação durkheimiana que atribui à sociologia a missão de estudar não os fatos em si, mas as suas representações sociais (BOURDIEU, 1997). A partir dessa premissa, passamos a observar as diversas representações sociais da crise e a disputa entre elas pela prevalência de uma das versões na sociedade. Essa "vitória" de uma das versões teria, evidentemente, imensas implicações já que, como vimos, ela consagraria as formas de intervenção, os culpados e legitimaria imensas transferências de recursos econômicos, que normalmente sairiam das mãos esquerdas dos governos para as suas mãos direitas, das políticas sociais para as atividades de socorro e fomento das finanças.

Nesse sentido, assistimos a apresentação de duas explicações sociológicas bastante interessantes tanto no seu conteúdo intrínseco quanto na sua possível capacidade de influir na construção da narrativa da crise. A primeira é a "internalista" de Mackenzie que constrói sua explicação a partir da sociologia do conhecimento como a dissonância cognitiva entre duas comunidades de agentes financeiros que avaliavam diferentemente títulos financeiros de mesma natureza intrínseca. A outra, proposta por Fligstein apontava uma questão sociopolítica. As agora famosas hipotecas "*subprimes*" teriam sido concebidas para implementar as decisões governamentais tanto do governo dos Estados Unidos quanto da Inglaterra, no sentido de permitir a aquisição da casa própria para populações menos favorecidas daqueles países (FLIGSTEIN, 2009; MACKENZIE, 2009; GRÜN, 2011).

A possível prevalência da abordagem de Mackenzie na sociologia das finanças seria justamente a retenção pela sociedade da representação da crise financeira como o desajuste entre as percepções e ações das duas comunidades financeiras que se relacionam. Esse diagnóstico consagraria uma representação de que a crise é um fenômeno aleatório, praticamente um acidente social ou tecnológico. Equivalente, por exemplo, à queda de um avião causada por divergências cognitivas ou linguísticas entre seu piloto e a torre de comando que deveria indicar as condições e a rota de aterragem, no estilo de alguns alarmes que costumam sair na imprensa e repercutem na blogosfera. E desse diagnóstico surgiria um programa de prevenção baseado nas possibilidades de tradução recíprocas entre as linguagens de cada uma das comunidades de pensamento.

Já se prevalecesse a versão de Fligstein, a "lição" da crise seria a existência de uma relação promíscua entre o setor financeiro e a esfera política em detrimento do interesse geral. Independente da sua possível justeza intrínseca, salta aos olhos a dificuldade de se aceitar o diagnóstico que implicaria numa flagelação geral do campo do poder norte-americano e de outros países do primeiro mundo. Ainda que alguns atores menos comprometidos com o campo do poder possam abraçar essa apresentação da realidade, os resultados já incorporados da sociologia da ciência nos recomendam manter o ceticismo, pois a extensão do abalo que a sua aceitação generalizada provocaria nos diversos espaços das elites nacionais e internacionais torna ela pouco plausível em tudo que uma representação da realidade tem de socialmente concreto (FLECK 1979, orig. 1935; DOUGLAS, 1985 e 1986).

Uma nova rodada, um pouco mais macro, na cronologia recente das relações dos governos norte-americano e brasileiro com os seus respectivos mercados financeiros ajuda a iluminar o assunto. Elas fornecem dados empíricos extremamente relevantes para a análise desses "estados de consciência", ou de "construções de realidades" divergentes e concorrentes produzidas pelas disputas culturais que durante algum tempo sacodem as sociedades contemporâneas mas que acabam conduzindo para a reconstrução paulatina dos seus consensos básicos. E nesse caminho abrem espaço e mostram a relevância de uma sociologia que recupera a lógica do funcionamento da esfera econômica a partir dos seus substratos culturais.

Nos EUA, o início do governo Obama foi uma ocasião particularmente favorável à extensão do controle social sobre a atividade financeira. Em primeiríssimo lugar, a coincidência da crise com a entronização de um governo federal recém-eleito bem demarcado do anterior, com um mandato quase explícito de lidar com as disfunções do que era considerado um exagero na proteção aos abastados na administração republicana que lhe antecedeu. A crise geral obriga as instituições do mercado a buscarem socorro governamental, mas encontram o novo governo, que assume gozando do máximo de prestígio e legitimidade que se pode conceber realisticamente no sistema atual. Essa situação é bem percebida, por exemplo, quando a equipe do novo governo se prepara para tomar posse e Rahm Emanuel um de seus membros mais presentes na mídia, declara que "a crise é uma oportunidade boa demais [para realizar mudanças que em tempos normais seriam impedidas pelos diversos grupos de interesses], não pode ser desperdiçada" (ZELENY 09.11.2008; SEIB 21.11.2008). E nessa declaração estava implícito o aceite de uma visão da crise mais próxima daquela exposta por Fligstein. Mas a série de notícias que recebemos em seguida configurou uma realidade bem tipificada: assistimos a um encadeamento no qual as engrenagens das finanças vão recompondo a dominação, ao minar e subverter os esforços regulatórios que deveriam pôr em marcha a mudança na relação de forças.

Como sugerimos anteriormente essa história nunca acaba, mas é possível acompanhar seus primeiros passos e algumas reviravoltas altamente indiciárias. Após o abalo inicial da "declaração" da crise, assistimos uma ofensiva de relações públicas explícita do setor financeiro, tentando recompor sua imagem danificada (STORY, 18.07.2009). Depois do momento de fragilidade, os bancos e demais instituições vistos pelo mercado financeiro internacional como "muito grandes para poderem falir" voltam à mal reputada política de pagar bônus elevados para seus financistas (DASH, 29.09.2009; SORKIN, 2009). E para fechar o ciclo, acabam atraindo capitais privados para devolver antecipadamente os empréstimos governamentais cujas condições de outorga lhes tolhiam os movimentos (DASH, 13.12.2009). Em seguida, a dura manobra no espaço político que parece consagrar a dominação. Diante do perigo da nova regulamentação, o setor financeiro mobiliza os seus apoios legislativos, manieta os esforços da presidência norte-americana e assim deixa claro "who's the boss" (SORKIN, 15.12.2009; KOPECKI, 30.12.09).

Mas no quadro econômico e social em que as cicatrizes da crise, em especial, o desemprego e as falências pessoais ainda não estão fechadas, a reação governamental recupera o fôlego. Concretamente, ela consegue fazer passar uma nova legislação financeira, menos abrangente do que os críticos das finanças esperavam, mas de escopo suficiente para os membros do governo afirmarem sua intenção de controlar as finanças e algumas das consequências do socorro aos bancos para o resto da população.

No cerne da tentativa se tratou de criar novas agências de controle e aumentar o escopo das possibilidades de controle governamental sobre a imensa diversidade de serviços e agentes financeiros que intermediam empréstimos que vão dos créditos aos estudantes universitários às especificações nem sempre bem esclarecidas das cláusulas de outorga dos cartões de crédito (COOPER, 21.07.2010). O resultado efetivo dessas medidas só poderá ser apreciado se e quando tais organizações estiverem funcionando de maneira autônoma. De qualquer maneira, elas incidem mais sobre os pontos nos quais o clamor popular é direto, mas que não são necessariamente aqueles cuja magnitude pode produzir mudanças importantes na ordem das preferências sociais. E mesmo nesse espaço reduzido, só mais tarde poderemos esclarecer o alcance do jogo de lobby que inevitavelmente age no sentido de diminuir ou redirecionar as atividades governamentais na área financeira (Litchblau, 27.07.2010). Mais provavelmente, as novas agências serão palcos de contenciosos permanentes em torno dos graus de autonomia da esfera financeira da sociedade.

A narrativa brasileira: disputas e possibilidades

Como vimos, a disputa pela representação correta da crise se inscreveu numa cronologia que começa antes dela. A partir do Brasil que é um terreno mais conhecido, podemos observar uma cronologia elucidativa mais longa e detalhada, que começa com a ascensão de Lula em 2003. Como nos Estados Unidos, um governo surgido na esquerda do espectro político local. Nesse primeiro momento, o governo recém-empossado e dotado de forte legitimidade popular tenta implantar alguns ajustes no sistema financeiro através de uma proposta de emenda constitucional. O resultado foi uma censura em regra aplicada pelo campo financeiro no governo federal em que ficou assinalado (na pura acepção de Foucault) que a intenção do governo seria a de tabelar os juros, uma pretensão "ridícula, medieval e jurássica". Depois da impugnação do desiderato governamental se seguiu um período em que o governo pouco se atreveu no que diz respeito a alterar a situação privilegiada que o mercado financeiro goza no país, nem tampouco lhe surgiu qualquer veleidade de afrontar o bom senso financeiro que supervisionou as diversas políticas federais. A ideia de que a política econômica pouco ousada dessa primeira fase do governo petista seria explicável pelas "personalidades conservadoras" de Pallocci e Meirelles é boa para instrumentação política e midiática, mas dificilmente poderia ser retida numa análise mais rigorosa.

A situação muda quando, como vimos a propósito da simbolização da ordem financeira, o governo federal premido pelos escândalos que tiveram seu auge em 2005 se vê obrigado a buscar apoio nos esteios tradicionais da ação política do seu núcleo, os movimentos populares e sindicatos próximos ao Partido dos Trabalhadores. A defesa político-partidária rapidamente se transmuta em defesa ideológica dos princípios do planejamento estatal e do capitalismo "humanizado" e o embate altera as linhas de força da discussão, dos dizíveis e também dos factíveis econômicos. Ressurgem, e são acatadas, ideias antes anatematizadas, como a necessidade de planejamento estatal e a falibilidade das formas de controle social através da autorregulamentação dos setores econômicos. Nessa nova conjuntura, o período imediatamente anterior à crise financeira mostra que o cenário no qual transcorrem as disputas discursivas sobre o futuro da economia e da sociedade brasileiras estava bastante alterado, no sentido do enfraquecimento da identificação entre o senso comum financeiro e o bom senso econômico.

Mas quanto tempo dura a situação em que os desafiantes da ordem imposta pelas finanças conseguem impor seus pontos de vista? Podemos aqui lembrar os diversos episódios recentes da cena internacional em que dirigentes tanto situados à esquerda quanto à direita dos respectivos tabuleiros políticos nacionais – sobretudo europeus, mas também de outros países, incluindo, é claro, o governo federal brasileiro – ensaiaram obstar a doxa financeira, seja na letra, seja "na carne". Vimos no início da crise o próprio presidente Bush, em nome do sagrado princípio conservador da preservação do *moral hazard*, preferindo não intervir na queda do banco Lehmann; na mesma toada, a primeira-ministra alemã Merkel hesitando no socorro aos bancos alemães combalidos e o então primeiro-ministro Brown teceu diversos comentários críticos à atividade financeira internacional mesmo antes da sua deflagração (TREANOR, 03.09.2009; SAWER, 05.04.2008; THEIL, 06.12.2008). Todos esses arroubos foram calados. E no final, a doxa financeira acabou descobrindo, ou impondo uma finalidade nobre para o Estado: a de salva-vidas do mercado financeiro.

Entretanto, a analogia tem limites bem especificados: no nosso caso, o "salva-vidas" está permanentemente cerceado no que diz respeito a adotar qualquer medida preventiva, pois qualquer pretensão dessa natureza representa uma intromissão que os "mercados" reputariam ser certamente desastrosa na vida econômica dos países. No jogo cultural que estamos seguindo, a própria caracterização da situação econômica como de crise já é uma operação simbólica rentável, muito além do que alcança o bom senso cotidiano. Como vimos acima, o consenso social em torno da caracterização de alguma situação como de "crise" permite justificar comportamentos atípicos que ampliam a assimetria da distribuição de recursos a favor dos setores "sinistrados", ou permite a intervenção da sociedade e do governo em setores antes vistos como legitimamente autônomos. Na nossa "crise" financeira assistimos, semanticamente, a uma operação em que a literalidade das agruras sofridas por uma comunidade que tenha sofrido uma inundação ou terremoto é estendida para aquelas situações onde nada de diretamente material tenha sido perdido. A naturalidade das extensões evita qualquer crítica quando do momento crítico da outorga inicial de "ajuda", que costuma ser deflagrada em situação caracterizada como de emergência e dessa forma são inibidas na fonte quaisquer veleidades de debate público sobre a justeza ou adequação dos socorros. Nesses momentos "críticos", os socorristas governamentais e aqueles que os impelem não lembram a sociedade que os recursos solicitados pelo sistema financeiro poderão ser desviados de outra destinação, que foi previamente acordada em algum foro deliberativo "legítimo", como uma escolha eleitoral ou uma votação parlamentar.

Muito menos poderíamos esperar um comportamento esclarecedor por parte dos financistas aliviados e de seus porta-vozes habituais. Esses são muito críticos da atividade de fomento ou de ajuda governamentais quando os socorridos são outros setores. Mas não é difícil deixar de notar seu mutismo em relação ao tema quando deixamos de falar dos milhões destinados aos pobres ou à infraestrutura de transporte e passamos aos bilhões e mesmo trilhão "absolutamente necessário para evitar o derretimento da economia mundial". A situação só pode se alterar quando os setores que perdem os recursos que foram desviados para os socorros começam a sentir a alteração negativa de estado. Concretamente, quando os programas sociais, de fomento econômico, de educação e outros passam a sofrer restrições imputadas à escassez de verbas ocasionada pela crise, como mostrou primeiramente o exemplo islandês (KOLLEWE, 20.02.2011) e as reações nacionais aos problemas apresentados pelos países da Europa Meridional, maldosamente alcunhados de "pigs"(JOHNSON, 06.05.2010; CLARK, 20.11.2010).

A magia semântica e social da extensão

Cabe, portanto, uma indagação sobre se, como, quem e quando se consegue produzir essas extensões de sentido, essas polissemias sociais que aproximam de maneira irrefletida situações originalmente distintas que produzem repercussões importantes na distribuição social de recursos, em resumo, a anatomia semântica das formas que assume a dominação financeira durante a crise.

Aqui aparece o interesse teórico suplementar, quando a sociologia da cultura econômica se aproxima da filosofia analítica (PUTNAM, 1992; MCCORMICK, 1996). No início desses processos temos uma ambiguidade semântica. Há aspectos que distanciam as "inovações financeiras" das "inovações tecnológicas". Esses foram fartamente lembrados durante a crise e, é claro, podem construir uma das realidades com as quais estamos lidando (LORDON, 2008; JOHAL, 2009). Mas também podemos elencar fatores que tornam a analogia razoável, que tornam factível a aproximação das duas noções sociais. Inovações financeiras podem resolver problemas econômicos e produzir efeitos de enorme magnitude nas sociedades e esses efeitos podem ser socialmente catalogados como positivos. As sociedades de capital e risco distribuído que se formaram a partir do século XV na Europa Ocidental possibilitaram a concentração de capitais necessária para fornecer recursos às grandes navegações que alteraram totalmente a vida na Terra. Como elas não existiam antes, podem ser catalogadas como inovações financeiras, como nos mostram GODINHO (1963) e BRAUDEL (1979). E a história social da estatística mostra como a necessidade de calcular os riscos associados àquelas empreitadas empurrou a criatividade matemática para desenvolver a moderna teoria da probabilidade, base para desenvolvimentos importantes em todo o espectro da ciência e da sociabilidade contemporâneas (GIGERENZER, 1989; HACKING, 2006). E daí decorre que mesmo no espaço estritamente intelectual não se pode simplesmente "invalidar" as extensões de sentido entre inovações tecnológicas e sociais e inovações financeiras, ainda que se possa discutir a divisão dos lucros e louros das inovações entre financistas e governos (MAZZUCATO, 2014).

Mas o fundamental desse jogo social deve ser jogado numa arena mais ampla do que o espaço acadêmico. Os representantes políticos que irão desenvolver e sancionar leis e as autoridades do executivo e judiciário que as irão regulamentar e aplicar estão sujeitos à fascinação das novidades. E essa sedução se configura a partir da frequentação de esferas mais mundanas de convívio. Uma maneira de justificar o apoio governamental às entidades financeiras em dificuldades é caracterizar o setor financeiro como uma indústria a título pleno, que como as outras, gera empregos diretos e externalidades positivas, criando analogias com o setor imobiliário e demais atividades de serviços. A "indústria" fala assim nos milhares ou mesmo milhões de empregos ligados ao setor que a crise poderia ceifar e que a intervenção federal estaria salvando. Esse argumento tem forte repercussão local nas grandes praças financeiras internacionais como Nova York e, principalmente, Londres, já que na Grã-Bretanha o setor consegue se caracterizar como o maior provedor de empregos da economia (MURCHIE, 14.09.2010; MEGLIO, 20.09.2010; ERTURK, FROUD et al., 2011). E para completar o ciclo registramos a ocorrência de fenômeno análogo na cidade de São Paulo, ainda que menos intenso (BARBIERI, 04.06.2007; CHIARINI, 10.06.2008; DIANNI, 18.05.2007).

Mais além dos argumentos pontuais, a dominação financeira tem uma consequência lógica mais ampla, direta e geral. Nesse sentido o quadro atual sugere que podemos invocar o cabimento da teoria antropológica do risco e da cegueira institucional de inspiração durkheimiana desenvolvida por Mary Douglas. Os indivíduos e grupos percebem os riscos que afetam o modelo de sociedade em que eles desejam viver e descartam quaisquer evidências que põem em cheque essa construção (Douglas, 1985 e 1986). Nesse sentido, o mundo construído pela dominação financeira que foi se formando nesses últimos anos tem na exuberância dos "mercados" um dos seus principais fundamentos. Nesse quadro não é por acaso que, em termos sociais e políticos, as evidências sobre os riscos da atividade financeira e das consequências das crises do setor para as sociedades sejam sistematicamente descartadas. E não foi por acaso que observamos nos momentos mais incertos do início da crise Antonio Delfim Neto e Georges Soros, duas figuras conhecidas recentemente como críticos dos excessos do setor, tanto no nível nacional quanto internacional, se solidarizarem com as linhas gerais do ramo, advertindo contra a possibilidade de regulamentações muito constrangedoras que impediriam o seu desenvolvimento futuro.

Esperar realisticamente alguma mudança substancial dessa configuração pressupõe que alguns dos grupos das elites que no presente se mantêm encantados pela magia das finanças saiam do círculo da crença. Até agora, as formas de coordenação econômicas e sociais propostas ou fagocitadas pelas finanças continuam legítimas, ainda que o peso da crise recaia sobre múltiplos setores da sociedade, em especial aos mais desvalidos. A polissemia e o seu uso e justificação por setores aparentemente distantes dos mercados previne que sejam catalogadas socialmente na mesma rubrica que a profusão de títulos, os bônus dos profissionais dos mercados ou a alavancagem financeira, todos considerados excessivos.

A disputa entre as diversas representações sociais da crise talvez possa se resumir praticamente ao sentido que irá prevalecer para o conceito de "inovações financeiras". Elas foram apontadas como as causadoras da crise e os financistas como seus promotores. Num mundo "ótimo", as inovações financeiras garantem o encontro entre a oferta e a demanda de capital em ambientes sociais e tecnológicos que vão, necessariamente se alterando e junto com essas alterações, aparece a necessidade de novos instrumentos financeiros para produzirem o "casamento" entre investidores e empreendedores nas condições perpetuamente em mudança. Quanto mais próximos estiverem os capitais econômicos das aplicações mais rentáveis, em especial das demandas de recursos para inovações tecnológicas, mais virtuosos seriam os mercados financeiros, que são os instrumentos criados pelas sociedades contemporâneas para promover o encontro entre os proprietários de capitais e os empreendedores que idealizam as novidades.

A profusão de bônus e de títulos não se explica nela mesma

Na representação acima, as inovações financeiras seriam um traço indelével de qualquer sociedade que deseje progredir. Depurando suas qualidades podemos dizer que elas se justificam quando são aceitas como fazendo parte ou sendo instrumentos adequados da "boa governança corporativa". Extremando, reafirmo que, diferentemente das análises mais internalistas que se preocupam com produtos financeiros em senso estrito como os CDOs (*collateralized debt obligations*) analisados por Mackenzie, a verdadeira mãe das inovações financeiras é a nova nomeação, dizendo que os mecanismos de coordenação entre as empresas, tanto internamente quanto nas suas relações com os outros atores societais devem ser rubricados no rótulo de "governança corporativa".

Vemos assim que, ao contrário dos produtos propriamente ditos, que têm baixo poder polissêmico e tendem a sofrer concorrência e acabam sendo substituídos por outros, a governança corporativa flexiona sua definição indefinidamente e encaixa qualquer produto, pois fornece o enquadramento cognitivo e social no seio do qual todos eles ganham sentido. Sugiro assim que estamos num quadro analítico típico do estruturalismo de Saussure: o campo financeiro, ao mesmo tempo descoberto e balizado que se descortina através da história brasileira da governança corporativa, é a língua dentro da qual quaisquer artefatos ou inovações são as palavras que ali dentro (e só ali) adquirem significado.[18]

Podemos então voltar ao nosso *"business as usual"* das Ciências Sociais: a dominação financeira deve ser entendida justamente como a construção e manutenção do novo espaço de equivalências em que as elites integrantes do campo do poder na sua generalidade aceitam os parâmetros do senso comum financeiro como as balizas fundamentais que julgam quaisquer iniciativas ou problemas da sociedade contemporânea (DESROSIÈRES, 1989; GRÜN, 2007; DAVIS, 2009). É nesse contexto que, penso eu, as etnografias dos setores do mundo financeiro ganham significado pleno, tendo o campo financeiro como palco e cenário que balizam e dão consistência às formas de sociabilidade, em especial às linguagens e mais propriamente ditos, aos frutos e produtos da atividade dos financistas e de seus atuais companheiros de rota. É no contexto do campo financeiro como configuração eliasiana, como realidade sociológica plena, que podemos dar conta da sua capacidade fundamental de "controlar a narrativa", a de produzir um sentido favorável sobre o entendimento de suas atividades que irá se espraiar tanto internamente entre os seus diversos setores em concorrência como também pelo resto da sociedade. É a nova configuração social urdida no campo do poder, cuja construção na sua especificidade brasileira pode ser acompanhada através da aclimatação da "nossa" governança corporativa, que sustenta a preponderância financeira.

---

18 E, se correta essa análise, ela indica um enorme problema para a crítica externa do campo financeiro, já que esta apresenta argumentos que sequer são entendidos pelo universo bastante amplo dos participantes daquele espaço.

Governança, governanças: da global à corporativa

A situação declarada socialmente como de "crise financeira" permite observar outro conjunto (ou um subconjunto menos evidente) de especificações associadas à dominação financeira. Especialmente como ela está escorada em ressonâncias e extensões de sentido que a associam a desenvolvimentos positivos da sociedade praticamente incontestáveis. É assim que nos últimos anos assistimos ao surgimento e robustecimento do conceito de "governança" como um aperfeiçoamento relevante da ideia e da prática de democracia, que superaria a dinâmica desgastada associada às burocracias públicas, aos partidos políticos tradicionais e grupos de interesse "corporativos" (CASTELLS, 1996; CASTELLS, 1997; JOSEPH, 2005; ROSANVALLON, 2008). Essa novidade está associada, primeiramente, às maiores possibilidades de participação e de controle popular direto na condução das sociedades, que estariam sendo possibilitadas e desenvolvidas pelo progresso das comunicações, em especial da internet e de seus instrumentos de interação social (DIMAGGIO, HARGITTAI et al., 2001; SCHUDSON, 2010). E eis que encontramos uma conexão forte: a associação entre a nossa governança corporativa e a evolução desejada das sociedades contemporâneas nas suas esferas cívica, econômica e tecnológica.

Uma vez descrita a conexão mestra, podemos sugerir as condições de aceitabilidade das inovações financeiras em geral. Elas se viabilizam socialmente quando conseguem ser aceitas como partes necessárias do mecanismo mais geral de governança corporativa. Ao contrário, quando se distanciam dessa norma, se tornam vulneráveis à crítica e correm alto risco de serem impugnadas. Num primeiro impulso pode parecer que se trata de uma questão de fundo teórico ou doutrinário. Mas o ardil da razão social se encontra justamente aí: a filiação à governança corporativa que pode, à primeira vista, parecer apenas uma questão técnica de resolução unívoca é estabelecida através de um processo bem mais amplo e percorre diversas esferas relativamente autônomas antes de ser, ou não, acatada no campo financeiro. A própria "governança corporativa real" não é um conjunto de dispositivos ou uma doutrina intrinsecamente coerente. Além e também por causa disso, o processo de aceitação das inovações financeiras é objeto de constantes negociações internas no campo em que ela é engendrada. Muitas vezes essas tratativas são explícitas, ou têm uma face dessa natureza bem caracterizada. Mas o essencial delas é o estabelecimento das equivalências, que é um processo essencialmente sociocognitivo, de direito de inscrição no espaço estruturado do campo financeiro. Nesse sentido, podemos acompanhar a progressiva gestação da ideia da "domesticação do capitalismo selvagem brasileiro" que atravessa o movimento sindical. No processo não só parcela relevante daquele grupo adere à governança corporativa, mas também inscreve sua marca e sensibilidade no conjunto de dispositivos, alterando e robustecendo socialmente a nova panóplia que assim se torna cada vez mais indissociavelmente financeira e social (GRÜN, 2003 e 2005; JARDIM, 2007).

Em uma dimensão paralela, também podemos acompanhar a inscrição da ideia de sustentabilidade no espaço financeiro, também a partir de uma história complexa de negociações e de impasses parcialmente resolvidos entre diversas ordens de atores que progressivamente moldam o campo financeiro brasileiro. Em primeiro lugar os atores ditos sociais ou ecológicos, mas cada vez mais os financistas vão forjando um lugar no espaço daquela ordem de preocupações e, ao conseguirem esse intento, irão também redefinir toda a configuração que se forma em torno da ideia de sustentabilidade (SARTORE, 2010).

As duas configurações, complexas nelas mesmas, revelam o processo multidimensional de negociações e de produção de sentido parcialmente compartilhado que vai formando o novo espaço cognitivo. Incorporando boa parte dos atores sociais que recentemente escavaram seu lugar no espaço das elites contemporâneas, nosso campo financeiro adquire a capacidade de representar o interesse geral da sociedade. E não só para dentro do campo do poder, mas também para fora dele, através da relação simbiótica que o campo do poder, agora ampliado, acaba adquirindo com a ponta de setores que anteriormente eram seus mais ativos contestadores.

Podemos agora nos aventurar na explicação do ponto crucial da crise, tal qual nós a descrevemos até agora. Inspirado na teoria do risco de Mary Douglas, afirmo que o essencial do jogo conjuntural em que a sociedade é chamada a socorrer o espaço financeiro momentaneamente desesperado é travado tendo como pano de fundo cognitivo a ideia de que a sociabilidade geral produzida no campo deve ser mantida. Possíveis questionamentos do socorro acontecem aqui e ali, mas não se generalizam. Estruturalmente, esse é um resultado bastante provável, já que a lógica geral que subsume as razões de outros setores à razão financeira está solidamente implantada através das coalizões cognitivas que descrevemos acima. Operacionalmente, no primeiro momento a situação inibe os questionamentos da extensão [catástrofe financeira = catástrofe natural]; nos momentos seguintes as tentativas de controle social da atividade financeira são registradas na rubrica negativa de "febre legiferante" que inibe o desenvolvimento da economia e da sociedade. E assim, voltando para a ideia central de discutir a crise como uma disputa entre representações sociais, os desvios descobertos na crise são classificados como "excessos" e não como "tendências intrínsecas da atividade financeira", como a crítica social mais aguda gostaria de caracterizá-las.

Artefatos como o documentário *Inside Job* (Ferguson 2010), uma das diversas peças de crítica às atividades financeiras bem sucedidas popularmente e que percorreu o mundo inteiro, não deixam de repercutir, mas muito provavelmente em plateias já conquistadas anteriormente para a crítica à finança. E nem mesmo a "propaganda" dele realizada pela presidenta da República faz sua repercussão aumentar para fora dos círculos dos já crentes, ou perturbar os financistas (SAFATLE, 17.03.2011). Parafraseando Gramsci, podemos dizer que assistimos nos anos de crise o desenvolvimento de uma configuração social caracterizada pela "hegemonia passiva" do campo financeiro, que consiste em coibir o resto da sociedade de impedir que as finanças a obrigue a custear a crise, ainda que haja uma contestação social muito forte. Nos momentos críticos em que a hegemonia cultural financeira direta está enfraquecida ela se beneficia do silêncio ou do ensurdecimento do clamor dos críticos. Ele emerge, mas não consegue se propagar porque a hegemonia financeira impede a sua generalização. Esse processo pode ser semanticamente descrito, nos termos da sociologia de BOLTANSKI (2009), como um reflexo da *"montée de généralité"* (p. 148) que a financeirização à brasileira é capaz de produzir (GRÜN, 2009). Soldado às novas tendências cívicas, sociais e ambientais através da convergência das elites, o campo financeiro é capaz de se apresentar continuamente como o espaço no qual o interesse geral da sociedade é mais bem produzido. Já a sua crítica direta e externa é apresentada como "ressentida" ou "corporativa".

E depois da crise o campo financeiro ainda é o mesmo?

Mas resta analisar os efeitos da crítica interna ao campo financeiro. O campo financeiro se mantém, mudando de estado. Diversos alinhamentos anteriores serão refeitos e o futuro dirá como as coisas se estabilizarão. No Brasil, em especial, assistimos no início da crise uma aceitação da crítica contra a criatividade financeira que alterou a relação entre os pequenos bancos e empresas financeiras de "vanguarda" e outros atores. A "solidez" dos bancos comerciais de grande porte lhes fez amealhar parcela dos investimentos que antes beneficiavam os primeiros. Parte da "criatividade" que distinguia o primeiro grupo acabou de alguma forma sendo absorvida pelos bancos estatais que ampliaram a sua cota de empréstimos em geral e se tornaram proeminentes em operações "sofisticadas", como a emissão de *private equity*. Esses últimos desenvolvimentos vêm sofrendo uma crítica muito cerrada por parte dos financistas e de seus porta-vozes habituais.

Assistimos no auge da crise o enredo inédito no qual representantes do governo se contrapuseram explicitamente aos reclamos do "mercado" e parecem ter vencido a batalha, pelo menos na sua dimensão semântica (CIARELLI 06.08.2009; CAMAROTTO; MARTELLO 13.08.09). Entretanto, uma vez que "*la grande peur*" foi conjurada, a coragem intelectual voltou à ortodoxia e a relação de forças simbólica também ensaiou uma volta ao habitual. Como vimos anteriormente, uma das manifestações recentes dessa tentativa de retomada foi a recaracterização da política anticíclica de enfrentamento da "fase aguda" da "crise financeira" como um fenômeno de irresponsabilidade econômica. Lendo pela óptica analítica de Putnam (1988), estamos diante de uma extensão que visa ligar a política anticíclica, classificada ao mesmo tempo de exitosa e heterodoxa, a uma ação irracional típica da esfera política. Se aceita, a extensão mostraria, mais uma vez, que deve ser rigidamente controlada pela racionalidade que emana dos mercados. Não por acaso, quando essa fase do pensamento ortodoxo se pronuncia, a crise raramente é lembrada. Muito menos as reações e preleções iniciais dos seus porta-vozes quando da sua deflagração. Afinal elas foram todas defensivas, indo no sentido da diminuição da generalidade que consistiu em "salvar a pele" das entidades privadas ao custo de amplificar a tendência contracionista e aprofundar ainda mais a retração da economia.

Já no início do governo Dilma a imputação se direcionou contra os aportes do Tesouro Nacional ao BNDES, que seriam uma forma de manter a política irresponsável de expansão econômica e também do peso do Estado federal, que deve ser catalogada de inflacionista. A partir desse ponto de vista, usando o "subterfúgio" da crise, o governo brasileiro de Lula teria preferido eleger a sua sucessora ao invés de manter a "boa saúde" da economia nacional. E, tendo a insistência em capitalizar o BNDES como prova, também o governo Dilma mostrar-se-ia inimigo do bom senso econômico, de acordo com a receita ortodoxa que emana dos porta-vozes do pensamento financeiro. Dessa forma os "mercados" não só voltam a se justificar como patrulha da irresponsabilidade política como também, mais especificamente, recuperam a capacidade de impor aumentos das taxas de juros a que as dívidas governamentais estão expostas e assim prossegue o *"business as usual"*.

Na chave semântica acima assistimos um contencioso em torno do termo "conservadorismo". No âmbito interno dos mercados, "conservadorismo" tem conotação intrinsecamente positiva. Tanto na história internacional do espaço financeiro quanto na sua especificidade brasileira, está inscrito que o "conservadorismo" se opõe às condutas temerárias ou aventureiras pelas quais financistas inescrupulosos levariam investidores desavisados à ruína (PAVINI, 27.07.2004; COWING, 1965). Mas, sobretudo no Brasil, em outros espaços de sociabilidade o significado do "conservadorismo" é normalmente negativo. Não devemos ser conservadores na educação, na política social, na arte etc... Na batalha em torno da pertinência e abrangência das medidas macroprudenciais, a necessidade de "conservadorismo" é utilizada nas estratégias retóricas favoráveis aos mercados, que rejeitam as inovações "por que ainda não foram testadas", porque "ninguém sabe ao certo se serão realmente efetivas no combate à inflação" (por suposto, nessa chave retórica o bom e velho aumento dos juros é sempre um "remédio de eficiência comprovada" para a "doença da inflação"). Assim, nos rendendo provisoriamente à antropoformização, escutamos os mercados exigirem das autoridades econômicas que se atenham às boas e velhas medidas conservadoras. Não por acaso, aquelas que mais beneficiam os integrantes do campo financeiro. Mas também são aquelas que o bom senso financeiro "conservador" julga serem adequadas. E se consideramos o conjunto de dispositivos que a hegemonia financeira foi institucionalizando no decorrer dos últimos anos como os "auscultadores do mercado", o boletim Focus[19] em primeiro lugar, o desafio a essa opinião já naturalizada como o bom senso ou a "doxa do mercado" se torna difícil e improvável, pelo menos em tempos mais próximos das condições normais de "temperatura e pressão".[20]

Por outro lado, no plano empírico, no primeiro governo Dilma, o Banco Central passou a ser dirigido por funcionários de carreira e essa novidade poderia significar menor dependência intelectual e econômica em relação ao mercado financeiro (Lebaron, 2008). Nesse sentido, seus novos diretores ensaiam uma ampliação da coleta de opiniões e prognósticos sobre a evolução das variáveis macroeconômicas para além dos "mercados" (FERNANDES, 09.03.2011; REUTERS 30.03.2011). Evidentemente essa pretensão é cercada de críticas e ceticismo. Sociologicamente, os

---

19 Disponível em: http://www4.bcb.gov.br/pec/GCI/PORT/readout/readout.asp. Acesso em: 29.03.2011).

20 Na linha de Hacking, Desrosières (2008 a e b) detalha a lógica geral da construção de objetividades a partir de índices estatísticos. Um estudo de caso detalhado para o setor financeiro encontra-se em Sinclair (2005). Seria muito útil e bem--vinda uma história social dos instrumentos estatísticos que ao mesmo tempo são um produto e contribuem para a tenacidade da hegemonia financeira na nossa peculiaridade nacional. No formato institucional contemporâneo da pesquisa acadêmica, ele pode vir do acúmulo de monografias enfocando cada um ou pelo menos alguns dos diversos índices/institucionalizações existentes. Um exemplo desse tipo de preocupação encontra-se em Sartore (2010).

resultados dessa medida serão altamente indiciários. Uma primeira reação direta aparece em entrevista da presidenta ao jornal *Valor Econômico*, quando a entrevistadora sugere a discordância do "mercado" e a entrevistada responde de maneira talvez um pouco oblíqua (SAFATLE, 17.03.2011):

> *Valor: Preocupa a descrença dos mercados na política antiinflacionária?*
> Dilma: O mercado todo apostou que esse país ia para o beleléu em 2009. E no fim de 2009 a economia já tinha começado a se recuperar. O mercado apostou numa taxa de juro elevadíssima quando o mundo já estava em recessão. Então eu acho que o mercado acerta, erra, acerta, erra, acerta. Não acho que temos que desconsiderar o mercado, não. A gente tem que sempre estar atento à opinião dele, que integra um dos elementos importantes da realidade. Um dos principais, mas não o único.
> [...].
> *Valor: Mas o BC, no seu governo, tem autonomia?*
> Dilma: O Banco Central tem autonomia para fazer a política dele e está fazendo. Tenho tranquilidade de dizer que em nenhum momento eu tergiverso com inflação. E não acredito que o Banco Central o faça. Eu acredito num Banco Central extremamente profissional e autônomo. E esse Banco Central será profissional e autônomo. Não sei se não estão tentando diminuir a importância desse BC.
> *Valor: Por quê?*
> Dilma: Porque não tem gente do mercado na sua diretoria.
> *Valor: Mas pode vir a ter?*
> Dilma: Pode ter, sim. Falar que tem que ser assim ou assado é um besteirol. Desde que seja um nome bom, ele pode vir de onde vier.

Valor: A opção por fazer uma política monetária diferente, mesclada de juros e medidas prudenciais, pode estar criando um mal-estar?

Dilma: O mercado tem os seus instrumentos tradicionais, mas tem também os incorporados recentemente, no pós-crise. Você tem que fazer essa combinação. Não pode ser fundamentalista, não é bom. Conte com os dois que o efeito ocorre.

Na observação do período a "*montée en generalité*" necessária para manter a hegemonia financeira fica prensada pela evidência, inclusive aceita por alguns dos porta-vozes do mercado, do êxito da ação heterodoxa governamental durante a crise. Mas, como exemplo negativo das formas sociais de construção de objetividade a partir do argumento estatístico (DESROSIÈRES, 1989 a e b; SINCLAIR, 2005; Desrosières, 2008; a e b), assistimos mais recentemente às tentativas de reescrever o período, que semanticamente flexionam ou enfraquecem o significado da evidência. As chances da concepção mesma ou da simples aplicação de medidas que ampliem o alcance das possibilidades de política estatal considerada eficiente ou correta para enquadrar a atividade financeira segundo a crítica das finanças são consideravelmente diminuídas pela sua extensão negativa, que a conota como "gastança" ou, na versão benevolente, como uma avulsa "medida de exceção". E por fim podemos, mais uma vez, observar o paralelismo na situação norte-americana. Delineia-se de forma cada vez mais clara uma tendência a reescrever a crise na sua face estadunidense, quando a nova maioria parlamentar republicana e os *think-tanks* que a apoiam fazem passar que o culpado da crise seria, mais uma vez, o seu próprio governo federal. Aparece assim uma nova versão que incide nos debates parlamentares sobre a crise e as formas de relançar a atividade econômica combalida daquele país: ao provocar a crise por ter perdido o controle das grandes fornecedoras de hipoteca Freddie Mac e Fannie

Mae e, além disso, insistir em "engessar" os mercados através da regulamentação excessiva, o governo mais uma vez estaria mostrando que sempre ele é o problema e que o mercado é a solução para os dilemas contemporâneos (BILL THOMAS, 27.01.2011; WALLISON, 2010).

Fechando a cortina

Demos a volta cronológica e hemisférica na crise financeira, observamos diversas interpretações se sucederem e uma tendência montante da restauração do discurso tradicional do predomínio das finanças ou, pelo menos, de uma reconfiguração que lhe é favorável. Sugiro que o essencial da atividade sociológica está na análise dos enquadramentos e reenquadramentos que a "crise" recebe nas diversas interações sociais. Num primeiro momento, diante do medo da destruição generalizada do valor dos ativos financeiros, a razão ortodoxa se encolhe. Mas posteriormente, uma vez conjurado o perigo imediato do "derretimento", a sanfona do mercado reabre, a música continua e o baile, ainda que timidamente, vai sendo retomado. E a cultura econômica anterior à crise também ensaia os maneirismos hegemônicos que indicariam a retomada da relação de forças simbólica habitual. Nessa operação simbólica a crise é minimizada e os tratamentos a ela sugeridos pela ortodoxia são totalmente esquecidos. Mas essa operação, que poderia parecer simplesmente um ato voluntário de "jogar o lixo debaixo do tapete", também ela deve ser tratada sociologicamente. Esquecer ou lembrar não são simplesmente operações cognitivas individuais, mas resultados da apreensão da estrutura social e especificamente das relações de forças que a sustentam (BOURDIEU, 1980; MIDDLETON AND BROWN, 2005). É assim que, ainda que a sensibilidade política de muitos possa se incomodar com o "esquecimento" sobra-nos a necessidade intelectual de explicar a aceitação social do oblívio.

Voltando a (Douglas 1986 e 1992), os perigos que questionam a boa lógica da sociedade em que queremos viver são muito mais provavelmente esquecidos. Impõe-se dessa maneira a evidência que, como indicaram as posições de Delfim e Soros acima, a sociedade centrada no predomínio financeiro continua sendo um bom modelo de convívio da contemporaneidade.

Mudar esse conformismo ao mesmo tempo lógico e sociológico pode ser o resultado de um imenso trabalho sociocultural de inscrição de novas categorias de apreensão da realidade social e econômica, uma guerra simbólica a ser produzida na atualidade. No Brasil uma fresta foi aberta no auge do conflito político em torno do governo Lula e ele apareceu como subproduto da disputa que se acendeu em 2005 propelida pelas estratégias recíprocas dos grupos de "combatentes culturais" que se defrontaram a partir dos escândalos e permanece (provisoriamente?) menos ativa depois da eleição de Dilma (Grün 2008 a e b). Mas os momentos posteriores mostraram a resiliência da dominação financeira, que pouco a pouco ensaiou a recuperação da hegemonia. Esse resultado não é previamente determinado ainda que os automatismos sociais, a inércia e os investimentos prévios dos atores que poderiam sustentar a contestação normalmente jogam a favor da conformidade.

Outro ponto levantado pela situação brasileira incide sobre o caráter mesmo das finanças. Insistimos que o campo financeiro é maior e mais complexo do que os "mercados" propriamente ditos; que a ideia de "financeirização", quando aplicada ao Brasil deve ser alterada no conteúdo e no foco. Observamos no decorrer da crise vários movimentos que mostram algum enfraquecimento do "mercado" no sentido que esse termo adquiriu nas duas últimas décadas. Os financistas privados perderam o primado do espaço financeiro em várias esferas: os bancos estatais ampliaram a sua parcela do mercado de empréstimos tradicionais e também na ponta mais sofisticada da inovação financeira, a chamada "engenharia econômica"; a primeira diretoria do Banco Central no governo Dilma é formada apenas por funcionários de carreira daquela instituição; o automatismo [ameaça de inflação → aumento dos juros] ficou comprometido.

Em suma, assistimos o aumento do peso físico e cultural do Estado numa configuração em que, anteriormente, ele representava apenas um problema. Assinalamos as tentativas de recuperação do espaço perdido pela finança privada, mas claramente as linhas de força do período pós-2005 são outras e menos favoráveis aos financistas em senso estrito. E nesse quadro a panóplia financeira tem sido usada em políticas de fomento estatal abominadas doutrinariamente pela ortodoxia econômica.

O baixo clero nas finanças

Examinando os nomes de destaque das equipes econômicas do governo FHC, do qual agora podemos dizer que se constituiu no paraíso da vanguarda financeira, e aqueles que despontam no governo Dilma, é difícil deixar de notar a polarização nas prosopografias dos dois grupos. Os "fernandistas", mais conhecidos como "os economistas do real" têm um conjunto de propriedades sociais que nos permite caracterizá-los como membros das elites consolidadas tanto no aspecto origem social, quanto no eixo do capital cultural e rapidamente se projetam como membros da vanguarda financeira, caminho que já estava bem iniciado antes daquele período. Já na equipe de Dilma, salta aos olhos a condição de intelectuais e agentes políticos de origem social e capital cultural bem mais modestos, além da notável condição previa comum de funcionários públicos de carreira. As duas tabelas abaixo ilustram o contraste:

Equipe de Fernando Henrique (nomes de destaque)

Gov FHC	Malan	Arida	Bacha	Lara Resende	Gustavo Franco	Armínio Fraga	LC Mendonça de Barros
Escol pré-Univ	Sto Inácio RJ	Aplicação SP	BH sem espec	Portugal? Pai diplomata	Colégio S.Vicente RJ	Sto Inácio RJ	Sta Cruz SP
Univ	PUC-RJ Eng	Ec USP	Ec UFMG	Ec PUC RJ	Ec PUC RJ	Ec PUC RJ	Poli USP
Pós	Dout Ec Berkeley USA	Dout Ec MIT USA	Dout Ec Yale USA	Dout Ec MIT USA	Dout Ec Harvard USA	Dout Ec Princeton USA	Esp Ec USP
Militância Pré	Mencionada no passado de esquerda	Var-Palmares			Sem idade	Sem idade	AP
Profissão Pai	General	Comerciante 25/3	Comerciante líder pol local	Escr famoso; neto gov MG	Político, financista getulista	Médico dermatologista renomado	Médico cardiologista renomado
Invoca genealogia	Exposta na internet	Sim	Oblitera	Sim	Sim	Sim	Exposta na internet
Nascido em	Rio de Janeiro	SP	Lambari (MG)	RJ ?	RJ	RJ	SP
Ano nasc	1943	1952	1942	1951	1956	1957	1943

Equipe de Dilma Rousseff

Gov PT	Dilma	Mantega	P Bernardo	N Barbosa	A Augustin	A Tombini	H Meirelles
Escol pré-Univ	Sion BH + Estadual Central	Costa Manso Estadual SP	Colégio Pedro II Estadual SP	Col Princ Isabel RJ		Estrangeiro	
Univ	Começou Ec UFMG expulsa terminou UFRGS	Ec USP	Geol UNB incompleto expulso ME	Ec UFRJ	Ec UFRGS	EcUNB	Escola Politécnica USP
Pós	Unicamp Incompleto	Dr Soc USP		DocEc NewSchool USA	Mestr Incompl PUC-RS	Dout U Illinois USA	Coppe mestr Harvard Latu sensu
Militância Pré	Colina; Var-Palmares	P.O.C.	Sem idade (movimento estudantil nos 80's)	Sem idade	Sem idade	Sem idade	
Profissão Pai	Advogado comerciante búlgaro	Industrial móveis fascista	s/indicação	s/indicação	Comerciante veículos usados	Técnico da ONU	Advogado/economista
Invoca genealogia		Negativa Pai queria que seguisse no negócio "Lukács de Löwy"			Cidadão honorário Carazinho (RS) antes carreira filho		Sim, pai interventor federal em Goiás
Nascido em	BH	Genova Italia	SP	RJ	Carazinho (RS)	Porto Alegre	Anápolis GO
Ano nasc	1947	1949	1952	1970	1963	1963	1945
Profissão antes/depois	Func. Ass Legs RGS	Prof. PUC/FGV	Fun Carr BB	Fun Carr BCB	Aud TCE RS	Fun Carr BCB	Financista

Os indicadores "profissão do pai" e "escolarização pré-universitária" dão suporte à afirmação referente ao capital social. O item "pós-graduação" além de reforçar o anterior também permite a afirmação relativa ao capital cultural. Por fim o registro da "profissão antes/depois" ancora o registro sobre o capital econômico. Encontramos uma notável homogeneidade escolar nos membros da equipe de FHC que começa nos colégios de elite cariocas e desemboca nas universidades norte-americanas da Ivy-League. Em completa oposição, os membros da equipe petista quando encontramos menção à escolarização pré-universitária, verificamos a frequentação maciça de colégios estaduais e isso num período da história escolar brasileira em que tais instituições estavam bastante desacreditadas.

Outra peculiaridade que salta aos olhos é a profissão original dos membros da equipe de Dilma e dela própria, aqui catalogada por ter sido membro da equipe de Lula. São funcionários públicos de carreira, nitidamente inferiorizados em todos os aspectos que costumam "facilitar a vida", aplainar as trajetórias sociais rumo ao espaço das elites da nação e do mundo. Nesse ponto é difícil deixar de invocar a questão levantada por Bourdieu (2012) a respeito do papel dos intelectuais dominados na construção dos estados nacionais, os atores que ele chama de *"grammariens"* (p. 548). A extensa bibliografia sobre o papel desses agentes em revoluções e transformações sociais importantes do passado desperta nossa curiosidade para procurar uma variante do fenômeno no Brasil contemporâneo.

A inferioridade em todos os eixos em princípio inabilitaria a equipe de Dilma a conseguir, com sucesso, qualquer inflexão de sentido, em especial aquelas contrárias à doxa. Muito menos a ousadia de reenquadrar o papel do Estado como solução, que como vimos à exaustão, é sempre considerado pela doxa como um problema. Num cenário tradicional, qualquer veleidade antidoxa seria impugnada primeiro pelos intermediários culturais da sociedade e em seguida pelos próprios agentes governamentais encarregados de executá-la já que, num cenário estável, esses últimos estariam submetidos à hegemonia das elites estabelecidas. Em linguagem cotidiana, os bancários do Estado e demais agentes governamentais fariam "corpo mole" num processo em cuja tipicidade os inovadores frustrados procurariam uma explicação conspiratória e os intermediários tradicionais aplaudiriam o bom senso dos funcionários. Mas a agudeza dos conflitos cultural e político, principalmente no primeiro governo Lula empurraram os membros de seu governo a uma confrontação com a cultura econômica e política das elites que seria impensável em condições normais, sem a ocorrência dos escândalos que tinham no horizonte o possível impedimento daquela presidência (Campanha, 21.05.2012; Bergamo, 22.08.2006; Castellani, 28.06.2008; Alencar 30.10.2006; Grün, 2008).

Vemos então uma relação entre o enfraquecimento da doxa e a composição e recomposição das elites que circulam no campo do poder nacional. Morfologicamente, um resultado desses não poderia ser descartado, já que a população dotada formalmente de atributos para a criação intelectual, medida pela frequentação de cursos superiores e outorga de diplomas, tem crescido exponencialmente na sociedade brasileira. Diversos fenômenos culturais, sociais e políticos denotam essa saliência. Positivamente temos o reconhecimento oficial e público das tendências artísticas e musicais surgidas das periferias das grandes cidades, como o grafite e o hip-hop até o papel desempenhado pela blogosfera nas eleições de 2006 (Grün, 2008). Questionando as novidades e os grupos emergentes da vida intelectual e política vemos, por sua vez, o aparecimento de rubricas autorreveladoras, como a do "baixo clero" acadêmico e sua expressão na política: a "central de boatos petista" que teria agido nas eleições de 2006. E mais recentemente, a mesma família crítica a expansão do sistema público universitário federal e a adoção de cotas sociais e raciais no ingresso das universidades. Vemos assim a versão brasileira de um traço não tão incomum da história: o papel relevante desempenhado pelos intelectuais menos bem postos nas transformações sociais e seu corolário na eclosão da temática do "excesso de intelectuais" e o perigo que tal distúrbio produziria na boa ordem social. Em situações de muita polarização social e ideológica, conforme querem CHARTIER (1982), DARNTON (1982), BOURDIEU (1984), esses intelectuais se transformam em agentes políticos eficientes que são capazes de canalizar a energia social que normalmente se dispersaria para transformações bem além daquelas que o bom senso tradicional considera possível ou desejado.[21] E a persistência da temática do "baixo clero" na sociedade brasileira mostra que não é por acaso que eles serão atacados sem dó pelas elites intelectuais e políticas tradicionais.

Se quisermos entender sociologicamente o transcorrer e o resultado tanto dos escândalos ocorridos nos governos petistas quanto a condução da crise por esses governos é impossível deixar de lado essa saliência agora muito expressiva do relevo cultural e morfológico da sociedade brasileira contemporânea. Há uma disputa no seio do campo do poder brasileiro, no qual novos grupos tentam se habilitar como dirigentes da sociedade, mas são combatidos ferozmente por aqueles que chegaram antes e desenharam o esquema anterior desse espaço central do país. Nas condições sociológicas do Brasil contemporâneo, a capacidade de desafiar os caminhos tradicionais, reduzir ou interromper a dominação financeira é o caminho que foi aberto aos desafiantes recém-chegados ao campo do poder. Esse é um jogo desigual e todas as inércias nos fazem prever as dificuldades desse último grupo. Mas as frestas abertas, e que não o foram por acaso, mostram que ele é difícil, mas pode ser ganho pelos desafiantes.

---

21   Ver também uma discussão crítica dessas digressões em Boltanski, L. Énigmes et *complots: une enquête à propos d'enquêtes.* Paris, Gallimard, 2012.

Conclusão

A análise da dominação financeira que pesa sobre a sociedade brasileira foi realizada a partir da ideia de governança corporativa e também apontou nuances e limites da razão financeira quanto ao controle da economia e da cultura econômica e social do país. Em algumas passagens nomeei a governança corporativa como a "mãe de todas as inovações financeiras". Numa primeira acepção porque as inovações validadas pelo jogo social são aquelas que podem ser assimiladas como enxerto ou aperfeiçoamento da "boa governança corporativa". Numa segunda porque é através da participação diferencial na construção e reconstrução social dessa "ferramenta" que se constituiu a configuração decisiva que chamo de campo financeiro. E num registro menos intuitivo e na perspectiva de sociologia do conhecimento, é através da incorporação dessa nomeação pelos estudos críticos que a ideia ganha cidadania nos setores que anteriormente se opunham à dominação financeira. Na linguagem de FAUCONNIER (1984) a governança corporativa virou um espaço cognitivo comum para as locuções e formulações dos diversos setores que irão se agregar. E esse passo crítico irá permitir os jogos polissêmicos que começamos a assistir e que dão a base lógica para a convergência das elites em torno da dominação financeira.

Creio ter demonstrado que a governança corporativa à brasileira, embora seja um conceito intelectual importado da contemporaneidade internacional, corresponde a uma prática concreta oriunda de um enxerto no qual ela se desenvolve a partir das especificidades tanto da nossa história econômica quanto da cultural e política. É assim que propus as cronologias tanto decenais ao longo do século XX quanto as "microcronologias" que demonstram as nuances da adaptação do conceito à realidade, e da realidade ao conceito. Aqui ficou evidente que as temporalidades econômicas não podem ser entendidas se não as colocarmos em perspectiva ao lado das demais variáveis que dão carne ao jogo social que estamos assistindo no Brasil contemporâneo. A fria e racional realidade econômica não existe fora do mundo social, muito menos claro e evidente e, principalmente, mais difícil de ser compreendido. Creio assim ter reiterado o princípio básico da conexão entre as diversas ordens da realidade social que norteia diversas abordagens da sociologia econômica.

A análise dos escândalos que envelopam as realidades financeira e política do Brasil contemporâneo mostra ao mesmo tempo, e de maneira quase transparente, tanto a dinâmica alterada recentemente dos atores que se mexem no campo do poder quanto a plasticidade das realidades nelas mesmas. Ficou assim impossível deixar de considerar a própria realidade como um conceito difícil, impossível de ser realmente entendido sem levarmos em conta as nuances avançadas pela filosofia da ciência e filosofia analítica contemporâneas e seu tratamento sociológico em autores como BOURDIEU (1997) e BOLTANSKI (2009). É impossível manter a ilusão:

como demonstram de maneira diferente os dois autores acima, uma sociologia significativa dos tempos atuais precisa incorporar os progressos analíticos.

Em nível internacional, a crise financeira mostrou, antes de mais nada, a resiliência da ordem social que nos acostumamos a chamar de "neoliberalismo". Essa circunstância realçou a especificidade da dominação financeira à brasileira. O contraste não poderia ser mais flagrante. Tentamos explorá-lo para dar mais vivacidade aos pontos sobre a realidade econômica e cultural daqui, mas também para mostrar pontos menos sólidos da construção da realidade que é empreendida pela razão financeira e que é garantida pela doxa, ou mais propriamente, pelo "bom senso" que dela emana. De novo, a análise do paulatino ganho de controle da narrativa da crise por parte dos tenores da razão financeira mostra a necessidade imperiosa de analisar a realidade econômica e financeira contemporânea como um construto social e cultural no qual é a legitimidade que produz a riqueza e não o contrário.

Nosso mundo financeiro está indelevelmente embebido pelos espíritos da política e da cultura contemporâneas. Se quisermos explorá-lo cientificamente precisamos dar conta dessas ordens de realidade de maneira sistemática e não simplesmente como resíduos ou incompletudes de uma ordem econômica racional que na verdade é simplesmente onírica. Ela é útil para modelagens que permitem simulações e deduções mais ou menos razoáveis nas quais reside o fulcro da teoria financeira atual que então melhor realiza sua tarefa normativa justamente à medida que consegue se fazer passar por descritiva. Mas esse caráter prescritivo embebido de veleidades aparentemente descritivas é talvez uma das principais armadilhas que as finanças contemporâneas criaram para impedir a reflexividade social sobre suas causas e, principalmente, as consequências para as sociedades contemporâneas da autonomia que elas concedem aos "mercados". Como outros ramos da ortodoxia econômica, essa magia social se configura através de atos performáticos. Como vimos em diversas passagens do texto, normalmente essas performances funcionam porque elas ressoam, porque entra em sintonia e se reforça mutuamente com a moral tradicional conservadora. Mas vimos também, especialmente no episódio da "volta dos economistas do Real", que essa magia às vezes falha, mesmo se executada com maestria. É aí que as circunstâncias sociais mostram uma realidade dotada de maior liberdade para a ação dos setores que criticam o predomínio das finanças. São falhas como essa, nas hastes normalmente compactas e intransponíveis da doxa social, que devem ser aproveitadas no caminho de um mundo diferente.

Uma vez registradas as conclusões mais gerais da análise, arrisco-me finalmente a elaborar algumas indagações e comentários sobre algumas de suas consequências. Uma primeira pergunta mais geral é sobre a especificidade brasileira que percorreu o texto inteiro: estamos diante de um caso *sui generis* ou simplesmente o Brasil revela de maneira mais evidente tendências que existem em diversas sociedades, algumas mais fortes por aqui, mas nem por isso inexistentes em outras paragens?

Se correta minha análise, isso significa que o essencial do jogo da dominação transcorre na interface entre os mercados financeiros propriamente ditos e outras esferas da sociedade e não internamente ao setor financeiro. Nesse caso o campo financeiro que propus é um decalque muito próximo do campo do poder na sua totalidade. Dessa forma se evidencia não só o rendimento analítico dos objetos de pesquisa situados na interface do mundo financeiro como também as operações econômicas, sociais e simbólicas que ocorrem nessas fronteiras e os atores que nela trafegam. Então afirmamos a essencialidade dos estudos das operações de produção de equivalência entre os diversos espaços e correlativamente dos atores que fazem essa intermediação. Um resultado principal desse jogo, é impossível deixar de reafirmar, é a complexificação do capitalismo brasileiro pelo alargamento do circuito de trocas simbólicas e materiais, através das quais ocorre a produção de equivalências que constitui o campo do poder. O número e principalmente os tipos de participantes aumenta, o espaço das sensibilidades contempladas e levadas em conta também, o sistema se torna mais estável e a consequência disso tudo é que o poder relativo de cada actante diminui. Enfim, o que podemos chamar de financeirização à brasileira é a especificação nacional do processo contemporâneo e internacional de alargamento do campo do poder.

Assistimos a emergência de um conjunto de estruturas dotadas de peso, contrapeso e equilibrante, portanto, de estabilidade. A partir desse ponto de vista poderíamos então dizer que o sistema político brasileiro se tornou mais democrático já que incorporou não só agentes de origens diversas daquelas das elites tradicionais como também as novas sensibilidades e interesses de que eles são portadores e que não são as mesmas de outrora. E as mitologias que essa configuração produz, além de interessantes nelas mesmas, também são altamente reveladoras e por isso se tornam bons pontos de entrada analíticos para perscrutar as mudanças. Evidentemente que era esperada a reação dos atores até então hegemônicos, que em estados anteriores do campo do poder agiam de maneira desimpedida tanto na esfera política quanto na cultural. Uma vez levada em conta essas novas circunstâncias, os escândalos políticos e midiáticos que sacudiram os governos petistas se tornam sociologicamente esperados e mais do que isso, seus desfechos também se tornam indiciários na avaliação da conservação ou das mudanças nas correlações de força.

Um ponto interessante da nova paisagem que se constitui recentemente e que ficou mais claro no transcorrer da crise é o ressurgimento do Estado como ator, no sentido de actante, que se torna decisivo na condução da economia. Não mais um problema, não mais a "Geni" cognitiva a quem cabe a culpa de todos os problemas, mas a Geni da segunda parte da música, aquela que pode evitar a destruição da cidade (Hollanda 1978).

Nos embates sobre a narrativa correta da crise o jogo ficou pelo menos nuançado, para não dizer que o Estado recuperou diversas prerrogativas perdidas nos últimos 30 anos. A prosopografia que mostra o contraste entre os agentes da política econômica do governo Dilma e aqueles ligados a Cardoso não nos deixam esquecer a "velha" associação entre pequenos intelectuais e estratégias coletivas de ascensão social que ao mesmo tempo em que promove seus agentes, também promove o Estado. E um eixo fundamental dessa conexão é a justificação de sua atuação não totalmente legitimada no controle da "mão direita" do Estado através da contemplação dos interesses dos *leftovers*, propondo e executando uma relação mais harmoniosa com a "mão esquerda" do Estado, aquela das políticas sociais. Creio que essa particularidade é crucial para dar conta dessa configuração contraintuitiva que é a fase recente do capitalismo brasileiro contemporâneo, em que ele se mostrou ao mesmo tempo razoavelmente próspero e um pouco menos injusto do que em momentos anteriores. O principal ponto contraintuitivo que singulariza esse resultado brasileiro é que ele aconteceu tendo como pano de fundo não a negação da dominação financeira, como esperaria o *mainstream* da crítica social, mas antes pela busca das brechas que ela permite. Essas são operacionalizadas pelo uso mais ou menos inventivo das próprias ferramentas financeiras contemporâneas e por uma apropriação delas por membros de diversas agências estatais e da sociedade civil que interagem com os "mercados".

Esse Estado "restaurado" é aquele "estamental, hipertrofiado, fruto da maldita herança patrimonialista ibérica que nos amaldiçoa e atormenta desde a origem dos tempos" e fonte de todos os males que afligem o Brasil? No jogo político-semântico que descrevo é mais do que provável que atores contrariados pelos desfechos dos últimos anos tentarão fazer prevalecer essa caracterização.

A doxa e a ortodoxia antiestatais estão longe de desaparecer e elas não são simplesmente conjuntos de ideias que podem ser substituídas por outros desde que, escolasticamente, nos convençamos ou do erro anterior ou da mudança da situação. Mais uma vez, ela é uma família cognitiva que sustenta um agrupamento social com diversos interesses materiais e simbólicos para defender. Além disso, ela está enraizada na cultura através de conjuntos de metáforas, dentre os quais analisamos alguns anteriormente, o que lhe confere um grande poder inercial.

Carreiras, reputações e identidades foram sendo construídas a partir da reiteração da negatividade do Estado como ator econômico nos 35 anos que se seguiram à famosa reportagem das mordomias. Não só entre os economistas como também na mídia, na política e em outros setores da academia. E os produtores intelectuais identificados com essa realidade "evidente" estão nos postos mais prestigiosos e bem pagos do mundo intelectual e de suas interfaces com a esfera econômica. Já o "pequeno intelectual", que sai da nossa prosopografia contrastiva, tem muitas chances de ser assimilado ao "barnabé" de outrora e mesmo ao "marmiteiro" da crítica mundana de períodos ainda mais antigos. E mais do que isso, na esfera da disputa cultural, aqueles que os políticos e jornalistas mais próximos dos porta-vozes da ortodoxia chamavam primeiro de "baixo clero" ou de "central de boatos petista" e, em seguida, quando o grupo se estabilizou, de "blogueiros sujos" e de que defenderam o governo petista a partir do escândalo do "mensalão", jornalistas desalojados das grandes redações por processos de sucessão geracional ou indivíduos sem filiação institucional até agora legitimada podem ser, *mutatis mutandis* assimilados à "malta de desocupados" que Eduardo Gomes, o candidato à presidência da República da UDN em 1950, assinalava como sendo a base dos apoiadores do trabalhismo do início dos anos 1950 (SIFFREDI, 23/11/2010; GRÜN 2008 e 2011). Enfim, os novos grupos emergiram, mostraram uma dinâmica insuspeita apesar de estarem longe de se estabilizarem. Certamente teremos vários contenciosos que darão janelas mais panorâmicas para entender a nova, e fascinante, configuração.

Hesito em afirmar se temos efetivamente um modo de dominação financeiro ou se simplesmente devemos levar em conta o uso das ferramentas financeiras como novos instrumentos de dominação. Os eventos políticos e econômicos que apareceram na cauda do "mensalão" e se amplificaram drasticamente na crise financeira mostraram um Estado na ofensiva, restaurando suas antigas funções e prerrogativas de seus agentes e um espaço financeiro menos constrangedor do que em outros momentos. De repente o esconjuro que desvanecia as intenções de controle da atividade financeira perdeu muito da sua eficácia. Entretanto, não só a sustentação interna dessa conjuntura brasileira se mostrou problemática, como também ela corre em paralelo com o incrivelmente rápido e extenso desmonte do estado do bem estar social em diversos países do primeiro mundo, em especial da Europa Mediterrânea, mas não só lá. No jogo internacional do controle da narrativa, não só os financistas conseguiram se inocentar de qualquer responsabilidade sobre a crise financeira como também "passaram o mico" para as parcelas da população daqueles países que mais precisam da ajuda do Estado para se manterem no circuito da vida social. E os "exageros" da proteção social passaram a ser os culpados pela crise, ou pelo menos passaram a ser considerados luxos caros demais para serem mantidos em situações nas quais o serviço das dívidas financeiras se amplificou. Vemos assim a clara continuidade da subordinação, não só prática, como também lógica, de todas as necessidades sociais às do bom funcionamento dos mercados e daí fica muito difícil deixar de falar em modo de dominação financeiro. Mas haveria algum ganho analítico real em "acertar" uma denominação inequívoca para o espaço que estamos analisando? Reconhecemos o peso das finanças, não só no mais evidente espaço econômico, mas também no espaço simbólico. Anotamos que as lateralidades podem ser importantes porque incidem não só na conformação dos grupos dominantes, mas também no espaço das práticas políticas e das políticas sociais que são postas em prática. Sobra a dupla constatação de que as referências financeiras balizam o espaço das alternativas, mas esse espaço é bem mais amplo e maleável do que parece à primeira vista.

A agudeza da crise financeira recente esmaeceu a utopia positiva que ensaia construir uma realidade totalmente outra para a contemporaneidade, dizendo que vivemos na sociedade em rede. Desde o início dos anos 1990 essa caracterização compete com a ideia de dominação financeira. Ela está presente não só em diversas formulações diretamente ideológicas como também na sociologia que tenta dar conta dos tempos atuais e nas políticas públicas que dela se depreende (BOLTANSKI, 1999; CASTELLS 1999, 2005; CASTELLS, 2010). Uma das sutilezas do jogo simbólico é que a pregação da sociedade em rede não se dirige a um ou a diversos grupos sociais, mas antes mira diretamente o indivíduo descontente com seu status pessoal do momento (GRÜN, 2003). Dessa maneira ela se alimenta e retroalimenta toda uma galáxia de produtos simbólicos para o trabalho sobre si mesmo, e de produtores, que poderíamos chamar de "indústria do otimismo" na qual a ideia de autoajuda é a peça central (PEDROSO NETO, 2010; BENNETT, 2011; LEITE, 2011). E seu relativo ocaso durante a crise, que não leva em conta a adaptação e continuidade das práticas em espaços menos publicizados, não pode fazer esquecer que ela continua enraizada nas práticas sociais, além de enxertar bem em diversos tipos de pregação religiosa difundidas na sociedade (LEITE, 2011). E, portanto, em estado latente, mas pronta para ser reacionada como ideologia mais geral da contemporaneidade.

Num registro temporalmente paralelo mas no oposto ideológico podemos registrar uma leitura macro de rejeição direta ao mundo proposto pelas finanças. Vimos anteriormente, aparecer manifestações efusivas dessa tendência na inquirição de Daniel Dantas *infra*. Ela está presente na crítica às posições das elites sindicais e militantes ao campo financeiro e sua relevância não pode ser descartada. Sobretudo porque é fácil de se notar que essa crítica afeta aqueles que tomaram o caminho da convergência, o que se manifesta através das explicações dos seus atos que se sentem obrigados a dar, como também vimos *infra*.

No conteúdo da crítica está implícito uma espécie de determinismo financeiro. É impossível manter bons propósitos convivendo com o espaço financeiro. Em especial, a participação dos representantes sindicais em fundos de pensão é considerada uma atitude impensável que compromete irremediavelmente a representação dos interesses dos trabalhadores.[1] Sem dúvida que esse radicalismo pode ser compreendido conjunturalmente pelo ardor das refregas sindicais e políticas, mas ele é mais do que isso, pois se manifesta em diversos espaços e momentos e não deixa de incomodar seus alvos. Fica então evidente que a convergência que

---

[1] Uma manifestação brasileira dessa discussão opondo um ponto de vista "participacionista" (de Paulo Salvador, diretor do Sindicato dos Bancários de São Paulo) e dois acadêmicos "negacionistas", que acumulam essa posição com a de dirigentes de uma corrente sindical e política que se coloca à esquerda respectivamente da CUT e do PT (Ruy Braga, professor da USP e Álvaro Bianchi, da Unicamp) Disponível em: http://cspconlutas.org.br/2011/05/a-financerizacao-da-burocracia-sindical-no-brasil-por-alvaro-bianchi-e-ruy-braga/; e http://luizcase.blogspot.com/2011/05/respostas-aos-academicos.html.

apontamos e a sua justificação não são entendimentos pacificados, muito menos fatos estabilizados. E também que a crítica externa influencia os "convergentes" e termina por introduzir mecanismos de governança que impedem a adesão total e acrítica ao fabuloso mundo da riqueza financeira.

Mas surge um problema de outra ordem quando a crítica se pretende científica, pois ela embute um fatalismo que enxerga o espaço das finanças como moralmente reprovável, que contaminaria tudo e todos que com ele convivem. Além das suas evidentes implicações políticas, fugir desse fatalismo é uma estratégia investigativa importante porque ela abre os caminhos rumo às pistas essenciais sobre a própria evolução da configuração e sua eventual superação. Colocado de maneira simples, as posturas fatalistas escondem a riqueza empírica do contencioso, impedindo a sua apreciação sociológica. Vimos que grande parte dos desenvolvimentos financeiros recentes são produzidos justamente como respostas às críticas diretas, às atividades dos críticos ou como necessidades políticas e identitárias dos diversos grupos que são atraídos para o campo financeiro vindos das zonas que normalmente o contestam. Assim, as oscilações internas do espaço são chave importante não só para o entendimento do seu futuro, mas também para a dinâmica da sua crítica e mesmo das disputas travadas nos setores que pretendem a representação dos interesses das classes subalternas. Disputas estas entre aqueles que se opõem à dominação financeira, entre os subgrupos que aderem ao campo do poder e aqueles que contestam a aproximação diretamente ou quanto ao seu ritmo e intensidade.

Ainda pouco exploradas pela sociologia, as interações entre os setores "adesistas" e os "negacionistas" são um fator e uma entrada importantes para a compreensão científica do espaço que estudamos. Por se tratar ao mesmo tempo do nervo das formas de dominação e das disputas pela representação das camadas subordinadas da população, não é por acaso que qualquer exploração dessa interface seja carregada de conteúdo moral. Por isso a discussão e o progresso analítico são vagarosos e penosos, além de facilmente desviados para questões de atualidade política, rentáveis em termos de prestígio para seus locutores, mas não necessariamente pertinentes como estratégias de pesquisa. Evidentemente que esse ardil da razão (e também identitário para os pesquisadores) tem de ser entendido como uma faceta da dominação financeira. Não se trata simplesmente de absorver a crítica e parte dos críticos. Existe também a tendência a "ghettoizar", a segregar a crítica antissistema. Ela se alimenta não só diretamente da tendência a ridicularizar as queixas e alarmes como jeremiadas, mas também da tendência correlata dessa crítica ela mesma, voluntariamente, se isolar em grupos de funcionamento sectário, análogos às seitas milenaristas quanto a sua lógica social, que se defendem como grupo aumentando os muros sociais e cognitivos que as separam do centro da sociedade. E quando surge o "momento adequado" para a crítica antissistema ser bem recebida, não é por acaso que ela aparece num envelope retórico distante da lógica de comunicação imperante na sociedade, que por isso a transforma em idiossincrasia e a faz perder eficácia (DOUGLAS, 1996).

Antes, além e diante da crítica, o que acontece com esse campo financeiro tão amplo que seus contornos se tornam difíceis de se enxergar? Assistimos até agora a uma convergência, mas (ainda) não um período de convívio prolongado entre os financistas propriamente ditos e os outros grupos recém-chegados. Se efetivamente a configuração que examinamos se estabilizar seriam esperadas diversas formas de convergência entre os grupos, ainda que uma fusão total não pareça provável. Afinal, os capitais que cada grupo carrega para o campo do poder têm origens e dinâmicas de acumulação muito diversas. Nesse sentido, os escândalos mais uma vez poderiam servir de régua para medirmos a tendência. O aumento de quantidade e intensidade desse tipo de evento quase certamente vai querer dizer que o estranhamento continua ou aumenta. O contrário deve ocorrer se a convivência se estabilizar. E o escândalo é a forma de expressão canônica desse choque de placas tectônicas que "automaticamente" é deflagrada quando a tensão social entre grupos estabelecidos e recém-chegados aumenta muito (GRÜN, 2008).

Outra questão é sobre a relação entre a ortodoxia econômica, o chamado "fundamentalismo de mercado", a doxa do mercado e o bom senso imperante na sociedade. Observamos durante um longo período uma harmonia entre esses quatro aspectos da realidade econômica e cultural, cada uma dessas quatro pontas reforçando as outras três. A crise financeira e, como vimos, o período de enfrentamento político agudo que a precedeu no Brasil, fez distanciar esses subespaços, enfraquecendo o nicho cultural que produz a verossimilhança da doxa contemporânea. Nosso exemplo brasileiro está longe de estabilizado, já que assistimos à "reconquista historiográfica" da narrativa pró-finanças em diversos espaços. Mas, por sua vez, as dificuldades de governança da União Europeia tiveram o curioso efeito de expor ao debate público a base doutrinária pessimista da ortodoxia econômica, bem como a fragilidade, ou pelo menos o caráter contingencial, do bom senso que dela deriva.

Intelectualmente a situação revela a relação, nem sempre bem compreendida, entre doxa, ortodoxia e bom senso. Em termos mais gerais, o poder inercial das elites dominantes aparece e se exerce justamente através da codificação da ortodoxia como explicação erudita do mundo, justamente quando a doxa espontânea até então favorável à preservação dos equilíbrios sociais enraizados deixa de controlar as formas de expressão da narrativa que envelopa a sociedade. Na análise clássica da codificação das "três ordens" do feudalismo, as regras da dominação se explicitam justamente quando ela perde a naturalidade. Nossa ortodoxia financeira e seu poder normativo precedem a crise internacional e parece intuitivo que estejam esgotados como fontes de bom senso, pelo menos na forma e retórica até então apresentada. Mas talvez esse envelope retórico ainda seja funcional. Por exemplo, assistimos nos Estados Unidos uma disputa narrativa em que um dos lados, identificado com setores do Partido Republicano daquele país, imputa a culpa mais uma vez ao Estado, que teria permitido o descontrole do sistema hipotecário centrado nas duas companhias paraestatais *FreddieMac* e *FannieMae*. Por mais que essa solução intelectual pareça absurda para o público que normalmente se interessa pela sociologia das finanças, ela revela que é razoável esperarmos em termos internacionais uma corrida frenética para achar uma nova solda que restaure a doxa. Ele se agregaria ao conservadorismo social mais exacerbado e manteria a solda. Mas talvez os próprios financistas perdessem a identidade ideológica com esse conservadorismo que não é só político, mas principalmente de costumes. Os cidadãos da ágora contemporânea aceitariam a volta à divisão de gênero tradicional? A negação e a anatemização das relações homoafetivas? A ver, mas não parece muito provável.

No Brasil um primeiro ensaio nesse sentido pode ser percebido no *Seminário da volta dos economistas do Real* que ocorreu no Instituto Fernando Henrique em agosto de 2011 (NEUMANN, 26.08.2011; FREIRE, 28/08/2011). É interessante notar que o evento obteve farta cobertura midiática que, em outros tempos, significaria também que as ideias ali expostas iriam se difundir por diversos canais rumos à doxa e à restauração do bom senso. Como no modelo proposto por (JAMIESON AND CAPPELLA, 2008)para os Estados Unidos, em que as ideias que aparecem primeiro nos editoriais do *Wall Street Journal* vão "escorrer" para a rede de televisão conservadora *Fox News* e para os programas de rádio "*talk radio*". Ali um locutor de mesma tendência ideológica, mas com forte enraizamento popular local comenta as notícias do momento, em geral se dizendo preocupado com as transgressões da ordem moral tradicional e analisa as notícias econômicas a partir desses princípios.

Pudemos observar a transmissão ocorrendo desimpedida até justamente os eventos do "mensalão". Dali em diante, como assinalado no capítulo anterior, nada mais foi como antes. As correias de transmissão da hegemonia tradicional se afrouxaram e perderam a eficácia. Na medida em que nesses espaços onde a interação com o público receptor é mais direta e constante, ficava claro que as novidades, em especial aquelas da nova política social, não eram consideradas abominações espúrias como se tentou passar diversas vezes, em especial para o programa Bolsa Família. Daí a força da nova equipe econômica, menos legítima segundo a ordem intelectual tradicional, mas capaz de mudar as regras do jogo ao colocar questões sociais e cívicas como dados inextricáveis e no mesmo patamar daquele normalmente gozado pela racionalidade econômica. Poderíamos mesmo dizer que a racionalidade econômica tal como tem sido definida pelo império das finanças não foi exatamente confrontada, mas relativizada. E essa dinâmica cultural tem sido o padrão de enfrentamento que aparece desde o escândalo do "mensalão" e passando pelas eleições gerais de 2006 (GRÜN 2008 e 2011).

Numa análise informada pelo materialismo cultural poderíamos prever que a transformação se enraizaria se os novos grupos que vimos aparecer das prosopografias se consolidassem na paisagem do campo do poder mantendo, pelo menos em parte, suas características originais. Isso sugeriria o início de uma versão brasileira do modelo social escandinavo, no qual a base social-democrata da convivência social está tão bem enraizada que nem mesmo eventuais governos que a ela se opõem conseguem alterar significativamente a paisagem da proteção do Welfare State. É claro que essa utopia está longe de se materializar, mas é boa prática sociológica reconhecer a força da tendência e explicitá-la para possível uso dos agentes sociais que, eventualmente, farão dela uma realidade além da nossa especulação.

Mais próximo da realidade cotidiana aparecem dois problemas ao mesmo tempo teóricos e empíricos. O primeiro deles diz respeito à relação dos financistas com a ortodoxia enquanto tendência cultural. Manter-se-ia a colagem entre a ideologia do mercado enquanto espaço social de convívio e as recomendações mais típicas da teoria econômica ortodoxa? Ou, ao contrário, o pragmatismo dos financistas os levaria a aceitar a nova primazia do Estado e participar lucrando como atores menos determinantes das operações pouco recomendáveis segundo a lógica ortodoxa? Informados pelo bom senso cotidiano, dificilmente poderíamos imaginar um cenário em que os financistas de "carne e osso" recusassem tais oportunidades. Mas tentamos demonstrar que o interesse econômico age através do *habitus*. Por isso ele está sujeito às armadilhas que essa fixação coloca para todos os actantes. Assim não podemos descartar alguma histerese e estão no arco das possibilidades tentativas de conservação do "fundamentalismo de mercado" num ambiente adverso a essa tendência. O que quer dizer que as habitualidades arraigadas, construídas no período de hegemonia e dominação plena das finanças não são simplesmente softwares vencidos que podem ser trocados por versões mais novas.

O convívio de longo prazo das finanças com o Estado renovado pode produzir diversas ondas de choque, as quais poderiam ou não estar em sintonia com aquelas produzidas nas esferas diretamente cultural e política. Caso coincidam, pode ocorrer a multidimensionalidade típica das crises sistêmicas e nesse caso não podemos descartar riscos institucionais importantes. O período de enfrentamento agudo que ocorreu em 2005 a partir do "mensalão" preservou a esfera econômica, então relativamente próspera. Daí, mesmo se as ondas de choque tivessem sido altas, elas pararam nas muralhas da ordem econômica que todos tinham interesse em preservar. Mas naquele momento as novas linhas de força do campo do poder ainda estavam apenas insinuadas. Os vários anos posteriores de funcionamento do campo do poder, que deixam claro os novos limites do poder estritamente financeiro e, em especial o fator catalisador representado pela crise financeira mudaram o ordenamento dos dados. Houve enfrentamento direto, e inédito, entre a postura do governo e os grandes nomes das finanças e é difícil ter claro que lembranças esses últimos guardaram daqueles episódios.

Outro problema é quanto à natureza ontológica das finanças. As finanças "de Estado" são ontologicamente distintas das finanças "de mercado"? Quais seriam as evoluções possíveis dessa situação anômala em que o Estado se apropria de funções que as finanças julgam serem suas e os porta-vozes dessa esfera declaram claramente a insatisfação sem entretanto conseguir, pelo menos até o momento em que escrevo essas linhas, a retirada do ator indesejado? Como no Leste Europeu, nossos financistas públicos acabariam se tornando uma nova oligarquia financeira privada? Ou estamos simplesmente assistindo a um renascer da capacidade de intervenção do Estado, agora munido de ferramentas econômicas contemporâneas que tanto podem servir a interesses privados quanto públicos? Estariam certos os críticos que "demonizam" as finanças e seus rebentos? Responder a essa questão é conferir, ou não, uma essência às finanças. Aos meus olhos, dizer que as ferramentas financeiras carregam uma essência incontornável é se render a um tipo de determinismo análogo ao tecnológico que grassou nos anos 1970 ou o da globalização, ainda parcialmente atuante. E aprofundando um pouco mais a especificidade do caso brasileiro, como o atual estado de equilíbrio se alteraria na hipótese de uma alternância no poder central do país? A ferocidade da luta ideológica recente sugere um "Thermidor" na esfera intelectual. Mas e na esfera estritamente econômica? Nossos "domadores do capitalismo selvagem" teriam escavado um lócus mais estrutural que garantiria a sua sobrevivência? Ou antes, sua posição estrutural seria ocupada por outros atores, mais próximos de um eventual novo/velho grupo no poder? Ou melhor, a necessidade de se manter competitiva na esfera político-eleitoral obrigaria as atuais oposições a também se dotarem de um componente "domador" saído ou legitimado pela atuação nos espaços sindicais e das causas sociais e ambientais? Ou a posição simplesmente desapareceria e com ela a singularidade do caso brasileiro?

O possível desaparecimento da nova esfera de composição e de legitimação significaria uma variante das utopias pastorais do romantismo, uma versão contemporânea da volta a um passado "dourado" em que as coisas eram mais transparentes e menos complicadas. Infelizmente a história está aí para nos lembrar que quaisquer novidades e mesmo progressos civilizatórios podem ser desfeitos. Mas há razão para se manter o otimismo.

Bibliografia

ABRAPP (03/2004). Consolidado Estatístico. São Paulo, Associação Brasileira das entidades fechadas de previdência complementar.

AGÊNCIA BRASIL. Daniel Dantas diz ter sido prejudicado pelo governo e ameaçado por Casseb. Valor Econômico, São Paulo, 07/06/2006.

AGESTADO (04/12/2000). "'Trabalhador poderá fiscalizar fundo de pensão':Os trabalhadores associados a fundos de pensão poderão fiscalizar a aplicação dos recursos de suas aposentadorias no site da Previdência Social. A intenção é evitar o mau uso dos recursos dos associados pelos planos de previdência privada".

AGESTADO (7/9/2000). "Fraga: governo incentivará fundos de pensão".

AGESTADO (20/07/2000). "Kandir admite alterações na lei das S.A.s"

AGLIETTA, M.; ORLÉAN A. La monnaie entre violence et confiance. Paris: O. Jacob, 2002.

AGULHON, M. La République. Paris: Hachette, 1990.

ALENCAR, K. "Bancos fazem lobby com Lula contra demonização". Folha Online, 01/03/2009. Disponível em: http://www1.folha.uol.com.br/folha/colunas/brasiliaonline/ult2307u510882.shtml. Acesso em: out. 2015.

ALENCAR, K. "Armínio não quis fazer terrorismo eleitoral, afirma ministro a petista". Folha de S.Paulo, 12/10/2002.

ALENCAR, K. "Durante crise, ministros sugeriram renúncia". Folha de São Paulo, 30/10/2006.

BRUM E.; AMORIM, R. "Sem medo de calar: Ciclo de conferências financiado pelo governo Lula vai debater o silêncio dos intelectuais. Mas a crise do PT não está na pauta". Época, 22/08/2005. Disponível em: http://revistaepoca.globo.com/Revista/Epoca/0,,EDR71435-6009,00.html. Acesso em: out. 2015.

ANAYA, V. "Mudanças no Pão de Açúcar começam em março. Grupo terá dois pólos administrativos: um conselho e uma diretoria executiva". O Estado de São Paulo, São Paulo, 12/12/2002.

ANGELO, P. "Nova safra de fundos: Gestoras independentes lançam carteiras arriscadas". Valor Econômico, São Paulo, 17/02/2004.

ANSON, M. "Trends in private equity". The Journal of Wealth Management, Nova York, n° 3, vol. 7, 2004. Disponível em: http://

www.iijournals.com/doi/abs/10.3905/jwm.2004.450963. Acesso em: out. 2015.

ANUATTI-NETO, F. et. al. "Os efeitos da privatização sobre o desempenho econômico e financeiro das empresas privatizadas." Revista Brasileira de Economia, Rio de Janeiro, n° 2, vol. 59, 2005. Disponível em: http://bibliotecadigital.fgv.br/ojs/index.php/rbe/article/view/898. Acesso em: out. 2015.

"ARMÍNIO Fraga pode ficar na presidência do BC até 2003". Época Online, 13/11/2002.

ARMSTRONG, P. (2002). "The costs of acitivity-based management". Accounting, Organizations and Society, n° 12, vol. 27, 2002, p. 99-120.

ATTUCH, L. "Nahas absolvido... e com sede de vingança: Quinze anos depois do estouro da Bolsa de Valores, o megainvestidor Naji. Nahas livra-se da acusação de crime ao sistema financeiro, volta a operar, prepara ações na Justiça contra inimigos e quer reinar novamente no mercado". Istoé Dinheiro, São Paulo, 09/06/2004.

AVIATION, C. "Is Time For Chinese Pilot To Learn Some English. i hv heard ATC that doesn't understand/speak English, now we got a Air China Pilot that had a difficult time communicating with JFK ground". Disponível em: http://www.airliners.net/aviation-forums/general_aviation/read.main/3355940/. Acesso em: 13/02/2011.

BALARIN, R. "Há um ano, ataque abalou o Unibanco". Valor Econômico, São Paulo, 10/11/2009.

BALTHAZAR, R. "Serra critica PT e tesouro por acordos políticos". Valor Econômico, São Paulo, 12/05/2005.

BARBER, T. "Europe must confront crisis of legitimacy". Financial Times, 23/04/2012.

BARBIERI, C. "Estrangeiras lançam papéis na Bovespa. No período de um ano, quatro empresas fazem oferta de BDRs; até 2008, mais cinco devem chegar ao mercado local: Especialistas acreditam que a Bovespa se tornará o mercado de maior liquidez da América Latina, o que deve atrair mais empresas". Folha de São Paulo, São Paulo, 04/06/2007.

BARBOSA, M. "Votorantim perde R$ 2,2 bi com derivativos". O Estado de S. Paulo, São Paulo, 11/10/2008.

BATISTA, R. "Lula defende expansão da poupança pela via dos fundos de pensão". Valor Econômico, São Paulo, 29/05/2003.

BBC. "Germany clinches bank rescue deal". BBC News, 06/10/2008.

BCB, Assessoria de Imprensa. "CMN e BC adotam medidas de caráter macroprudencial". Comunicado BCB, 03/12/2010. Disponível em: http://www.bcb.gov.br/textonoticia.asp?codigo=2819&idpai=NOTICIAS. Acesso em: out. 2015.

BECKER, Jo; STOLBERG, Sheryl G.; LABATON, Stephen. "White House Philosophy Stoked Mortgage Bonfire". The New York Times, 20/12/2008. Disponível em: http://www.nytimes.com/2008/12/21/business/21admin.html?pagewanted=all&_r=0. Acesso em: out. 2015.

BENNETT, O. "Cultures of Optimism". Cultural Sociology, n° 2, vol. 5, jul. 2011, p. 301-320.

BERGAMO, M. "Lula afirma a artistas que elite quis fazê-lo 'sangrar'". Folha de São Paulo, 22/08/2006. Disponível em: http://www1.folha. uol.com.br/folha/brasil/ult96u81728.shtml. Acesso em: out. 2015.

BEUNZA, D.; STARK, D. "Tools of the Trade: the socio-technology of arbitrage in a Wall Street trading room". Industrial and Corporate Change, n° 2, vol. 13, 2004, p. 369-400.

THOMAS, Bill; HENNESSEY, Keith; HOLTZ-EAKI, Douglas. "What Caused the Financial Crisis?". The Wall Street Journal, 27/01/2011. Disponível em: http://www.wsj.com/articles/SB10001424052748704698004576104500524998280. Acesso em: out. 2015.

BIRNBAUM, P. Le peuple et les gros: histoire d'un mythe. Paris: B. Grasset, 1979.

_____. Un mythe politique, "la République juive": de Léon Blum à Pierre Mendès France. Paris: Fayard, 1988.

_____. "Shareholder Value, Corporate Governance and Corporate Performance: A Post-Enron Reassessment of the Conventional Wisdom". In: CORNELIUS, P. K.; KOGUT, B. Corporate Governance and Capital Flows in a Global Economy. Oxford: Oxford University Press, 2003.

BLUMENFELD, L. "Soros's Deep Pockets vs. Bush: Financier Contributes $5 Million More in Effort to Oust President". Washington Post, Washington, 11/11/2003.

BOLTANSKI, L. De la critique: précis de sociologie de l'émancipation. Paris: Gallimard, 2009.

_____. Enigmes et complots: Une enquête à propos d'enquêtes. Paris: Gallimard. 2012.

_____; THÉVENOT, L. De la justification: les économies de la grandeur. Paris: Gallimard, 1991.

_____; CHIAPELLO, E. Le Nouvel Espirit du Capitalisme. Paris: Gallimard, 1999.

BOUCHER, E. L. "La société agressive par actions". Le Monde, Paris, 17/06/2007.

BOURDIEU, P. "Le mort saisit le vif. Les relations entre l'histoire incorporée et l'histoire réifiée." Actes de la recherche en sciences sociales, 1980, n° 32-33, vol. 32, p. 3-14.

_____. "La représentation politique. Eléments pour une théorie du champ politique." Actes de la recherche en sciences sociales, 1981, n° 36-37, vol. 36, p. 3-24.

_____. Homo academicus. Paris: Editions de Minuit, 1984.

_____. La noblesse d'Etat: grandes écoles et esprit de corps. Paris: Minuit, 1989.

_____. Les règles de l'art: genèse et structure du champ litéraire. Paris: Editions du Seuil, 1992.

_____. Méditations pascaliennes. Paris: Editions du Seuil, 1997.

_____. Science de la science et réflexivité: cours du Collège de France, 2000-2001. Paris: Raisons d'agir, 2001.

_____. Sur l'Etat: cours au Collége de France 1989-1992. Paris: Raisons d'agir/Seuil, 2012.

BOYER, R. La croissance début de siáecle: de l'octet au géne. Paris: A. Michel, 2002.

BRAUDEL, F. Civilisation matérielle, économie et capitalisme, XVe-XVIIIe siècle. Paris: A. Colin, 1979.

BRENDER, A. La France face aux marchés financiers. Paris: La Découverte, 2004.

CAMAROTTO, M. "Setubal abandona polêmica dos juros". Valor Econômico, São Paulo, 08/20/2009.

CAMBA, D. "Ingerência política volta a assustar". Valor Econômico, São Paulo, 09/04/2009.

_____. "O que é ser socialmente responsável?: Entidades e empresas travam batalha para definir critérios que deixariam ações de fora do Índice de Sustentabilidade em preparação pela bolsa". Valor Econômico, São Paulo, 30/03/2005.

CAMERON, K. "Downsizing, Quality and Performance". In: COLE, R. E. The death and life of the American quality movement. New York: Oxford Univesity Press, 1995, p. 93-114.

CAMPANHA, B. M. F. D. "Mensalão foi tentativa de golpe de oposição e imprensa, diz Lula". Folha de S. Paulo, São Paulo, 21/05/2012.

CANÇADO, P.; MODÉ, L. "Brasil está entre os mais expostos aos fundos de Madoff: Produtos do ex-presidente da Nasdaq eram oferecidos no país por vários canais; procura por advogados cresce". O Estado de S. Paulo, São Paulo, 18/12/2008.

CANÇADO, P.; GRINBAUM, R. "Investidores financeiros são a nova cara do capitalismo no Brasil". O Estado de São Paulo, São Paulo, 15/01/2007.

CARIELLO, R.; BARROS E SILVA, F. "'A política interna se tornou irrelevante', diz sociólogo (Entrevista com Francisco de Oliveira)". Folha de São Paulo, São Paulo, 24/07/2006.

CARNEIRO, D. D. "Contra a crise, licença para matar?". O Estado de S. Paulo, São Paulo, 02/11/2008.

CARNIER, T. "Capital de Risco: Oportunidade para empreendedores, um mercado crescente para elevar o lucro das carteiras". Revista da Bovespa, São Paulo, jul.-ago. 2005.

CARVAJAL, D.; POVOLEDO, E. "Increasingly in Europe, Suicides 'by Economic Crisis'". The New York Times, Nova York, 16/04/2012.

CARVALHO, M. C. "BC conta com as cooperativas para estimular a competição". Valor Econômico, São Paulo, 08/06/2007.

_____. "José Safra assume controle do Banco Safra". Valor Econômico, São Paulo, 25/07/2006.

CASTELLANI, M. "'Lula temeu impeachment no mensalão', diz Carvalho". Agencia Estado, 28/06/2008.

CASTELLS, M. A sociedade em rede: a era da informação. Economia, Sociedade e Cultura. (Prefácio de Fernando Henrique Cardoso). 8a ed. São Paulo: Paz e Terra, 2005.

VIEIRA, C.; MAGALHÃES, H.; COLLET, T. "Ministro diz que PF descobriu, desde março, 'indícios de apuração ilegal, não autorizada pela Justiça'". Valor Econômico, São Paulo, 23/07/2004.

CAVALCANTI, M. "A retirada dos Ermírio: Empresa cria uma nova holding para abrigar a família e inicia a era da profissionalização nos negócios". Istoé Dinheiro, 26/02/2004.

CETINA, K. K. "Economic sociology and the sociology of finance". The European Electronic Newsletter, vol. 8, n° 3, p. 4-10, 2007.

CHAN, S. "Dodd Calls Obama Plan Too Grand". The New York Times, Nova York, 02/02/2010.

CHARTIER, R. "Espace social et imaginaire social: les intellectuels frustrés au XVIIe siècle." Annales Économies, Sociétés, Civilisations, vol. 37, n° 2, p. 389-400, 1982.

CHENHALL, R. H. "Integrative strategic performance measurement systems, strategic alignment of manufacturing, learning and strategic outcomes: an exploratory study". Accounting, Organizations and Society, vol. 30, n° 5, 2005, p. 395-422.

CHIARINI, A.; FARID, J. "IBGE: intermediação financeira é destaque em serviços". Agência Estado, 10/06/2008.

CIARELLI, M.; FARID, J. "Ações migram para os Estados Unidos: mais da metade dos papéis das principais empresas nacionais é negociada nos EUA". O Estado de São Paulo, São Paulo, 25/02/2002.

CIARELLI, M. "BNDES precisa começar a 'desmamar' o mercado, diz Fraga: Armínio Fraga diz que banco precisa ter cuidado para não inibir desenvolvimento do mercado de capitais". Agência Estado, 06/08/2009.

CLARK, A.; MCDONALD, H. "Ireland fears civil unrest as bank crisis deepens. Trade union leader warns of riots if government imposes further 'draconian' cuts to public sector". The Guardian, 20/11/2010.

CNI. "Melhor cenário em 2007 não deve beneficiar toda a indústria". Informe Conjuntural da Confederação Nacional da Indústria, ano 23, n° 1, jan./mar. 2007.

COFFEE, J. C. Understanding Enron: It's About the Gatekeepers, Stupid. Working Paper n° 207, Columbia Law School, The Center for Law and Economic Studies, 2002.

COHEN, B. H. Capital controls: Why do governments hesitate? Debating the global financial architecture. L. E. Armijo. Albany: State University of New York Press, 2002.

COHN, N. R. C. Warrant for genocide; the myth of the Jewish world-conspiracy and the Protocols of the elders of Zion. Nova York: Harper & Row, 1967.

COLE, R. E. Strategies for learning: small-group activities in American, Japanese, and Swedish industry. Berkeley: University of California Press, 1989.

COLWYN JONES, J.; DUGDALE, D. "The ABC bandwagon and the juggernaut of modernity". Accounting, Organizations and Society, vol. 27, jan./mar. 2002, p. 121-163.

COOPER, H. "Obama Signs Overhaul of Financial System: After signing the bill Wednesday in the Ronald Reagan Building, President Obama shared the moment with Paul A. Volcker, a former Federal Reserve chairman". The New York Times, Nova York, 21/07/2010.

COTTA, E. "A economia segundo Alckmin: Escolhido pelo PSDB, Alckmin promete choque de gestão, menos impostos e acena com um BC independente. O mercado comemora". Istoé Dinheiro, São Paulo, 22/03/2006.

COWING, C. B. Populists, plungers, and progressives: a social history of stock and commodity speculation, 1890-1936. Princeton: Princeton University Press, 1965.

CRESWELL, J.; LUO, M. "Companies' Ills Did Not Harm Romney's Firm: The Boston headquarters of Bain Capital, a firm that usually found a way to make money from companies it controlled even when they ultimately went bankrupt". The New York Times, Nova York, 22/06/2012.

CROOK, C. "The good company: The movement for corporate social responsibility has won the battle of ideas". The Economist, 20/01/2005.

CRUZ, N. H. D. "Levantamento com 107 países mostra que, além de ter maior taxa básica, Brasil lidera também na taxa ao consumidor: Bancos do país cobram maior juro do planeta". Folha de São Paulo, São Paulo, 16/02/2006.

CRUZ, V. "Secretária quer despolitização de fundos: Solange Paiva Vieira, da SPC, diz que trabalha para acabar com ingerência política nos fundos de pensão". Folha de São Paulo, São Paulo, 21/04/2001.

CUCOLO, E. "BB vai pressionar e fazer bancos privados 'comerem poeira', diz Mantega". Folha Online, 13/08/2009.

CYPRIANO, M. A. L. "Bancarização: Os Bancos Chegando a toda a População Brasileira". Comandatuba, 02/04/2005.

D'AMBROSIO, C. "Fundos multimercados voltados para o público de alta renda se multiplicam em velocidade espantosa: quase um novo produto é lançado por dia: Os novos VIPS". Valor Econômico, São Paulo, 16/10/2003.

_____. "Independentes com patrimônio de R$ 1 bi: Clube do bilhão". Valor Econômico. São Paulo, 19/01/2004.

DAMÉ, L. "Lula: Bolsa deve agradecer ao governo Presidente diz que dirigentes tinham medo dele em 2002". O Globo, 18/05/2007.

DARNTON, R. The literary underground of the Old Regime. Cambridge: Harvard University Press, 1982.

_____. "Dialogue à propos de l'histoire culturelle. Entretien avec Pierre Bourdieu et Roger Chartier". Actes de la recherche en sciences sociales, vol. 59, 1986, p. 86-93.

DASH, E. "Effort to Rein In Wall Street Pay Hits New Hurdle" The New York Times, Nova York, 29/09/2009.

_____; ZELENY, J. "Citigroup Nears Deal to Return Billions in Bailout Funds". The New York Times, Nova York, 13/12/2009.

DASTON, L.; PETER, G. Objectivity. Nova York/Cambridge: Zone Books/MIT Press, 2007.

SANGER, D. E.; OPPEL JR., R. A. "Corporate conduct: the overview senate approves a broad overhaul of business laws". The New York Times, Nova York, 16/07/2002.

DÁVILA, S. "'República do Leblon' cresce e aparece". Folha de São Paulo, São Paulo, 18/01/2004.

DAVIS, G. F. Managed by the markets: how finance reshaped America. Oxford: Oxford University Press, 2009.

_____; Tracy A. "A social movement perspective on corporate control". Administrative Science Quarterly; Ithaca; 1994, p. 39: 141.

DEMPSEY, J.; KULISH, N. "Merkel Is Set to Greet, and Then Resist, Obama". The New York Times, Nova York: 29/03/2009.

DESROSIERES, A. La politique des grands nombres histoire de la raison statistique. Paris: Ed. La Découverte, 1993.

DEZALAY, Y.; GARTH, B. G. Global prescriptions: the production, exportation, and importation of a new legal orthodoxy. Ann Arbor: University of Michigan Press, 2002.

DIANNI, L. "Lula defende nacionalismo e Bovespa: *Presidente afirma que Bolsa, onde só entrou após 'muita labuta', deve agradecê-lo por ter deixado de ser um 'enfeite'". Folha de São Paulo, São Paulo, 18/05/2007.

DIAS, L. "Realeza no Green: O que acontece quando os nobres da economia e finanças se encontram entre uma tacada e outra". Istoé Dinheiro, 08/12/2000.

DIMAGGIO, P. The twenty-first-century firm: changing economic organization in international perspective. Princeton: Princeton University Press, 2001.

_____; HARGITTAI, E. et al. "Social implications of the internet". Annual Review of Sociology, vol. 27, n° 1, 2001, p. 307-336.

DINIZ, A. F. As representações do encilhamento. Dissertação (mestrado em História Econômica) – FFLCH-USP, São Paulo, 1996.

DINIZ, D. "Private Equity e Venture Capital: O que falta para esse mercado decolar?". Revista Fundos de Pensão, 2003.

DONADONE, J. C. "Brazilian consulting cartography and the new recontextualization and internationalization of interchanges and managerial contents". Corporate Ownership & Control, n° 6, 2009.

DOUGLAS, M.; NEY, S. Missing persons: a critique of the social sciences. Berkeley: University of California Press/Russell Sage Foundation, 1998.

DOUGLAS, M. T. How institutions think. Syracuse: Syracuse University Press, 1986.

DRUCKER, P. F. The unseen revolution: how pension fund socialism came to America. Londres: Heinemann, 1976.

DUAILIBI, J. "Ex-ministro Mendonça de Barros depõe na Justiça e diz que escuta serviu a vencedor no leilão da Telebrás: Mendonça liga ex-diretor do BB a grampo". Folha de São Paulo, São Paulo, 26/04/2001.

DURKHEIM, E. Le socialisme: sa définition, ses débuts, la doctrine saint-simonienne. Paris: Presses Universitaires de France, 1992.

ECONÔMICO, V. "Líder em chá pronto, Leão Júnior é alvo de bancos e multinacionais. Valor Econômico, São Paulo, 25/01/2007.

Econômico, V. "Oded Grajew pede afastamento do governo e quer virar colaborador". Valor Econômico, São Paulo, 11/11/2003.

Econômico, V. "Grupo Votorantim projeta crescer 20%". Valor Econômico, São Paulo, 15/02/2002.

Econômico, V. "Brasil estudará menor compulsório, cadastro positivo e autonomia do BC." Valor Econômico, São Paulo, 16/12/2003.

Econômico, V. "Terceira geração da família Ermírio de Moraes já comanda o Votorantim". Valor Econômico, São Paulo, 31/08/2001.

Economist, T. "The buy-out business is booming, but capitalism's new kings are attracting growing criticism". The Economist, 10/02/2007.

Economist, T. "The 685 billion reais question: Will Brazil be forced to default if the opposition win October's presidential poll?". The Economist, 13/06/2002.

Economist, T. "Ready to take on the World". The Economist, 15/01/1994.

Economist, T. "Mahathir, Soros and the currency markets". The Economist, 27/09/1997.

Economist, T. "Capitalism's new kings: How private equity is changing the business world". The Economist, 27/11/2004.

Economist, T. "How private equity is changing the business world". The Economist, 27/11/2004.

EDMONSTON, P.; MERCED, M. J. de la. "Cerberus goes where no firm has gone before". The New York Times, Nova York, 15/05/2007.

ERTURK, I.; FROUD, J. et al. "City State against National Settlement: UK Economic Policy and Politics after the Financial Crisis". CRESC working paper, n° 101, 2011.

ENGELEN, E.; ERTURK, I.; FROUD, J.; LEAVER, A.; WILLIAMS, K. "Financial Innovation: Frame, Conjuncture and Bricolage". CRESC Working Paper, n° 59, nov. 2008.

FAUCONNIER, G. Espaces mentaux: aspects de la construction du sens dans les langues naturelles. Paris: Editions de Minuit, 1984.

FERNANDES, A.; GRANER, F. "Focus muda para BC não ficar refém de visão financeira: Críticos dizem que como só o mercado é ouvido, pesquisa tem viés pró juros; analista diz que Focus produz retrato da economia real". O Estado de São Paulo, São Paulo, 09/03/2011.

FLECK, L. Genesis and development of a scientific fact. Chicago: University of Chicago Press, 1979 (original de 1935).

FLIGSTEIN, N. The transformation of corporate control. Cambridge: Harvard University Press, 1990.

_____. The architecture of markets: an economic sociology of twenty-first-century capitalist societies. Princeton: Princeton University Press, 2001.

FOLKMAN, J. F.; JOHAL, Sukhdev; WILLIAMS, Karel. "Working for themselves?: Capital market intermediaries and present day capitalism". CRESC, The University of Manchester, nov. 2006. Disponível em: http://www.cresc.ac.uk/publications/papers.html. Acesso em: out. 2015.

FORTUNATO, P.; CAMBA, D. "Fundos de pensão divergem sobre investimento em private equity: Pimentel, presidente da Abrapp, defende investimentos de menor risco para os fundos de pensão". Valor Econômico, São Paulo, 08/08/2003.

FRANCO, G. "Keynes é nosso". Folha de São Paulo, São Paulo, 01/11/2008.

FRIEDLANDER, D.; GRINBAUM, R. "Já tomamos tombos piores". Valor Econômico, São Paulo, 30/11/2008.

FROUD, J.; HASLAM, C. *et al.* "Shareholder value and the political economy of late capitalism". Economy and Society, vol. 29, n° 1, p. 1-12, 2000.

FROUD, J.; JOHAL, S.; WILLIAMS, K.; HASLAM, C. "Financialisation and Shareholder Value: Consultancy Moves, Management Promises". Economy and Society, vol. 29, n° 1, p. 80-120, 2000.

GALBRAITH, J. K. A short history of financial euphoria. Nova York: Whittle Books/Viking, 1993.

GALHARDO, R. "Lula: crise é tsunami nos EUA e, se chegar ao Brasil, será 'marolinha'". O Globo, 04/10/2008.

GALVÃO, A. "Governo troca o comando do BB". Valor Econômico, São Paulo, 09/04/2009.

GASPARI, E. "O cavalheiro Armínio Fraga". Folha de São Paulo, São Paulo, 11/12/2002.

_____. "O fantasma do Conselheiro ainda assusta". Folha de São Paulo, São Paulo, 19/07/2006.

GATES, M. N. "The Sarbanes-Oxley Acr and non-US issuers: Considerations for International companies". Journal of Commercial Biotechnology, vol. 10, n° 1, p. 40-53, 2003.

GIGERENZER, G. The Empire of chance: how probability changed science and everyday life. Cambridge: Cambridge University Press, 1989.

GILMORE, W. "Private Equity: Some of the most significant investors in private equity are now pension funds". Global Investor, vol. 202, p. 48-49, 2007.

GINZBURG, C. Clues, myths, and the historical method. Baltimore: Johns Hopkins University Press, 1989.

_____. "Représentation: le mot, l'idée, la chose. P. 1219-1234, 1991.

_____. "Just one witness". In: FRIEDLÄNDER, S. Probing the limits of representation: Nazism and the "final solution". Cambridge: Harvard University Press, 1992, p. 82-96.

GLOBO, O. "Nova Lei das SA é sancionada com 17 vetos". O Globo, 02/11/2001.

GODECHOT, O. Les traders essai de sociologie des marchés financiers. Paris: La Découverte, 2001.

GODINHO, V. M. Os descobrimentos e a economia mundial. Lisboa: Arcadia, 1963.

GODOY, D. "'Spread' bancário no Brasil é 11 vezes o dos países ricos: Diferença entre os juros captados e os cobrados pelos bancos brasileiros é a mais alta praticada no mundo, aponta estudo. 'Spread' verificado no país tem sido motivo de queda-de-braço nas últimas semanas entre o governo e as instituições financeiras". Folha de São Paulo, São Paulo, 01/02/2009.

GODOY, D.; IGLESIAS, S. "Crise foi causada por 'gente branca de olhos azuis', diz Lula: Ao lado de premiê britânico, presidente afirma que pobres, negros e índios não podem pagar a conta da especulação financeira". Folha de São Paulo, São Paulo, 27/03/2009.

GOODMAN, N. Ways of worldmaking. Indianapolis: Hackett Pub. Co, 1988.

GOODY, J. Representations and contradictions: ambivalence towards images, theatre, fiction, relics, and sexuality. Cambridge: Blackwell Publishers, 1997.

GOSMAN, E. "Polemica intervencion del multimillonario hungaro Soros también dispara sobre Lula: El célebre financista advirtió que si gana Lula, Brasil entrará en 'caos'. En declaraciones a un diario brasileño, Soros señaló que 'los mercados se calmarán' si gana José Serra, el candidato oficialista". Clarin, Buenos Aires, 09/06/2002.

GRINBAUM, R. "'Vamos comprar as carteiras de crédito dos bancos pequenos': Segundo Setubal, os grandes bancos estão atendendo à determinação do BC para injetar recursos nas instituições menores". O Estado de S. Paulo, São Paulo, 07/11/2008.

GRÜN, R. "Taylorismo e Fordismo no trabalho bancário: agentes e cenários". Revista Brasileira de Ciências Sociais da Anpocs, n° 1, p. 13-27, 1986.

_____. A revolução dos gerentes brasileiros. São Carlos: Editora da UFSCar/Unicamp, 1995.

_____. "O medo do desemprego e as mudanças nos sistemas simbólicos da classe média brasileira". In: REIS, E.; ALMEIDA, M. H. T.; FRY, P. Política e cultura: visões do passado e perspectivas contemporâneas. São Paulo: Hucitec/ANPOCS, 1996, p. 127-141.

_____. "Modelos de empresa, modelos de mundo: sobre algumas características culturais da nova ordem econômica e da resistência a ela". Revista Brasileira de Ciências Sociais, vol. 14, 1999, p. 121-140.

_____. "Atores e ações na construção da governança corporativa brasileira". Revista Brasileira de Ciências Sociais, vol. 18, 2003, p. 139-161.

_____. "Fundos de pensão no Brasil do final do século XX: guerra cultural, modelos de capitalismo e os destinos das classes médias". Mana, vol. 9, n° 2, 2003, p. 7-38.

_____. "A promessa da 'inserção profissional instigante' da sociedade em rede: a imposição de sentido e a sua sociologia". Dados - Revista de Ciências Sociais, vol. 46, n° 1, 2003, p. 5-37.

_____. "A evolução recente do espaço financeiro no Brasil e alguns reflexos na cena política". Dados, vol. 47, 2004, p. 5-47.

_____. "A sociologia das finanças e a nova geografia do poder no Brasil". Tempo Social,, vol. 16, 2004, p. 151-176.

_____. "Convergência das elites e inovações financeiras: a governança corporativa no Brasil". Revista Brasileira de Ciências Sociais, vol. 20, 2005, p. 67-90.

_____. "Da plutocracia à dominação do capital financeiro." Revista Brasileira de Ciências Sociais, vol. 65, 2007, p. 85-107.

_____. "Escândalos, marolas e finanças: para uma sociologia da transformação do ambiente econômico". Dados, vol. 51, 2008, p. 313-352.

_____. "Guerra cultural e transformações sociais: as eleições presidenciais de 2006 e a 'blogosfera'". Sociedade e Estado, vol. 23, 2008, p. 621-666.

_____. "Escândalos, tsunamis e marolas: apontamentos e desapontamentos sobre um traço recorrente da atualidade". Revista Brasileira de Ciências Sociais, vol. 26, 2011, p. 151-174.

GUEX, S. "La politique des caisses vides: État, finances publiques et mondialisation". Actes de la Recherche en Sciences Sociales, vol. 146-7, 2003, p. 51-61.

GUILHOT, N. "Une vocation philanthropique: Georges Soros, les sciences sociales et la régulation du marché mondial". Actes de la Recherche en Sciences Sociales, vol. 151-2, 2004, p. 36-48.

_____. Financiers, philanthropes: sociologie de Wall Street. Paris: Raisons d'agir, 2006.

GUILLÉN, M. States, professions, and organizational paradigms: German scientific management, human relations, and structural analysis in comparative perspective. Madri: Centro de Estudios Avanzados en Ciencias Sociales/Instituto Juan March de Estudios e Investigaciones, 1991.

_____. "Corporate Governance and Globalization: Is There Convergence across Countries?" Advances in Comparative International Management, vol. 13, 2000, p. 175-204.

HACKING, I. Representing and intervening: introductory topics in the philosophy of natural science. Cambridge: Cambridge University Press, 1983.

_____. The taming of chance. Cambridge: Cambridge University Press, 1990.

_____. The social construction of what? Cambridge: Harvard University Press, 1999.

_____. "Inaugural lecture: Chair of Philosophy and History of Scientific Concepts at the Collège de France, 16 January 2001". Economy & Society, vol. 31, n° 1, 2002, p. 1-14.

_____. The emergence of probability: a philosophical study of early ideas about probability, induction and statistical inference. Cambridge: Cambridge University Press, 2006.

HARPER, C. "Out of Lehman's Ashes Wall Street Gets Most of What It Wants". Business Week, 05/01/2011.

HEFFER, S. "Financial crisis: We're all socialists now, comrade." Business Week, 09/10/2008.

CHAGAS, Helena; CAMAROTTI, Gerson; PEÑA, Bernardo de la. "Briga empresarial ajudou a pôr Dirceu e Gushiken em campos opostos". O Globo, 31/07/2005.

HIRSCH, P. M.; DE SOUCEY, Michaela. "Organizational Restructuring and its Consequences: Rhetorical and Structural". Annual Review of Sociology, vol. 32, 2006, p. 171-189.

HIRSCHMAN, A. O. Rival views of market society and other recent essays. Nova York: Viking, 1986.

_____. The rhetoric of reaction: perversity, futility, jeopardy. Cambridge: Belknap Press, 1991.

HOPQUIN, B. "Ça y est, les Rouges triomphent!". Le Monde, Paris, 07/05/2012.

UCZYNSKI, A. Management gurus: what makes them and how to become one. Londres: Routledge, 1993.

HUNTER, J. D. Culture wars: the struggle to define America. Nova York: Basic Books, 1991.

IGLESIAS, S.; D'AMORIM, S. "Governo acerta redução no ritmo da queda dos juros: Meirelles diz a Lula que agressividade agora traz risco de alta da taxa em 2010; Petista afirma que o BC tem condições de promover nova queda na Selic hoje e que autoridade monetária fará o 'melhor para o Brasil'". Folha de São Paulo, São Paulo, 22/07/2009.

JACKSON, H. "An emerging market for corporate control? The Mannesmann takeover and German Corporate Governance". Max Planck Institute for the development of Societies, Köln, 09/2001.

JARDIM, Lauro. "Dá para ser bom em tudo? Esta a questão que se coloca nos dias de hoje para Jorge Paulo Lemann e seu grupo Garantia". Revista Exame, 05/11/1996.

JARDIM, M. A. C. "Criação e gestão dos fundos de pensão: movimento sindical como ator relevante". XII Congresso Brasileiro de Sociologia, Belo Horizonte, 2005.

JOHNSON, S.; BOONE, P. "It's Not About Greece Anymore". The New York Times. Nova York, 06/05/2010.

JOSEPH, J.; OCASIO, W. "Cultural adaptation and institutional change: The evolution of vocabularies of corporate governance, 1972-2003". Poetics, vol. 33, n° 3-4, 2005.

JULIBONI, M. "Os maiores negócios de Lemann, Telles e Sicupira: Compra do Burger King foi apenas a última tacada dos donos da AmBev". Revista Exame, 03/09/2010.

FROUD, J.; JOHAL, S.; MONTGOMERIE J.; WILLIAMS, K. "Escaping the tyranny of earned income? The failure of finance as social innovation". ESRC Centre for Research on Socio-Cultural Change, vol. 66, mar. 2009.

KARYDAKIS, A. "In praise of nationalizing banks: In some situations, it offers the best hope of ending the paralysis. But its associations with socialism in the U.S. may be getting in the way of a good solution". Fortune, 17/02/2009.

KÊNIA, M. "Fique atento, defenda o que é seu: Family offices podem ajudá-lo na tarefa". Istoé Dinheiro, 04/01/2002.

KOLLEWE, J. "Iceland president triggers referendum on Icesave repayments: Ólafur Ragnar Grímsson has refused to sign into law a bill to repay £3.1bn to the UK and Netherlands". The Guardian, 20/02/2011.

KOTCHO, R. "Assim Vivem os Nossos Superfuncionários". Estado de São Paulo, São Paulo, 01/08/1976.

KUHN, T. S. The structure of scientific revolutions. Chicago: University of Chicago Press, 1962.

LABATON, S. "Bush Tries to Shrink S.E.C. Raise Intended for Corporate Cleanup". New York Times, Nova York, 19/10/2002.

LAMBE, G. "Cover Story: Will Private Equity Get You? - A Trickle Of Private Equity Activity In The Financial Institutions Space Is

Threatening To Become A Flood, With Prime Assets Becoming Targets. Geraldine Lambe Reports". NA, 2007.

LAMUCCI, S. "Agenda liberal afugenta presidenciáveis". Valor Econômico, São Paulo, 24/10/2006.

LANE, C. "Changes in corporate governance of German corporations: convergence to the Anglo-American model?". Competition and Change, vol. 7, n° 2-3, 2003, p. 79 - 100.

LATTMAN, P. "With Romney Under Attack, Private Equity Fights Back". The New York Times, Nova York, 10/01/2012.

LEBARON, F. La croyance économique: les économistes entre science et politique. Paris: Seuil, 2000.

_____. Le savant, le politique et la mondialisation. Broissieux: Editions du Croquant, 2003.

_____. "Central bankers in the contemporary global field of power: a 'social space' approach". The Sociological Review, vol. 56, 2008, p. 121-144.

LEITE, E. S. Reconversão de habitus: o advento do ideário de investimento no Brasil. Tese (doutorado em Sociologia) - Universidade Federal de São Carlos, São Carlos, 2011.

_____. "Finanças pessoais, dinheiro e promessas exuberantes". I Seminário Nacional de Sociologia Econômica: GT 3: Dinheiro, finanças e cultura, 2009.

LEITE, J. "Banqueiro ganhou fama com Collor". Folha de S. Paulo, São Paulo, 14/4/2005.

LEONEL, J.; TAVARES, R. "Fechado acordo para votar mudança no sistema financeiro, diz petista". O Estado de São Paulo, São Paulo, 26/03/2003.

LERNER, J. "Private Equity Under Investigation: Justice Department Doesn't Understand How the Industry Works". HBS Alumni Bulletin, vol. 83, 2007.

LESER, E. "Sean Harrigan est contraint de quitter la tête du fonds de pension américain CalPERS". Le Monde, Paris, 03/12/2004.

LÍRIO, S. "A orelha desponta: Repasses milionários às empresas de Valério colocam Dantas na mira. O PFL arma a defesa do banqueiro". Carta Capital, São Paulo, 30/07/2005.

LITCHBLAU, E. "Army of Ex-Financial Regulators Set to Lobby Agencies - " New York Times, Nova York, 27/07/2010.

LORDON, F. Fonds de pension, piége à cons?: mirage de la démocratie actionnariale. Paris: Ed. Raisons d'agir, 2000.

_____. "La 'création de valeur' comme rhétorique et comme pratique. Généalogie et sociologie de la 'valeur actionnariale'". L'Année de la régulation: Économie, Institutions, Pouvoirs, vol. 4, p. 117-170.

_____. La politique du capital. Paris: Odile Jacob, 2002.

_____. Jusqu'à quand?: pour en finir avec les crises financières. Paris: Raisons d'agir, 2008.

STORY, L.; THOMAS JR., L.; SCHWARTZ, N. D. "Wall St. Helped Greece to Mask Debt Fueling Europe's Crisis". The New York Times, Nova York, 13/02/2010.

LOUREIRO, M. R. G. Os economistas no Governo: gestão econômica e democracia. Rio de Janeiro: Fundação Getulio Vargas Editora, 1997.

MACDONALD, A. "Regulatory, Investor Demands to Favor Hedge M&A". Agência Reuters, 18/06/2009.

MACKENZIE, D. "Physics and Finance: S-Terms and Modern Finance as a Topic for Science Studies". Science Technology Human Values, vol. 26, 2001, p. 115-144.

_____. "Long-Term Capital Management and the sociology of arbitrage". Economy and Society, vol. 32, n° 3, 2003, p. 349-380.

_____. "A philosophical Investigation on Enron". The Guardian, 2003.

_____. "The credit crisis as a problem in the Sociology of Knowledge". 2009. Disponível em: http://www.sps.ed.ac.uk/__data/assets/pdf_file/0019/36082/CrisisNew19.pdf. Acesso em: out. 2015.

_____. An engine, not a camera: how financial models shape markets. Cambridge: MIT Press, 2006.

MAIO, M. C. Nem Rotschild nem Trotsky: o pensamento anti-semita de Gustavo Barroso. Rio de Janeiro: Imago Editora, 1992.

MANOFF, R. K.; SCHUDSON, M. Reading the news: a Pantheon guide to popular culture. Nova York: Pantheon Books, 1986.

MARQUES, C. J. "A venda do caos". Istoé Dinheiro, 12/06/2002.

MARQUES, H. "Parlamentares cobram punição para Dantas". Jornal do Brasil, Rio de Janeiro, 31/03/2006.

MARRUS, M. R. Les juifs de France à l'époque de l'affaire Dreyfus. Bruxelas: Editions Complexe, 1985.

MARTELLO, A. "Bancos podem abater compra de carteira de crédito no compulsório até junho: Medida foi regulamentada nesta quinta-feira pelo Banco Central. Prazo original para abatimento terminaria no fim do mês de março". Agência G1 (Globo), Rio de Janeiro, 26/03/2009.

MARTINS, C. E. Capitalismo de estado e modelo político no Brasil. Rio de Janeiro: Graal, 1977.

MARTINS, J. S. Conde Matarazzo. São Paulo: HUCITEC, 1973.

MARTINS, L. Pouvoir et développement économique: formation et évolution des structures politiques au Brésil. Paris: Anthropos, 1976.

MARTINS, R. M. Petros e a indústria de venture capital e private equity. (diversificação e perspectiva de longo prazo). III Ciclo de debates – Venture capital no Brasil, Rio de Janeiro, 27/04/2006.

MATTOS, M. "Lei das S.A. é aprovada e já se negociam vetos à proteção de minoritários". Valor Econômico, São Paulo, 20/09/2001.

MCADAM, D.; MCCARTHY, J. D. *et al.* Comparative perspectives on social movements: political opportunities, mobilizing structures, and cultural framings. Cambridge: Cambridge University Press, 1996.

MCCORMICK, P. Starmaking realism, anti-realism, and irrealism. Cambridge: MIT Press, 1996.

MCGERR, M. E. The decline of popular politics: the American North, 1865-1928. Nova York: Oxford University Press, 1986.

_____. A fierce discontent: the rise and fall of the Progressive movement in America, 1870-1920. Nova York: Oxford University Press, 2005.

MEGLIO, F. D. "Finance: Post-Crisis, Still a Hot Major Finance jobs are disappearing, but the finance major isn't. By tweaking credentials and casting a wider job net, finance students are making do". Business Week, 20/09/2010.

MENDES, V. "Cresce cobrança da BrT sobre Daniel Dantas: Montante exigido do banqueiro a título de ressarcimento já supera R$ 600 mi.". O Estado de São Paulo, São Paulo, 03/06/2006.

MERCANTIL, G. "Private Equity terá nova regra no Brasil". Gazeta Mercantil, São Paulo, 05/05/2004.

MESQUITA, R., MITRE, F.; PORTELA, F. "A República Socialista Soviética do Brasil". Jornal da Tarde, São Paulo, 01/08/1983.

MEYER, M. "Measuring Performance in Economic Organizations". SMELSER, N. J.; SWEDBERG, R. (eds.). The Handbook of Economic Sociology. Nova York: Princeton University Press, 1994, p. 556-579.

_____. Finding Performance: The New Discipline of Management, The Wharton School University of Pennsylvania, 1998.

_____. "Organizational Design and the Performance Paradox". In: SWEDBERG, R. Explorations in Economic Sociology. Nova York: Russell Sage Foundation, 1993, p. 249-278.

MICHAEL, I. D. A. "Kroll tinha fortes ligações com a área policial, diz PF". Folha de São Paulo, São Paulo, 04/08/2004.

MIDDLETON, D.; BROWN, S. D. "The social psychology of experience: studies in remembering and forgetting". Londres: Thousand Oaks, Calif., SAGE, 2005.

MIGNONE, R. "Saída de Grajew não foi motivada por divergências, diz Dirceu". Folha de São Paulo, São Paulo, 11/11/2003.

MILLER, J. "What Makes Ted Turner Give? Others' Examples". New York Times, Nova York, 20/09/1997.

MONTAGNE, S. Les fonds de pension entre protection sociale et spéculation financière. Paris: O. Jacob, 2006.

MONTEIRO, L. "Madoff faz cair aplicação no exterior: Na prática, a teoria é outra". Valor Econômico, São Paulo, 20/02/2009.

MONTLIBERT, C. d. Les agents de l'économie: patrons, banquiers, journalistes, consultants, élus: rivaux et complices. Paris: Raisons d'agir, 2007.

MOSSE, G. L. German Jews beyond Judaism. Bloomington: Indiana University Press/Hebrew Union College Press, 1985.

MOTTA, F. C. P. O racionalismo capitalista e a evolução da empresa brasileira. Dissertação (mestrado) - Escola de Administração de Empresas de São Paulo, São Paulo, 1968.

MURCHIE, K. "100,000 finance jobs lost since Northern Rock crisis". The Independent, 14/09/2010.

MURPHY, P. "Esquerda e Bovespa fazem aliança estratégica: Para presidente da Bolsa, 'muro de Berlim caiu' com a inédita visita de Lula ao pregão". O Estado de São Paulo, São Paulo, 01/09/2002.

NAKAGAWA, F. "Bancos podem abater compra de carteira de crédito no compulsório até junho. Medida foi regulamentada nesta quinta-feira pelo Banco Central. Prazo original para abatimento terminaria no fim do mês de março". Agência Estado, 03/10/2008.

NETO, A. J. P. Geração, transmissão e distribuição de energia social no processo de privatização das empresas do setor elétrico paulista. Tese (doutorado em Ciências Sociais) - Universidade Federal de São Carlos, São Carlos, 2005.

NETO, M. M. "Desenvolvimento do mercado do etanol: aproximação da indústria sucroalcooleira e da indústria de capital de risco no Brasil". 32º Encontro anual da Anpocs, Caxambú, 2008.

NEWS, B. "CalPERS invests $400 Million in Pacific Corporate Group Unit". San Jose Mercury News, 08/06/2007.

NIKONOFF, J. La comedie des fonds de pension. Paris: Arlea, 1999.

NINIO, M. "Perda cambial atinge mais de 200 empresas, diz governo: Previsão é que novos prejuízos milionários com derivativos sejam anunciados - Grandes companhias como Sadia, Votorantim e Aracruz já informaram prejuízos com apostas erradas no mercado futuro". Folha de São Paulo, São Paulo, 14/10/2008.

_____. "Empresas nunca ganharam tanto, diz Lula: Presidente pede ousadia no comércio exterior e critica 'trambique' de companhias com derivativos". Folha de São Paulo, São Paulo, 22/05/2009.

NÓBREGA, J. B. S.; M. D. "O Proer deve continuar?". Istoé, 04/04/1997.

NORREKLIT, H. "The balance on the balanced scorecard - a critical analysis of some of its assumptions". Management Accounting Research, vol. 11, 2000, p. 65-88.

NORTH, D. C. Institutions, institutional change, and economic performance. Cambridge: Cambridge University Press, 1990.

OLIVEIRA, R. "Entrevista de Antonio Delfim Neto a Ribamar Oliveira". O Estado de S. Paulo, São Paulo, 05/10/2008.

_____. "Governo já tem proposta para mudar o 192". Valor Econômico, São Paulo, 19/02/2003.

ONAGA, M. "A aposentadoria pode esperar". Portal Exame, 16/10/2008.

PALHANO, A. "Novas oportunidades: ÁLCOOL, combustível (e investimento) do futuro: Por enquanto, o jogo está restrito ao clube dos milionários, mas o pequeno aplicador tem meios para não ficar de fora". Folha de São Paulo, São Paulo, 16/04/2007.

PAPP-VÁRY, Á. et al. Russia and the surrounding countries: Armenia, Azerbaijan, Belorussia, Estonia, Georgia, Kazakhstan, Kirghizstan,

Latvia, Lithuania, Moldova, Russia, Tajikistan, Turkmenistan, Ukraine, Uzbekistan: 1:9 000 000. Budapest: Kartográfiai Vállalat, 1993.

PARTY, C. "The Right Approach (Conservative policy statement)". Margaret Thatcher Fondation, 04/10/1976.

PATURY, F. "O Proer, quem diria, deu lucro. O empréstimo que todo mundo achava perdido tem garantias que se valorizaram 800 milhões de reais". Revista Veja, São Paulo, 12/09/2001.

PAULO, O. "Política industrial finalmente sairá do papel. Em outubro, os ministros da área econômica e o presidente devem aprovar o texto da proposta". O Estado de São Paulo, São Paulo, 04/08/2002.

PAVINI, A. "Mais risco, mais prazo". O Estado de São Paulo, São Paulo, 17/05/2007.

_____. "Bovespa quer atrair mais empresas e aplicadores em ações: Estratégia inclui mercado de acesso, pedido de linha para o BNDES e atuação nas embaixadas". Valor Econômico, São Paulo, 27/07/2004.

PAVINI, D. C. e A. "Polêmicas marcaram a elaboração da carteira". Valor Econômico, São Paulo, 07/04/2005.

PEDROSO NETO, A. J. "A dinâmica do marketing de rede: relações sociais e expectativas de um novo estilo de vida". Horizontes Antropológicos, vol. 16, 2010, p. 93-120.

PEÑA, B. de la. "Crise política: Valério não soube explicar a origem do dinheiro, que parlamentares da CPI consideram suspeita". O Globo, Rio de Janeiro, 08/07/2005.

PEÑA, B. de la. VASCONCELOS, A. "Deputados e senadores trocam tapas e empurrões. O Globo, Rio de Janeiro, 22/09/2005.

PENSÃO, R. F. d. "Private Equity: o novo ciclo de investimento em capital de risco". Revista Fundos de Pensão, 2007.

PEREIRA, L. C. B. Empresários e administradores no Brasil. São Paulo: Editora Brasiliense, 1974.

PERROW, C. "Economic Theories of Organization". In: ZUKIN, S.; DIMAGGIO, P. Structures of Capital: The Social Organization of the Economy. Nova York: Cambridge University Press, 1990, p. 121-152.

PINÇON, M.; PINÇON-CHARLOT, M. Grandes fortunes: dynasties familiales et formes de richesse en France. Paris: Payot & Rivages, 1998.

POLANYI, K. The great transformation: the political and economic origins of our time. Boston: Beacon Press, 2001, orig. 1944.

POON, M. "From new deal institutions to capital markets: Commercial consumer risk scores and the making of subprime mortgage finance". Accounting, Organizations and Society, vol. 34, n° 5, 2009, p. 654-674.

PORTER, M. E. Competitive advantage: creating and sustaining superior performance. Nova York/Londres: The Free Press/Collier Macmillan, 1985.

POSTON, T. "A rollercoaster: The private equity industry has seen its share of highs and lows. They spent an estimated £23b in 2005 and employ three million people in the UK - yet few know much about them". BBC News, 09/01/2006.

POWER, M. "Enterprise risk management and the organization of uncertainty in financial institutions". In: KNORR-CETINA, K.; PREDA, A. The sociology of financial markets. Oxford: Oxford University Press, 2006, p. 250-268.

RACY, S. "Ex-diretor de banco diz que PT pressionou". O Estado de S. Paulo, São Paulo, 16/05/2006.

RECONDO, F. "Dantas nega extorsão, mas confirma encontro entre Delúbio e ex-sócio". Folha de São Paulo, São Paulo, 07/06/2006.

REDDY, W. M. The rise of market culture: the textile trade and French society, 1750-1900. Cambridge/Paris: Cambridge University Press/ Editions de la Maison des sciences de l'homme, 1984.

REHDER, M. "Fiesp acusa bancos de usar crise para aumentar spread: 'É uma roubalheira. No HSBC, o spread é de quase 50%, e a fonte é o próprio Banco Central', diz Skaf." O Estado de S. Paulo, São Paulo, 13/02/2009.

REUTERS, A. "Focus mostrará projeções por grupos a partir do 3º trimestre". Agência Reuters, 30/03/2011.

RIBEIRO, A. "Lima Neto resistiu em baixar juros e ficou enfraquecido". Valor Econômico, São Paulo, 09/04/2009.

RIBEIRO, A. P. "Governo negocia queda de juros para empréstimo consignado". Folha de São Paulo, São Paulo, 23/05/2006.

RIBEIRO, A. P. "Fabio Barbosa assume Santander no Brasil". Portal Exame, 24/07/2008.

RIBEIRO, I. "Família poderá levantar R$ 6 bi com venda de ativos". Valor Econômico, São Paulo, 12/01/2009.

RIBEIRO, B. "Lula diz que bancos estatais dão segurança ao país em tempos de crise". Valor Econômico, São Paulo, 02/03/2009.

RIBEIRO, M. "CIE é vendida por US$ 150 milhões: Fernando Alterio e Gávea Investimentos, de Armínio Fraga, assumem controle da empresa mexicana de eventos". O Estado de S. Paulo, São Paulo, 09/05/2007.

RIBEIRO, S. "Banco do Brasil inicia renegociação de dívidas dos produtores rurais". Agência Brasil, 05/08/2009.

RIEDER, J. "Rhetoric of Reason, Rhetoric of Passion: Sociolinguistic aspects of instrumental and expressive rhetorics". Rationality and Society, vol. 2, n° 2, 1990, p. 190-213.

RIPARDO, S. "Projeto Bovespa-Lula reedita propostas do plano diretor de abril". Folha Online, 01/10/2002.

_____. "Bovespa faz 112 anos e enfrenta a pior crise da história". Folha de São Paulo, São Paulo, 20/08/2002.

_____. "Poucas corretoras independentes vão sobreviver, diz Booz Allen". Folha de São Paulo, São Paulo, 20/08/2002.

RODRIGUES, F. "Lula se beneficia na situação de vítima, diz publicitário João Santana". Folha de São Paulo, São Paulo, 05/11/2006.

ROE, M. J. Some differences in corporate governance in Germany, Japan and America. Nova York: Center for Law and Economic Studies - Columbia University School of Law, 1992.

_____. Strong managers, weak owners: the political roots of American corporate finance. Princeton: Princeton University Press, 1994.

ROMERO, C. "Fundos de pensão perdem força política". Valor Econômico, São Paulo, 11/06/2007.

_____. "Disputa entre Dantas e fundos de pensão dividiu Gushiken e Dirceu e envolveu até Clinton: A briga que ameaça o governo Lula". Valor Econômico, São Paulo, 14/09/2005.

ROSA, S. "Fundos se voltam para a bioenergia". DCI – Diário Comércio, Indústria e Serviços, 08/02/2007.

ROSA, V. "Afago de Lula visaria a esfriar resistência do setor à reeleição". O Estado de S. Paulo, São Paulo, 17/08/2006.

ROSAS, R. "Meirelles espera queda do spread para breve". Valor Econômico, São Paulo, 15/04/2009.

ROSSI, C. "Lula leva proposta de pacto social a Davos". Folha de São Paulo, São Paulo, 23/01/2003.

RUSLI, E. M. "Morgan Stanley's Grimes Is Where Money and Tech Meet". The New York Times, Nova York, 08/05/2012.

SAFATLE, C. "Para os bancos, os tempos estão mudando". Valor Econômico, 03/07/2009.

_____. "Dilma vai adotar regime de concessão para aeroportos". Valor Econômico, São Paulo, 17/03/2011.

SAINT-SIMON, H. Du système industriel. Paris: Chez Antoine-Augustin Renouard, 1821.

SALLES, Y. "Votorantim e Aracruz planejam concluir fusão em cinco meses". Folha Online, 20/01/2009.

SANTOS, C. "Previ tem nova estratégia para seu private equity". Valor Econômico, São Paulo, 18/06/2007.

SARDENBERG, C. A. "O PSDB acabou". O Globo, Rio de Janeiro, 01/11/2006.

SARTORE, M. Convergência de elites: a sustentabilidade no mercado financeiro. Tese (doutorado) - Programa de Pós graduação em Ciências Sociais, UFSCar, São Carlos, 2010.

_____. A inserção da responsabilidade social do setor bancário no contexto da governança corporativa. Dissertação (mestrado) - PPG-EP, Universidade Federal de São Carlos, São Carlos, 2006.

SAWER, P. "Gordon Brown warns on global financial crisis". The Daily Telegraph, 05/04/2008.

SCHOR, R. L'antisémitisme en France pendant les années trente - prélude à Vichy. Bruxelas: Ed. Complexe, 1992.

SCHUDSON, M. "Political Observatories, Databases & News in the Emerging Ecology of Public Information". Dædalus, Spring, 2010.

SCHUMPETER, J. A. The Economics and Sociology of Capitalism. Princeton: Princeton University Press, 1991.

_____; SWEDBERG, R. The economics and sociology of capitalism. Princeton: Princeton University Press, 1991.

SCIARRETTA, T. "HSBC vê crédito mais escasso se BB forçar redução nos juros". Folha de São Paulo, São Paulo, 18/04/2009.

SEIB, G. F. "In Crisis, Opportunity for Obama". The Wall Street Journal, 21/11/2008.

SENADO, A. T. "Depoimento de Daniel Dantas à Comissão Parlamentar Mista de Inquérito sobre a compra de votos". Brasil, 21/09/2005.

SIFFREDI, B. "CAMPANHA NA BLOGOSFERA: Lula concede a primeira entrevista exclusiva para blogueiros nesta quarta em Brasília". Estadão, 23/11/2010.

SINCLAIR, T. J. The new masters of capital: American bond rating agencies and the politics of creditworthiness. Ithaca: Cornell University Press, 2005.

SMITH, P. "A PR offensive on the buy-out high-wire". The Financial Times, 26/01/2007.

SORKIN, A. R. "Lehman Files for Bankruptcy; Merrill Is Sold". The New York Times, Nova York, 14/09/2008.

_____. Too big to fail: the inside story of how Wall Street and Washington fought to save the financial system from crisis--and themselves. Nova York: Viking, 2009.

SOROS, G. "The Crisis & What to Do About It". The New York Review of Books, Nova York, vol. 55, n° 19, 04/12/2008.

SOUZA, L., ALENCAR, K. "Deputado do PFL 'clona' ação a favor do Opportunity". Folha de São Paulo, São Paulo, 23/08/2005.

STELZER, I. M. "Billionaires for Obama; Can private equity funds survive a hostile political environment unscathed, vol. 12, n° 35, 2007.

STERNHELL, Z. Ni droite, ni gauche: l'idéologie fasciste en France. Bruxelas: Complexe, 1987.

STREECK, W. The transformation of Corporate organization in Europe: an overview, Max Planck Institute for the development of Societies. Working Paper 01/8, 2001.

STROM, S. "Gates's Charity Races to Spend Buffett Billions". New York Times, Nova York, 13/08/2006.

TAGUIEFF, P. A. La foire aux illuminés: ésotérisme, théorie du complot, extrémisme. Paris: Mille et une nuits, 2005.

TEIXEIRA, A. "Base governista é contra modelo de privatização: Para integrantes da bancada do PSDB, recursos obtidos não reduziram dívida pública". O Estado de S. Paulo, 19/12/1999.

TENÓRIO, I. (19/10/2006 16:54). "Bancada ruralista diminui, mas reelege seus líderes: Estudo do Diap indica que o grupo perdeu deputados (caiu de 111 para 95), mas a reeleição de líderes importantes e de expoentes do agronegócio pode garantir a manutenção da força dos defensores do latifúndio no Congresso por erica última modificação " Agência Carta Maior.

TEREZA, I. (21/08/2006, 10h01). "Oligopólio freia a queda dos juros ao consumidor." Agência Estado.

_____. (26/11/2008). "Aracruz sabia das operações com derivativos." O Estado de São Paulo.

THEIL, S. "Germany's Frau Nein: The world's policymakers say big spending packages will spur growth. But the leader of Europe's biggest economy says she's done enough already". Newsweek, 06/12/2008.

THOMÉ, C. "Aposentados terão crédito consignado para viajar: A ministra do Turismo, Marta Suplicy, calcula que os juros ficarão abaixo de 1%". O Estado de S. Paulo, São Paulo, 29/05/2007.

THOMPSON, E. P. Customs in common. Nova York: New Press, 1993.

THOMPSON, P. "The Pyrrhic Victory of Gentlemanly Capitalism: The Financial Elite of the City of London, 1945-90". Journal of the Contemporary History, 1997, p. 283-304.

_____. "The Pyrrhic Victory of Gentlemanly Capitalism: The Financial Elite of the City of London, 1945-90, Part 2". Journal of Contemporary History, vol. 32, n° 4, 1997b, p. 427-440.

TIEZZI, R. A Usina da Injustiça. São Paulo: Geração Editorial, 2006.

TIMES, F. "The most serious aspect of the scandal is the way in which the checks and balances that safeguard investors, employees and creditors were all found wanting". Financial Times, 19/02/2002.

TOUSSENEL, A. Les juifs rois de l'époque, histoire de la féodalité financière. Paris: 1er École Sociétaire, 1845.

TRAUMANN, D. F. E. T. "O xadrez de Arminio: O presidente do BC tenta aproximar o governo Bush e a oposição em busca de acordo preventivo com o FMI". Revista Época, 18/07/2002.

TREANOR, J.; ELLIOT, L. "Lehman's fall to earth: the last hours of a Wall Street giant". The Guardian, 03/09/2009.

TRINDADE, H. Integralismo: o fascismo brasileiro na década de 30. São Paulo: DIFEL, 1979.

TROSTER, R. L. "Conspiração de bancos". Folha de São Paulo, São Paulo, 26/03/2004.

ULHÔA, R. "Congresso: Para os governistas, manobra regimental atende aos interesses da Febraban, contrária à lei: DEM impede votação do projeto das tarifas". Valor Econômico, São Paulo, 12/08/2009.

USEEM, M. Executive defense: shareholder power and corporate reorganization. Cambridge: Harvard University Press, 1993.

_____. Investor capitalism: how money managers are changing the face of corporate America. Nova York: Basic Books, 1996.

VERÍSSIMO, L. N. e R. "Bolsa deve agradecer o que o governo fez por ela, diz Lula: 'Agora ela está parecendo bolsa mesmo, porque tem volume. Não é aquela bolsa pequenininha, que parecia um enfeite', disse o presidente em discurso no BNDES". O Estado de S. Paulo, São Paulo, 18/05/2007.

VIEIRA, A. "Votorantim divide área financeira e cria gestão de riscos Valor Econômico, São Paulo, 11/02/2009.

_____. "Nova estrutura é mais confiável e reduz riscos", diz executivo do grupo." Valor Econômico, São Paulo, 21/01/2009.

VIEIRA, C. "Calpers deve investir em imóveis no Brasil". Valor Econômico, São Paulo, 09/07/2004.

_____. "Fiscal de gestores". Valor Econômico, São Paulo, 17/08/2006.

VIEIRA, C. L. "Aumenta o número de operações de empréstimo consignado em abril". A Voz do Brasil, 16/05/2007.

VIEIRA, I. R. e. A. "Apostas financeiras sacodem a Votorantim". Valor Econômico, São Paulo, 27/11/2008.

VIEIRA, A.; RIBEIRO, I. "Crise expõe modelo de gestão na Votorantim". Valor Econômico, São Paulo, 27/11/2008.

WAKSMAN, H. "Os fundos de pensão e a imunidade fiscal". Folha de São Paulo, São Paulo, 09/11/1997.

WALLISON, P. J. "Government Housing Policy and the Financial Crisis". Cato Journal, vol. 30, n° 2, 2010.

WALSH, M. W. "Calpers Ouster Puts Focus on How Funds Wield Power". The New York Times, Nova York, 02/12/2004.

_____. "Calpers Wears a Party, or Union, Label". The New York Times, Nova York, 13/10/2002.

WARNER, J. "As KKR floats, are we at the market top?". The Independent, 05/07/2007.

WARTH, A. "Febraban: inadimplência vai determinar spread". Agência Estado, 02/02/2009.

WEBER, E. J. Apocalypses: prophecies, cults, and millennial beliefs through the ages. Cambridge: Harvard University Press, 1999.

WILCHINS, D. "Will United States be forced to nationalize banks?". Agência Reuters, 16/01/2009.

WILLIAMS, K.; FROUD, J. Private equity and the culture of value extraction. CRESC Working Paper Series CRESC, The University of Manchester Working Paper, n° 31, version 2, feb. 2007,

WOLF, M. "Encolher o capital financeiro é a questão: A era dourada de Wall Street acabou: a volta da regulamentação é causa e consequência desta mudança" Valor Econômico, São Paulo, 15/04/2009.

YERGIN, D. "A crisis in search of a narrative". Financial Times, 20/10/2009.

ZELENY, J. "The President Is on the Line to Follow Up on Socialism". The New York Times, Nova York, 07/03/2009.

_____. "Obama Weighs Quick Undoing of Bush Policy". The New York Times, Nova York, 09/11/2008.

ZELIZER, V. A. R. Morals and markets: the development of life insurance in the United States. Nova York: Columbia University Press, 1979.

DOCUMENTÁRIO

FERGUSON, C. H. Inside Job. EUA: Sony, 2010.

Agradecimentos

Os resultados do trabalho intelectual são de inteira responsabilidade do autor. Mas no seu caminho diversos colegas ajudaram a coletar dados, a analisa-los e a corrigir erros empíricos e conceituais. Certamente poderia ter aproveitado melhor a ajuda, mas sem ela dificilmente avançaria. Agradeço os jovens pesquisadores do NESEFI/UFSCar, cujo entusiasmo me encorajou e continua me animando. Diversos colegas, tanto no âmbito da Anpocs e da SBS quanto na EHESS discutiram versões anteriores de trechos do livro e a eles sou grato. Agradeço especialmente Afrânio Garcia, Mário Grynszpan, Edmilson Lopes Jr., Renato Boschi, Monique de Saint-Martin, Frédéric Lebaron e Julien Duval.

As análises presentes no livro foram desenvolvidas com apoio financeiro do CNPq e da Fapesp. Agradeço pelas diversas concessões no decorrer do tempo. O DEP/UFScar, meus colegas de departamento, sempre foi um ambiente acolhedor e liberal.

Este livro foi impresso em São Paulo pela Gráfica
Graphium no verão de 2015. No texto foi utilizada
a fonte Calluna (OTF), em corpo 10,3 e entrelinha
de 15 pontos.